हर
पल का
शायर

साहिर

हर
पल का
शायर

साहिर

सुरिन्दर देओल

प्रस्तावना
गोपी चन्द नारंग

अनुवाद
प्रभात मिलिंद

वाणी प्रकाशन

वाणी प्रकाशन
4695, 21-ए, दरियागंज, नयी दिल्ली 110 002
फ़ोन : +91 11 23273167 फ़ैक्स : +91 11 23275710

शाखाएँ
अशोक राजपथ, पटना 800 004, बिहार
कॉफ़ी हाउस कैम्पस, महात्मा गांधी मार्ग, इलाहाबाद 211 001, उत्तर प्रदेश
महात्मा गांधी अन्तरराष्ट्रीय हिन्दी विश्वविद्यालय, वर्धा 442 001, महाराष्ट्र
सुल्तानिया रोड, मोतिया पार्क, भोपाल 462 001, मध्य प्रदेश

www.vaniprakashan.com
vaniprakashan@gmail.com
sales@vaniprakashan.in

HAR PAL KA SHAYAR : SAHIR
by Surinder Deol
Foreword by Gopi Chand Narang
Translated by Prabhat Milind

ISBN : 978-93-90678-15-0
Biography

प्रथम संस्करण 2021

मूल्य : ₹ 699

थॉमसन प्रेस (इंडिया) लि. में मुद्रित

वाणी प्रकाशन का लोगो मक़बूल फ़िदा हुसेन की कूची से

कविता मनुष्य की अन्तरात्मा की आवाज़ है। यह उसकी आत्मा की प्रार्थना है–एक आराधना जिसका सम्बन्ध उसके बुनियादी स्वभाव की मूलवृत्ति से है। कवि प्रकृति की विस्मयकारी परिघटनाओं को अन्तर्भूत कर सकता है, इसीलिए मनुष्य की सभ्यता के आरम्भ से वह स्वयं को एक धर्माधिकारी की भूमिका में देखता है। ...आज का कवि भी धर्माधिकारी की अपनी उसी सामाजिकता का प्रतिनिधित्व करता ध्वजवाहक है। यद्यपि प्राचीनकाल का कवि अन्धकार की ओर संकेत करता था किन्तु उसके विपरीत आज के कवि का उत्तरदायित्व आशा को परिभाषित और प्रकाश का अन्वेषण करना है।

पाब्लो नेरुदा
संस्मरण

अनुक्रम

प्राक्कथन
इश्क़ पर ज़ोर नहीं है...

गोपी चन्द नारंग[1]

इश्क़ पर ज़ोर नहीं है ये वो आतिश 'ग़ालिब'
कि लगाये न लगे और बुझाये न बने

जब कभी हम साहिर के बारे में लिखना चाहते हैं तो हमारे सामने सबसे बड़ा द्वन्द्व यह होता है कि उनके बारे में हम कहाँ से लिखना शुरू करें और उनके बारे में लिखते हुए हम किसी ठोस नतीजे पर कैसे पहुँचें। उनकी मृत्यु के लगभग चालीस साल बीत चुके हैं लेकिन उनके चाहने वालों के बीच उनके लिखे हुए गीतों की लोकप्रियता और असर आज भी उसी तरह क़ायम है। 1940 के दशक में हिन्दुस्तान में रोमांटिक और क्रान्तिकारी शायरों और कवियों की एक भरी–पूरी और शानदार जमात की तूती बोलती थी। ऐसे युग में चमत्कारिक प्रतिभा के धनी एक साहित्यिक सितारे के उत्थान ने शायरी की दुनिया को विस्मित कर दिया था। साहिर की शायरी के बेहतरीन सफ़र का प्रस्थान–बिन्दु भी शायद यही था। इस परिप्रेक्ष्य में साहिर की मौजूदगी को हम एक ऐसे गीतकार

1. प्रोफ़ेसर गोपी चन्द नारंग पूरी दुनिया में अपने साहित्यिक अवदान के कारण एक सुविख्यात नाम हैं। उन्हें बहुत से पुरस्कारों और सम्मानों से विभूषित किया जा चुका है। उन सम्मानों में पाकिस्तान का सितारा–ए–इम्तियाज़ (2012) और राष्ट्रपति स्वर्ण पदक प्रमुख हैं। भारत में भी उन्हें पद्मश्री (1990), साहित्य अकादेमी सम्मान (1995) और पद्मभूषण (2004) प्राप्त हो चुके हैं। 2007 में हैदराबाद केन्द्रीय विश्वविद्यालय, 2009 में अलीगढ़ मुस्लिम विश्वविद्यालय और 2012 में मौलाना आज़ाद राष्ट्रीय विश्वविद्यालय ने उन्हें डी.लिट्. की मानद उपाधि से विभूषित किया। इसके अतिरिक्त उन्हें दिल्ली विश्वविद्यालय और जामिया मिलिया इस्लामिया (विश्वविद्यालय) द्वारा आजीवन प्राध्यापक की लब्धप्रतिष्ठ उपाधि भी प्रदान की जा चुकी है।

का जन्म भी कह सकते हैं जिसने फ़िल्मी गाने लिखने वाले गीतकारों को एक नये रूप में परिभाषित किया। वे एक ऐसे गीतकार थे जिन्होंने नेपथ्य से बाहर निकलकर और अपनी निजी शर्तों पर एक स्टार का जीवन जिया। प्रेस की ख़बरों के मुताबिक़ एक वक़्त ऐसा भी था जब साहिर पर बायोपिक बनाने की योजनाएँ भी बनायी गयी थीं। आख़िर पहले किसी और के बारे में ऐसा क्यों नहीं सोचा गया? उनके मुरीदों की तादाद लाखों में थी। जो लोग साहिर को जानते भी नहीं थे लेकिन वे भी उनके लिखे गीतों और नज़्मों के पक्के मुरीद थे।

साहिर लुधियानवी (1921–1980) की पढ़ाई–लिखाई निहायत ग़ैर–सिलसिलेवार तरीक़े से हुई थी। किशोरवय में एक सिख–समुदाय के स्कूल में उनका दाख़िला कराया गया था। इसलिए सिख मज़हब के बारे में उन्हें बहुत कुछ सीखने–समझने का अवसर मिला था। अपने एक शिक्षक की शागिर्दी में उन्होंने उर्दू शायरी के बारे में बहुत कुछ सीखा। अपने मुसलमान ख़ानदान का उन पर कोई ख़ास असर नहीं पड़ा था। इस बीच उनकी पढ़ाई में दोबारा व्यवधान पड़ा। हालाँकि यह कभी स्पष्ट नहीं हो पाया कि उन्हें लुधियाना के गवर्नमेंट कॉलेज से निकाल बाहर किया गया था या उन्होंने अपनी मर्ज़ी से पढ़ाई छोड़ दी थी, लेकिन यह एक पक्की बात थी उसके बाद भी लाहौर के दो कॉलेजों में पढ़ने के बावजूद वे कहीं से भी डिग्री हासिल करने में नाकाम रहे। इत्तेफ़ाक़ की बात थी कि इन नुक़सानों का ख़मियाजा उन्हें ज़्यादा नहीं भुगतना पड़ा।

उस ज़माने में युवाओं पर उर्दू शायरी का अच्छा–ख़ासा असर था। मुशायरों में शिरकत करना उन शायरों का पसन्दीदा शगल हुआ करता था। साहिर भी इससे अछूते नहीं थे और युवाओं और छात्रों से खचाखच भरे हॉल में शायरी सुनाना उन्हें बहुत पसन्द था। उनको सुनने वाले उनके हरेक मिसरे की तारीफ़ वाहवाहियों और तालियों की गड़गड़ाहट के साथ करते थे और पूरा हॉल 'मुक़र्रर–मुकर्रर' की आवाज़ों से गूँजने लगता था। जब वे अपनी मशहूर नज़्म *ताजमहल* सुनाते तब श्रोताओं पर एक जादू–सा छाने लगता और उनका ऑटोग्राफ़ लेने के लिए लड़के–लड़कियाँ पागलों की तरह टूट पड़ते थे।

लाहौर के एक ऐसे ही मुशायरे में साहिर *ताजमहल* सुना रहे थे, वहाँ छात्रों के एक बड़े हुजूम के बिल्कुल पीछे उनको एक छरहरी, ज़हीन और

बहुत ख़ूबसूरत लड़की क़तार में खड़ी दिखी थी। मुशायरा ख़त्म होने के बाद वह लड़की साहिर से मिलने गयी। *ताजमहल* उस वक़्त तक बहुत मशहूर हो चुकी थी, सैकड़ों श्रोता इस नज़्म के आशिक़ बन चुके थे। लिहाज़ा शायर का ऑटोग्राफ़ लेने वाले क़द्रदानों की एक बड़ी भीड़ उन्हें घेरे हुए खड़ी थी। आख़िर में जब उस लड़की की बारी आयी तो उसने किसी नोटबुक की बजाय अपनी हथेली ऑटोग्राफ़ के लिए उनकी तरफ़ बढ़ा दी। साहिर ने उसकी नर्म हथेली पर अपनी क़लम से दस्तख़त करते हुए कहा, "मैंने तुम्हारे हाथ पर नहीं बल्कि एक कोरे चेक पर दस्तख़त किया है। तुम जब चाहो, इसे भुना सकती हो।"

इस घटना के भी बहुत पहले की बात है। कन्हैयालाल कपूर ने लाहौर के गवर्नमेंट कॉलेज में एक और मुशायरे का ज़िक्र करते हुए लिखा है[2] :

> "यह वह वक़्त था जब सज्जाद ज़हीर के नेतृत्व में प्रगतिशील लेखक आन्दोलन अपने पूरे उत्कर्ष पर था। इस मुशायरे की सदारत वरिष्ठ शायर एहसान दानिश कर रहे थे और मंच साझा करने वाले शायरों में जोश मलीहाबादी भी थे। मुशायरे की शुरुआत में कमोबेश एक कम जाने–पहचाने युवा शायर को अपनी ग़ज़लें पढ़ने के लिए बुलाया गया था। वह शायर पिछली क़तार से उठकर मंच पर चढ़ा। शायर ने सिर्फ़ एक नज़्म पढ़ी : *मुझसे पहली–सी मुहब्बत मेरे महबूब न माँग*। इस नज़्म को सुनकर पूरा हॉल झूम उठा था लेकिन अपनी नज़्म पढ़ने के बाद वह शायर भीड़ में फिर से खो गया। दूसरे शायर आये और उन्होंने अपनी रचनाएँ भी पढ़ीं लेकिन पूरे हॉल में एक हलचल पैदा करने वाला वह शायर उस जगह दोबारा नहीं दिखा।"

वह शायर फ़ैज़ अहमद फ़ैज़ थे। बाद में इस नज़्म को फ़ैज़ के पहले कविता संकलन *नक़्शे फ़रियादी* में शामिल किया गया। ठीक उसी तर्ज़ पर *ताजमहल* को साहिर के पहले संकलन *तल्ख़ियाँ* की प्रतिनिधि नज़्म के तौर पर शामिल किया गया। इन दोनों संकलनों को आधुनिक उर्दू साहित्य के अनमोल ख़ज़ाने के तौर पर याद किया जाता है और दोनों किताबों के अब तक कई संस्करण प्रकाशित हो चुके हैं।

---

2. कन्हैयालाल कपूर : आबेदी में 'फिर नज़र में फूल महके' (953–955), एस. तकी 2011, फ़ैज़ फ़हमी : रिकॉर्नर प्रकाशन, लाहौर।

मैंने इन दो घटनाओं और इनसे जुड़ी दो किताबों का उल्लेख इस तथ्य को बताने के लिए किया ताकि इन दो नज़्मों से इन दो शायरों और उनकी शायरी के बीच के अन्तर को साफ़–साफ़ समझा जा सके। फ़ैज़ की शायरी में एक क्रान्तिकारी रूमान और दबी–कुचली आबादी के लिए पक्षधरता के तंज़ भरे बिम्बों का विरल प्रयोगात्मक सम्मिश्रण दिखाई देता है। उस दौर की उर्दू शायरी के लिए यह एक नयी बात थी। दूसरे अर्थ में कहें तो साहिर की शायरी ने फ़ैज़ जैसे प्रगतिवादी शायरों और राजनीतिक क्रान्ति की शायरी से बिल्कुल अलग रास्ता इख़्तियार किया और फ़िल्मों में अपनी ख़ास पहचान बनाने में कामयाब रहे। इसके बावजूद साहिर अपने लेखन में ग़रीबों की मुश्किलात, सामाजिक अन्याय और दबे–कुचलों के शोषण के ख़िलाफ़ आवाज़ बुलन्द करते रहे। दरअसल इन दोनों ही शायरों के बीच की तुलना हमेशा से एक चुनौतीपूर्ण गुत्थी रही और इस गुत्थी को सुलझा पाना कभी सम्भव नहीं हो पाया।

जब मैं साहिर के बारे में सोचता हूँ तब मुझे उनके साथ अपनी पहली मुलाक़ात की बरबस याद आ जाती है जो एक अजीबोग़रीब जगह पर और एक नाटकीय अन्दाज़ में हुई थी। अच्छा होगा कि मैं इस बारे में तफ़सील से बतलाऊँ। 1857 में जब दिल्ली पूरी तरह से उजड़ गयी तो उसकी जगह एक नया शहर बसाया गया। ब्रिटिश हुक्मरानों ने जामा मस्जिद के आसपास के पूरे इलाक़े को ज़मींदोज़ कर देने के अलावा अनेक गली–कूचों और स्मारकों को नेस्तनाबूद कर दिया। उनमें मीर और ग़ालिब की स्मृतियों से जुड़ी हुई इमारतें भी शामिल थीं। लेकिन जैसे–जैसे वक़्त बीतता गया लोगों की ज़िन्दगियाँ पटरी पर वापस लौटने लगीं। फुटपाथों पर दुकानें दोबारा सजने लगीं और लोगबाग अपने कारोबारों में फिर से मसरूफ़ नज़र आने लगे। विक्टोरिया पार्क सिर्फ़ एक नाम के बजाय अब दिल्ली की धुरी बन चुका था। पार्क में घोड़े पर सवार रानी विक्टोरिया की एक भव्य मूर्ति का निर्माण किया गया। आज़ादी के बाद कवि नरेश कुमार शाद ने व्यंग्य भरे लहजे में कहा था, 'महारानी, तुम इस ऊँचे घोड़े पर उचककर बैठ तो गयी हो, लेकिन अब उससे उतरोगी कैसे?'

जब सज्जाद ज़हीर पाकिस्तान से अपनी क़ैद काटकर तक़रीबन 1954–55 में भारत लौटे तो उनसे मेरी पहली मुलाक़ात विक्टोरिया

पार्क में ही हुई थी। यह उर्दू बाज़ार जाने के रास्ते में एक शॉर्टकट रास्ता था। पार्क के ठीक सामने उर्दू साहित्य और पत्रकारिता से जुड़ी तीन–तीन मशहूर जगहें थीं। वहाँ बहुत सारे बुकस्टोर थे जिनमें उर्दू और हिन्दी की अनगिनत किताबें मिलती थीं। पार्क के ठीक सामने उर्दू साहित्य और पत्रकारिता की अनोखी और भरी–पूरी दुनिया थी। मक़तबा जामिया लिमिटेड, कुतुबख़ाना अंजुमन तरक़्क़ी–ए–उर्दू (हिन्दी) और मासिक प्रगतिशील पत्रिका का दफ़्तर *शाहराह* भी वहीं स्थित था। वहीं एक नुक्कड़ के क़रीब मक़तबा बुरहान और हाली पब्लिशिंग हाउस भी थे जहाँ से शाहिद अहमद देहलवी मशहूर पत्रिका *शाहराह* निकाला करते थे। इन जगहों पर भारी तादाद में लोगों की आमदरफ़्त लगी रहती थी और बड़ी संख्या में लेखकों और उनके संगी–साथी क़बाब के ज़ायकों और चाय की चुस्कियों के बीच किताबों, उर्दू शायरी और अदब की बातचीत में मशगूल रहते थे। वहाँ से गुज़रने वाले लोग मौलवी समी उल्लाह के अड्डे पर गपशप के लिए ज़रूर रुकते थे। उस वक़्त तक मैंने अपना एम. ए. पूरा कर लिया था और डॉक्टरेट के लिए शोध करने की तैयारियों में लगा हुआ था। मैं मोटरसाइकिल से यूनिवर्सिटी आया–जाया करता था और मेरी पिछली सीट पर अक्सर मेरा दोस्त निसार अहमद फ़ारुक़ी सवार रहता था जो यूनिवर्सिटी की लाइब्रेरी में काम किया करता था। मैं भी रोज़ाना मौलवी समी उल्लाह के अड्डे पर जमने वाली बैठक में शिरकत किया करता था। अड्डे का ख़ास आकर्षण मक़तबा जामिया के शाहिद भाई होते थे जो हमें वे तमाम किताबें मुहैया कराते थे जिन्हें ख़रीद पाना हमारे बूते की बात नहीं थी।

1950 के दशक के ऐसे ही एक दिन मैं अपने दोस्तों के साथ चाय पीता हुआ गप्पें लड़ा रहा था कि मैंने एक लम्बे क़द के ख़ूबसूरत नौजवान को अपनी तरफ़ आते हुए देखा। उस नौजवान को हम अच्छी तरह पहचानते थे। उसके हाथ में कुछ पत्रिकाएँ और दूसरे काग़ज़ात थे। वह शख़्स साहिर लुधियानवी था। हमने हाथ मिलाते हुए उसका स्वागत किया। उस वक़्त तक उसकी किताब *तल्ख़ियाँ* सुर्ख़ियों में आ चुकी थी और वह बहुत कम उम्र में ही प्रसिद्धि हासिल कर चुका था। उसकी आँखों में उसकी इस उपलब्धि की चमक अकड़ के तौर पर साफ़ देखी जा सकती थी। उसे देखते ही हम तपाक से उठ खड़े हुए।

वह लगातार एक के बाद एक सिगरेट पी रहा था और उसके हाथ में उसकी नयी किताब *तल्ख़ियाँ* थी। हालाँकि हमने बहुत देर तक बातें नहीं कीं लेकिन इस दरमियान उसने हमसे अपनी नयी पत्रिका में लिखने का वायदा करा लिया। वह शायद थोड़ी जल्दी में था, इसलिए उसने हमसे विदा ले ली। उस मुख़्तसर–सी मुलाक़ात के बाद मुझे जानकारी मिली कि साहिर फ़िल्मों में अपनी क़िस्मत आज़माने बम्बई चला गया था। जल्दी ही उसे शुरुआती कामयाबी भी मिल गयी। साहिर की *शाहराह* दो–एक अंक निकलने के बाद ही बन्द हो गयी और एक प्रतिभाशाली शायर देखते–ही–देखते हिन्दी सिनेमा का एक कामयाब गीतकार बन गया। *प्यासा* की रिलीज़ के साथ ही साहिर अपनी लोकप्रियता की बुलन्दी पर पहुँच चुके थे। यहाँ तक कि फ़िल्म के मशहूर गाने *जिन्हें नाज़ है हिन्द पर वो कहाँ है* की प्रधानमन्त्री नेहरू ने भी बहुत तारीफ़ की थी। साहिर अब वह नहीं रह गये थे जिस साहिर से मैं कभी मिला था। वे पूरी तरह से बदल चुके थे। अब वे अहंकारी और आत्ममुग्ध आदमी में तब्दील हो चुके थे जो हर वक़्त दूसरों की योग्यता और शायरी को ख़ारिज करने की फ़िराक़ में रहा करता था। उनके इस बर्ताव के कारण बहुत लोगों के साथ उनके सम्बन्ध भी पहले जैसे नहीं रह गये थे। मसलन साहिर को एक कामयाब गीतकार बनाने में महत्त्वपूर्ण भूमिका निभाने वाले संगीतकार एस. डी. बर्मन ने उनके साथ कभी काम नहीं करने का फ़ैसला किया था। और भी न जाने कितने लोग थे जिनके नामों का यहाँ उल्लेख करना मुनासिब नहीं होगा।

साहिर की अबूझ शख़्सियत के अनगिनत रंग थे। मैं बम्बई में उनसे उनके ख़ास दोस्त साबेर दत्त से दो दफ़ा मिला जो उन दिनों वहाँ कुछ ख़ास विषयों पर केन्द्रित एक पाक्षिक का प्रकाशन करते थे। मैंने मोहिन्दर नाथ, कमलेश्वर, फ़ैज़ आदि पर केन्द्रित अंक निकालने में दत्त का सहयोग भी किया था और ख़ुद साहिर की ज़िन्दगी और लेखन पर अंक निकालने में भी उनकी ख़ास तौर पर मदद की थी।

उस वक़्त तक साहिर इतनी कामयाबी हासिल कर चुके थे कि वे अपने गानों में न सिर्फ़ मन के मुताबिक़ तब्दीली कर सकते थे बल्कि फ़िल्मों में अब उनकी ही पसन्द के संगीत निर्देशक रखे जाने लगे थे। फ़िल्मी दुनिया के किसी भी दूसरे शायर को यह रुतबा हासिल नहीं था

जबकि फ़िल्म उद्योग में उस वक़्त अली सरदार जाफरी, जाँ निसार अख़्तर, अख़्तर उल–ईमान, इस्मत चुग़ताई, कृशन चन्दर और राजिन्दर सिंह बेदी सरीखी हस्तियाँ लेखन के क्षेत्र में सक्रिय थीं। एक तरफ़ ये लोग जहाँ अपने घरों के किराये चुकाने के लिए भी जूझ रहे थे वहीं दूसरी तरफ़ साहिर ने समुद्र के किनारे अपने लिए एक आलीशान कोठी बनवायी थी और उस कोठी का नाम अपनी एक नज़्म पर रखा था।

एक बार जब मैं मुम्बई गया था तो उन्होंने मुझे साबेर दत्त के ज़रिये एक शाम मिलने का सन्देशा भिजवाया। उस वक़्त तक साहिर अदब की दुनिया को पूरी तरह से अलविदा कह चुके थे और अपना पूरा ध्यान फ़िल्मी गीतों पर केन्द्रित कर चुके थे। युद्ध और शान्ति पर उन्होंने कुछ यादगार गीतों की रचना की। फ़िल्मों में उनके गीतों की बेहतरीन मिसाल *कभी कभी* था जिसे उनके संकलन *तन्हाइयाँ* से लिया गया था और यश चोपड़ा की फ़िल्म के लिए ख़ास तौर पर लिखा गया था। इत्तेफ़ाक़न यश चोपड़ा ने इस फ़िल्म का नाम भी *कभी कभी* ही रखा था। उन प्रगतिवादी शायरों ने, जिन्हें साहिर ने इस मुक़ाबले में बहुत पीछे छोड़ दिया, उन्होंने इस समझौतापरस्ती के लिए उनकी निन्दा भी की : क्या समाजवाद में सिर्फ़ अपनी कामयाबी को तरजीह देना मुनासिब था? ऐसी सूरत में उन राजनीतिक सपनों का क्या हश्र होगा जिन पर उन सपनों की बुनियाद टिकी हुई थी? कुछेक शायरों ने तो उनकी मशहूर नज़्म *ताजमहल* को उद्धृत करते हुए फ़ब्ती तक कसी : *इक शहंशाह ने दौलत का सहारा लेकर हम ग़रीबों की मुहब्बत का उड़ाया है मज़ाक़।* दरअसल साहिर ऐसे अकेले प्रगतिवादी शायर नहीं थे जिन्होंने मौक़े का फ़ायदा उठाकर कामयाबी हासिल की थी या व्यवस्था के मुताबिक़ ख़ुद को ढाल लिया था। कुर्रतुलऐन हैदर ने *आख़िरी शब के हमसफ़र* जैसे कामयाब उपन्यास के लिए ज्ञानपीठ पुरस्कार लेकर इस्मत चुग़ताई की कड़ी आलोचना झेली। आख़िर कल के क्रान्तिकारी भला आज के मौक़ापरस्त कैसे हो सकते हैं? या, क्रान्ति अपने बच्चों को ही निवाला कैसे बना सकती है?

बहरहाल, मैं साहिर के साथ अपनी मुलाक़ात की बात कर रहा था। वे मुझसे बड़ी गर्मजोशी के साथ मिले और मेरी ख़ातिर ब्लैक लेबल की बोतल खोली जिसे लेकर हम तीसरी मंज़िल के लकड़ी के बने शानदार पोर्च पर जा बैठे। चाँदनी रात थी, ठण्डी हवा बह रही थी और सामने समुद्र का

ख़ूबसूरत नज़ारा दिख रहा था। हम दोनों सामान्य गपशप कर रहे थे। मुझे याद नहीं कि हमारी बात में कोई ख़ास मुद्दा शामिल था। हमारे दरमियान यह दूसरी मुलाक़ात थी और हमने ज़्यादातर इधर–उधर की बातें कीं। मुझे अच्छी तरह याद है, उस शाम मुझे साहिर से जुड़े कई रहस्यों को जानने का मौक़ा मिला था। हमारे बीच पंजाबी लेखिका, कवि और उपन्यासकार अमृता प्रीतम और साहिर के बीच के अन्तरंग सम्बन्धों के बारे में भी चर्चा हुई। दरअसल अमृता ही वह लड़की थी जो कुछेक साल पहले साहिर के सामने ऑटोग्राफ़ के लिए अपनी हथेली बढ़ाकर चर्चा का सबब बन चुकी थी और उन दोनों की मौत के बाद भी लोगों के बीच बहस का मुद्दा बनी रही। इसी बीच दोनों मुल्कों के बीच बँटवारा हो गया जिसके असर की ज़द में हज़ारों ज़िन्दगियाँ तबाह हो गयीं। ज़ाहिरन अमृता की ज़िन्दगी पर इसका ख़ासा असर पड़ा था। औरतें बँटवारे के वक़्त की दरिन्दगी की सबसे ज़्यादा शिकार बनी थीं और उनकी अस्मत के साथ बड़े स्तर पर खिलवाड़ हुआ था। अमृता ने इस वेदना को अपनी पंजाबी कविता में कारुणिक रूप में व्यक्त किया और इसके लिए पंजाबी के कवि वारिस शाह की लोककथा *हीर राँझा* को अपना सांकेतिक माध्यम बनाया। उन्होंने सदियों पहले मर चुके वारिस शाह की क़ब्र पर उनकी इकलौती बेटी का हवाला देते हुए दुआ माँगी और खुद को पंजाब की मिट्टी की बेटी (हीर) के तौर पर पेश किया। वारिस शाह ने हीर की त्रासदीपूर्ण कहानी को एक विलक्षण प्रेमगीत में ढालने का काम किया, लेकिन अभी भी मुल्क में लाखों की तादाद में ऐसी लड़कियाँ हैं जो इस हृदयविदारक पीड़ा को झेल रही हैं। उनकी इस मर्मान्तक व्यथा को स्वर देना सचमुच आवश्यक था। अमृता अपनी नज़्मों में वारिस शाह से सवाल करती हैं कि इस जघन्य अपमान की शिकार औरतों की हिफ़ाज़त के लिए वे अपनी क़ब्र से क्यों नहीं उठ खड़े होते?

अज्ज आखां वारिस शाह नूं
कि तों कब्रां विचों बोल
ते अज्ज किताब–ए–इश्क़ दा
कोई अगला वर्का फोल

यह इतनी सशक्त नज़्म थी कि इसने केवल पंजाब में रहने वालों पर ही गहरा असर नहीं डाला बल्कि इसका अनुवाद अनेक भारतीय भाषाओं

में भी हुआ है। एक तरह से यह साहिर की नज़्म *ताजमहल* का अमृता की तरफ़ से दिया गया जवाब था।

मुझे सलीके से साड़ी पहनी उस छरहरी और ख़ूबसूरत अमृता प्रीतम की याद है जिसे प्रधानमन्त्री नेहरू ने साहित्य अकादेमी का पुरस्कार दिया था। सफ़ेद मोतियों की माला पहने वह सचमुच एक ज़हीन कवयित्री नज़र आ रही थीं। उनकी ये तस्वीर साहित्य अकादेमी के लाइब्रेरी हॉल में कई दशकों तक टँगी रही। उनकी हल्की मुस्कुराहट और चमकीली आँखें देखने वालों के हृदय पर जादू का–सा असर करती रहीं। उन दिनों वह बेहतरीन कविताएँ लिख रही थीं लेकिन ऑल इंडिया रेडियो पर पंजाबी ख़बरें पढ़ने के अपने काम से वह शायद बहुत ख़ुश नहीं थीं। जब उन्होंने अपनी बहुचर्चित आत्मकथा *रसीदी टिकट* लिखी तब साहिर के प्रति उनका आकर्षण दुनिया की निगाहों से छुपा नहीं रह सका। अपनी आत्मकथा में अमृता ने साहिर के साथ अपने रिश्तों के बारे में बहुत विस्तार और साफ़गोई के साथ लिखा है। यह आत्मकथा साहित्यिक हलक़ों में ख़ासी मशहूर रही, लेकिन साथ ही इसने अमृता की ज़िन्दगी में नयी चुनौतियों को भी जन्म दिया। करतार सिंह दुग्गल और हिन्दी व पंजाबी के अनेक दूसरे बड़े लेखकों ने उसके ख़िलाफ़ मुहिम छेड़ रखी थी कि वे किसी भी क़ीमत पर अमृता को सुप्रतिष्ठित ज्ञानपीठ पुरस्कार हासिल नहीं करने देंगे। अमृता के हौज़ ख़ास के छोटे से घर के क़रीब ही एक विशाल बँगले में दुग्गल रहते थे। शाम को अक्सर दुग्गल और उसके कुछ दोस्त स्कॉच की चुस्कियाँ भरते हुए अमृता के ख़िलाफ़ साज़िश रचते रहते। दूसरी तरफ़ अमृता को पाठकों का अपार स्नेह हासिल था और आख़िरकार उनके जीवन में ऐसा भी क्षण आया जब उन्हें साहित्य का यह सर्वोच्च सम्मान हासिल हुआ। इस अभूतपूर्व उपलब्धि के पीछे साहिर की कल्पना और प्रेरणा ने महत्त्वपूर्ण भूमिका निभायी। साहिर उनके जीवन में उस प्रेम की तरह आये जो अपनी अनुपस्थिति में भी हमेशा स्थायी तौर पर उपस्थित रहा–टीस से भरे एक ज़ख़्म की तरह, या उनके सपनों के हमसफ़र की तरह जिसकी स्मृतियाँ बहुत गहरी थीं और जिन स्मृतियों से लगातार ख़ून रिसता रहता था।

लेकिन अमृता के विरोधियों ने उन्हें कभी चैन से रहने नहीं दिया। उन्होंने *हरदित का ज़िन्दगीनामा* नाम से एक लघु उपन्यास लिखा था जबकि हिन्दी की सुपरिचित लेखिका कृष्णा सोबती ने *ज़िन्दगीनामा* नाम

से अपनी आत्मकथा लिखी थी। मौक़े का लाभ उठाते हुए नामवर सिंह और अशोक वाजपेयी ने सोबती को अमृता पर कॉपीराइट का मुक़दमा दायर करने के लिए उकसाया। नतीजा यह हुआ कि सोबती के प्रकाशक ने अमृता पर भोपाल की अदालत में मामला दायर कर दिया। हालाँकि यह एक बेबुनियाद मामला था जिसे पहली सुनवाई में ही अदालत में ख़ारिज हो जाना चाहिए था, लेकिन जिस तरह से यह मुक़दमा चलता रहा उससे यह ज़रूर साबित हो गया कि भारत में न्यायिक प्रणाली किस तरह से काम करती है।

उस समय तक अमृता अपने पति से क़ानूनी तौर पर अलग हो चुकी थीं और इमरोज़ नाम के आर्टिस्ट के साथ रहने लगी थीं जिन्होंने अमृता की कमनीयता और सौन्दर्य के पेंसिल स्केच उकेरकर अपार प्रसिद्धि अर्जित की थी। चूँकि वह मेरे पड़ोस में ही रहती थीं लिहाज़ा मैं उनसे और इमरोज़ से मिलता रहता था। मैं और मेरी पत्नी मनोरमा हमारे बेटे तरुण के साथ फुटबाल की प्रैक्टिस के लिए क़रीब के पार्क में जाया करते थे। एक दिन अमृता मेरे घर आयी थीं। वह बहुत निराश थीं और हमने कॉपीराइट उल्लंघन के मामले को लेकर विस्तार से बातें कीं। मैंने उन्हें बताया कि *ज़िन्दगीनामा* एक मौलिक उर्दू और फ़ारसी शब्द है और कॉपीराइट के दायरे में नहीं आना चाहिए। उन्होंने मुझसे इस शब्द की उत्पत्ति और प्रयोग के बारे में शोध करने का आग्रह किया। मैंने उन्हें अपनी तरफ़ से पूरा सहयोग करने का आश्वासन देते हुए वे सभी ज़रूरी दस्तावेज़ और शब्दकोश जुटाये और अदालत से पहली ही सुनवाई में मामले को ख़ारिज कर देने की दरख़्वास्त की। लेकिन दुर्भाग्यवश जज नाकारा था। शायद वह खुद शोहरत चाहता था जिसके कारण वह मामले को बेवजह दस–बारह साल लम्बा खींचता रहा।

यहाँ यह बात बताना बहुत ज़रूरी है कि उस वक़्त तक अमृता और इमरोज़ के बीच के रिश्ते महज़ दोस्ताना थे और वे दोनों निहायत आज़ादख़याल, परिपक्व और दोस्ताना तबीयत के आदमी थे। अमृता सिर्फ़ एक आदमी से ही इश्क़ करती थीं और वह आदमी साहिर थे। वह साहिर से कई बार मिल चुकी थीं और एक बार तो जब वह साहिर से मिलने बम्बई गयीं तो इमरोज़ भी उनके साथ थे। उन्होंने जब–जब साहिर से अपने दिल की बात कहने की कोशिश की, तब–तब उन्हें मायूस होना पड़ा। उन्होंने साहिर और गायिका सुधा मल्होत्रा के बीच प्रेम–सम्बन्धों की अफ़वाहें भी सुन रखी थीं। लेकिन सालों बाद श्रीमती मल्होत्रा ने ऐसी किसी भी अफ़वाह का

खण्डन बार–बार किया। बहरहाल, इन अफ़वाहों को सुनने के बाद अमृता अपना टूटा दिल लेकर दिल्ली लौट आयीं।

अमृता से मेरी आख़िरी मुलाक़ात तब हुई थी जब मैंने साहित्य अकादेमी के अध्यक्ष के रूप में उन्हें अकादेमी की स्वर्ण जयन्ती के अवसर पर अकादेमी की प्रतिष्ठित फ़ेलोशिप से नवाज़ा था। यह उपाधि उन्हें प्रधानमन्त्री मनमोहन सिंह के द्वारा प्रदान की गयी थी। उस समय तक अमृता अपनी शख़्सियत की ख़ूबियाँ और ताज़गी खो चुकी थीं। वह बेहद कमज़ोर नज़र आ रही थीं और हड्डियों का ढाँचा मात्र रह गयी थीं। लेकिन अभी भी उनकी आँखों की तिलस्मी चमक और गुफ़्तगू करने का जादुई और ओजस्वी अन्दाज़ ज़िन्दा बचा था। आज जबकि साहिर और अमृता दोनों ही हमारे बीच नहीं हैं, उनकी शख़्सियत और मुहब्बतों के क़िस्सों का रहस्य अभी तक अनसुलझा है और मेरे ख़याल से यह गुत्थी कभी सुलझ भी नहीं सकेगी।

किसी भी लेखक की सबसे बड़ी लेखकीय चुनौती उसके रचना साहित्य को हिस्सों में बाँटना होती है। अख़्तर उल–ईमान जो एक बेहतरीन शायर थे, फ़िल्मों में महज़ एक संवाद लेखक बन गये। उन्होंने फ़िल्मों में कभी अपने गीतों के इस्तेमाल की इजाज़त नहीं दी। गुलज़ार अपनी फ़िल्मी ज़िन्दगी और अपनी साहित्यिक ज़िन्दगी को अलग–अलग रखने में ख़ासे कामयाब रहे। जावेद अख़्तर ने फ़िल्मों में बतौर पटकथा लेखक अपना करियर शुरू किया था लेकिन गीतकार बनने की क़ीमत पर उन्होंने पटकथा लेखन छोड़ दिया। साहिर का प्रकाशित लेखन भी उनके फ़िल्मी गानों की तुलना में अधिक असरदार और गहरा था। अपने अनेक साक्षात्कारों में साहिर ने यह बात क़ुबूल भी की कि फ़िल्मों के लिए गीत लिखना केवल एक साहित्यिक काम नहीं था। यह लेखन की तुलना में अधिक रचनात्मक काम था क्योंकि फ़िल्मी गीत उन लाखों लोगों तक पहुँचने की क्षमता रखते हैं जहाँ साहित्यिक लेखन पहुँचने में असमर्थ होता है। इस धारणा में कितनी सच्चाई है, इस बात का निर्णय मैं पाठकों पर छोड़ता हूँ लेकिन एक साहित्यिक आलोचक की दृष्टि से मेरा मत बिल्कुल भिन्न है।

आख़िर में, मैं इस पुस्तक के लेखक के बारे में ज़रूर कुछ कहना चाहूँगा। जब सुरिन्दर देओल से मैं पहली बार मिला तब तक वे *दीवान–ए–ग़ालिब* का अनुवाद (देओल 2004) *दी ट्रेज़र* शीर्षक से प्रकाशित करा चुके थे।

मुझ पर इस किताब का असर इस हद तक हुआ कि 2014 की गर्मियों में जब उन्होंने वाशिंगटन डी.सी. में अपनी किताब का विमोचन करने का न्योता दिया तो मैं उसे कुबूल किये बिना नहीं रह सका। उसके बाद हमारी अक्सर बातचीत होने लगी जो वक़्त के गुज़रने के साथ आहिस्ता–आहिस्ता अन्तरंग दोस्ती में बदल गयी। सुरिन्दर देओल साहबे–कमाल आदमी हैं और बहुत–सी ख़ूबियों के मालिक हैं। *दीवान–ए–ग़ालिब* का फ्री वर्स में अनुवाद करना कोई आसान काम नहीं था। उनकी ख़ूबियों को देखते हुए मैंने उनसे यह प्रस्ताव रखा कि ग़ालिब पर मेरी किताब, जो उन्हीं दिनों साहित्य अकादेमी[3] से छपी थी, क्या वे उसका अंग्रेज़ी में अनुवाद कर सकेंगे। मेरी दावत को उन्होंने कुबूल किया जो उनकी बड़ी मेहरबानी है, इसलिए कि यह किताब ख़ासी जटिल और तहदार है। इस मुश्किल काम में हमें तीन साल लगे और यह किताब 2017 में ऑक्सफोर्ड यूनिवर्सिटी प्रेस[4] से प्रकाशित हुई। सुरिन्दर देओल का लगाव साहिर लुधियानवी की शायरी से कॉलेज के ज़माने का था। आहिस्ता–आहिस्ता साहिर की शायरी की गहराइयों में वो डूबते गये। उनकी इस पुस्तक को जब आप पढ़ेंगे तो उनकी बातों की गहराइयों से आपको ख़ुद अन्दाज़ा होगा कि वो साहिर में कितना डूबे हुए हैं। साहिर की शायरी की सरलता और शब्दों के बहाव की एक अजीबोग़रीब ख़ूबी है, जैसे दरिया की रवानी का बहाव हो। साहिर को एक बार आप पढ़ेंगे तो आपको ख़ुद अन्दाज़ा होगा कि सुरिन्दर देओल इसकी रचनात्मकता और प्रतिभा में कितना गहरे उतरे हुए हैं। साहिर के व्यक्तित्व में कई गाँठें और गुत्थियाँ हैं। सुरिन्दर देओल ने इन सबको बहुत सुन्दरता से एक–एक कर खोला है। साहिर पर हालाँकि दूसरे लोगों ने भी लिखा है लेकिन इस किताब की बात ही और है। पाठक इस किताब को हाथ में लेगा तो इसके आकर्षण में आप ही डूब जायेगा। इस तरह की दूसरी कोई पुस्तक आज तक साहिर पर नहीं लिखी गयी।

...वो कहें और सुना करे कोई!

---

3. साहित्य अकादेमी–भारत में साहित्यिक लेखन की शीर्ष राष्ट्रीय संस्था जिसकी स्थापना भारत सरकार ने 1954 में की थी।

4. ऑक्सफोर्ड यूनिवर्सिटी प्रेस–ऑक्सफोर्ड विश्वविद्यालय का एक विभाग जिसकी स्थापना शिक्षा, शोध और साहित्यिक लेखन के उद्देश्य से की गयी है। यह दुनिया का सबसे बड़ा यूनिवर्सिटी प्रेस है और जेरिको में स्थित है।

परिचय

एक रहस्य, एक पहेली

दुनिया ने तजरबात व हवादिस की शक्ल में
जो कुछ मुझे दिया है वो लौटा रहा हूँ मैं

साहिर

1950 के आसपास जब साहिर ने फ़िल्मों के लिए लिखना शुरू किया, उसके बाद वे उर्दू के आम शायर नहीं रह गये थे। अब वे एक सेलिब्रिटी बन चुके थे। अपनी बुलन्दी के दिनों में उन्होंने कमोबेश एक फ़िल्म स्टार का रुतबा हासिल कर लिया था। फ़िल्मी पत्रिकाओं में उनकी तस्वीरें प्रमुखता से छपती थीं और वे चटपटी अफ़वाहों और क़िस्सों के लिए एक मुफ़ीद शख़्सियत थे। हर वक़्त लोगों की निगाहें उन पर टिकी होती थीं और आम जनता उनके बारे में छोटी–से–छोटी बातें जानने को उत्सुक रहती थी। लेकिन बात सिर्फ़ इतनी भर नहीं थी, मौत के इतने सालों बाद साहिर आज भी लोगों के लिए एक पहेली बने हुए हैं। उनकी निजी ज़िन्दगी, आभामण्डल और यहाँ तक कि उनकी शायरी से जुड़े ऐसे कई सवाल हैं जिनका हमारे पास आज भी कोई बिल्कुल सही जवाब नहीं है। मनोविश्लेषक ऐसा मानते हैं कि जिन बच्चों की परवरिश अकेली माँ ने की होती है और जिन बच्चों का बचपन अभावों से घिरा होता है, उन बच्चों के मन में ज़िन्दगी–भर के लिए एक असुरक्षा की भावना घर कर जाती है। ऐसे बच्चों में अपनी माँ के लिए इतना तीव्र प्रेम होता है कि वे किसी अन्य औरत के प्रेम की क़द्र कभी नहीं कर पाते। साहिर के अनेक 'प्रेम सम्बन्धों' का भी क्या यही कारण था जिन्होंने साहिर के भीतर के अधूरेपन को हमेशा ज़िन्दा रखा? इस सवाल के बारे में निश्चित तौर पर कुछ भी नहीं कहा जा सकता।

साहित्य की दुनिया में साहिर किसी तूफ़ान की तरह आये थे और उसके बाद जल्दी ही वे एक बड़ी उर्दू पत्रिका के सम्पादक बना दिये गये, लेकिन जैसे ही उनको एक फ़िल्मी गीतकार के रूप में कामयाबी मिली वैसे ही उन्होंने साहित्य की दुनिया से ख़ासी दूरी बना ली। वे शायद ही किसी *मुशायरे* या किसी अन्य प्रतिष्ठित साहित्यिक आयोजन में शिरकत करते थे। एक वक़्त था जब साहिर हर वक़्त दोस्तों की एक बड़ी जमात से घिरे रहते थे, लेकिन वक़्त के गुज़रने के साथ–साथ उनके मित्रों की तादाद भी घटती गयी। उनकी ज़िन्दगी में इतने गिने–चुने दोस्त बचे थे कि दिल का दौरा पड़ने से अकस्मात मौत के बाद उन्हें दफ़नाने के लिए उनकी मय्यत में मुट्ठी–भर दोस्त जुट पाये। क्या इस बात का कोई सम्बन्ध उनके निजी व्यवहार से था? या, शराब की बेहिसाब लत और अवसाद के दौरों की वजह से उन्होंने अपने आसपास की दुनिया से ख़ुद को काट लिया था? यह भी एक अनुत्तरित सवाल है लेकिन इसके बावजूद इसका दोष उनकी ख़ुद की ज़िन्दगी की कहानी पर मढ़ा जा सकता है। वे बजाप्ता ज़ोर डालकर कहते भी थे, "दुनिया को वे वही ज़ख़्म लौटा रहे हैं जो ज़ख़्म उन्हें दुनिया ने दिये थे।"

साहिर लुधियाना के क़रीब के एक गाँव में 8 मार्च 1921 को एक अमीर ज़मींदार परिवार में जन्मे थे। पूर्वी पंजाब का यह शहर केवल अपने उद्योग–धन्धों के लिए ही प्रसिद्ध नहीं था बल्कि लाहौर की तरह ही अपने प्रसिद्ध लेखकों और विद्वानों की वजह से भी उतना ही सुविख्यात था। क़ुरान के आधिकारिक विद्वान अब्दुल हई लुधियाना के ही थे। साहिर के पिता चौधरी फ़ज़ल मोहम्मद के लिए साहिर की पैदाइश जश्न का एक बड़ा मौक़ा था क्योंकि इसके पहले दस शादियाँ कर चुकने के बाद भी उनके परिवार में पहली बार बेटा पैदा हुआ था। साहिर की माँ उनकी ग्यारहवीं बीवी थीं। चौधरी के भीतर वे तमाम बुराइयाँ थीं जो अमूमन एक बिगड़ैल ज़मींदार के भीतर हुआ करती थीं। मज़दूरों और किसानों का शोषण, अज्ञानता से जन्मे अहंकार और विलासितापूर्ण जीवनशैली के कारण उनका परिवार गहरे क़र्ज़ में डूब चुका था। साहिर की माँ सरदार बेगम कश्मीरी मूल की एक ख़ुशमिज़ाज और ख़ुद्दार औरत थीं जिन्होंने सालोसाल अपने शौहर की ज़्यादतियाँ बर्दाश्त की थीं। लेकिन जब साहिर तीन या चार साल के रहे होंगे तब सरदार बेगम ने अपने शौहर का घर

छोड़ देने का एक मुश्किल फ़ैसला लिया। वे लुधियाना चली आयीं और अपने भाई अब्दुल रशीद की मदद से एक नयी ज़िन्दगी शुरू की।

चूँकि जब साहिर ने अपने पिता का घर छोड़ा था तब वे उम्र में बहुत छोटे थे, लिहाज़ा उनके बचपन की स्मृतियाँ बहुत धुँधली थीं। अलबत्ता एक बात उन्हें सालोसाल रह–रह कर याद आती थी। वे मुग़ल शैली में बनी लाल ईंटों वाली एक बड़ी *हवेली* में रहा करते थे। अपने पुरखों को याद करते हुए वे कहते थे :

मैं उन अज्दाद का बेटा हूँ जिन्होंने पैहम
अजनबी क़ौम के साये की हिमायत की है
उज़्र की साइत–ए नापाक से लेकर अब तक
हर कड़े वक़्त में सरकार की ख़िदमत की है

साहिर के पिता यही मानते थे कि पढ़ाई–लिखाई की ज़रूरत सिर्फ़ ग़रीबों के बच्चों को पड़ती है क्योंकि बड़े होकर पेट पालने के लिए उन्हें नौकरी करनी होती है। ज़मींदारों के बच्चे तो पढ़े–लिखे बिना भी एक शानदार और रईसों–सी ज़िन्दगी जी सकते हैं। अलबत्ता उनकी माँ को हमेशा यही महसूस होता था कि उनके बेटे का भविष्य सिर्फ़ उसकी पढ़ाई पर टिका है, और इसलिए उसका तालीम हासिल करना बहुत ज़रूरी था। यह बात उनके ज़ेहन में दूर–दूर तक नहीं थी कि बड़ा होकर उनका बेटा बतौर एक शायर अच्छी–ख़ासी दौलत और शोहरत कमायेगा। बहरहाल, साहिर के पिता बातचीत के ज़रिये मामले को सुलटाने की बजाय अदालत की शरण में चले गये जहाँ यह मामला कई सालों तक चलता रहा। मुक़दमे में आख़िरकार सरदार बेगम की जीत हुई क्योंकि छोटी उम्र के साहिर ने जज को साफ़–साफ़ लफ़्ज़ों में यह कह दिया कि वे सिर्फ़ अपनी माँ के साथ ही रहना चाहते हैं। जज इस बात से भी ख़ासा प्रभावित था कि सरदार बेगम अपने बेटे को तालीम दिलाना चाहती थीं। दूसरी तरफ़ उनके पिता का मानना था कि एक ज़मींदार के बेटे के लिए तालीम वक़्त की बर्बादी के सिवा कुछ भी नहीं थी। बहरहाल बेटे की कस्टडी का मुक़दमा हार जाने के बाद चौधरी ने बारहवीं शादी करने का फ़ैसला लेने में ज़्यादा वक़्त नहीं गँवाया। अपने पिता की तरह ज़मींदारों की निजी ज़िन्दगी की काहिली और ऐयाशी को कोसते हुए साहिर ने अनेक नज़्मों की रचना की। उनकी नज़्म *जागीर* की ये पंक्तियाँ ग़ौरतलब हैं :

इनकी मेहनत भी मेरी हासिल–ए मेहनत भी मेरा
इनके बाज़ू भी मेरे क़ुव्वत–ए बाज़ू भी मेरी
मैं ख़ुदावन्द हूँ उस वुसत–ए बे–पायां का
मोज–ए आरिज़ भी मेरी निखत–ए गेसू भी मेरी

बचपन से ही साहिर की किताबों में बहुत गहरी दिलचस्पी थी और वे अल्लामा इक़बाल जैसे शायरों को भी पढ़ने की कोशिश करते थे जिनको समझ पाना उनके लिए थोड़ा दुश्वार था। वे अपने मामू से किताबों को ख़रीदने की न सिर्फ़ ज़िद किया करते थे बल्कि उनसे ज़बरन उन किताबों के कुछ हिस्से भी पढ़वाते थे। इत्तेफ़ाक़ से सिख समुदाय के उच्च विद्यालय में दाख़िला लेने के बाद वहाँ उन्हें फ़ैयाज़ हरयाणवी नाम के एक अच्छे उस्ताद मिल गये। उन्होंने साहिर को उर्दू और फ़ारसी भाषा के मुश्किल शब्दों के मायनों से परिचित कराया। दरअसल फ़ैयाज़ हरयाणवी ही वे शख़्स थे जिन्होंने साहिर की लिखी पहली नज़्म पर अपनी राय दी थी। साहिर की वह पहली नज़्म तो तकनीकी तौर पर दुरुस्त थी लेकिन उसमें कोई गहरी या नयी बात नहीं कही गयी थी। लिहाज़ा फ़ैयाज़ हरयाणवी की तारीफ़ के पीछे यह शर्त थी कि साहिर अपनी शायरी में इन ज़रूरी बातों का ख़याल रखेंगे। इस बात से साहिर को तसल्ली हुई क्योंकि उन्हें हमेशा यही लगता था कि वे नज़्म लिखने की बारीक़ियों को कभी नहीं समझ सकेंगे।

उर्दू शायरों के साथ उन दिनों एक आम बात यह जुड़ी हुई थी कि अपना लेखकीय जीवन शुरू करने से पहले वे कोई *तख़ल्लुस* रखा करते थे। 1937 की गर्मियों में उन्होंने अल्लामा इक़बाल की एक नज़्म पढ़ी जो उन्होंने दाग़ देहलवी की तारीफ़ में लिखी थी। उस शे'र ने मानो साहिर के ऊपर कोई जादू कर दिया :

इस चमन में होंगे पैदा बुलबुल–ए शीराज़[1] भी
सैकड़ों साहिर भी होंगे साहिब–ए एजाज़ भी

लिहाज़ा अपने लिए 'साहिर' तख़ल्लुस का चुनाव करने में उन्हें

1. फ़ारसी के बड़े कवि हाफ़िज़ शीराज़ी।

ज़्यादा देरी नहीं लगी। साहिर का मतलब जादूगर, बेहतरीन काम करने वाला, सम्मोहित करने वाला, मोहपाश में बाँधने वाला या जादू–टोना करने वाला होता है। इस तख़ल्लुस के साथ ही उर्दू ज़ुबान के एक बड़े शायर का जन्म हो चुका था। अपने स्कूल के दिनों में साहिर ने ग़ज़लें लिखी थीं वे एक आमफ़हम ज़ुबान में लिखी गयी थीं लेकिन उन ग़ज़लों ने भविष्य के एक सम्भावनाशील शायर के जन्म की तरफ़ साफ़ इशारा कर दिया था। मिसाल के तौर पर यहाँ उनके कुछ अश'आर उद्धृत किये जा रहे हैं :

मेरा क्या है मुझे तो खाँसने में ख़ून आता है
चराग़–ए ज़िन्दगी बुझने को है अब टिमटिमाता है

मज़े से दिन गुज़ारो और मज़ा लो जवानी की
भला मईआद ही क्या है जहाँ में हुस्न–ए फ़ानी की

मुझको जाने दे के मेरा मुन्तज़िर है इन्क़िलाब
देख उभरा चाहता है अहद–ए नौ का आफ़ताब

जब साहिर ने शहर के नामचीन कॉलेज में दाख़िला लिया तो वे उनकी ज़िन्दगी के सबसे उथल–पुथल वाले दिन थे। उनके इस दौर के गवाह उनके कुछ दूसरे संगी–साथी भी थे। जैसे–जैसे साहिर की शायरी बेहतर होती गयी वैसे–वैसे वे अपने शहर में मक़बूल होते गये। जल्दी ही वे कॉलेज के छात्र संघ के अध्यक्ष चुन लिए गये जो एक ऐसा मंच था जिसे भारत में अंग्रेज़ी हुकूमत का विरोध करने और स्वतन्त्रता का समर्थन करने के उद्देश्य से गठित किया गया था। इसका नतीजा यह हुआ कि वे कॉलेज के ब्रितानी प्रिंसिपल और ज़िला प्रशासन दोनों की ही आँखों की किरकिरी बन गये। साहिर को बिना डिग्री लिए अपना कॉलेज छोड़ना पड़ा। इसकी वजह आज भी ठीक से किसी को नहीं पता है। बहरहाल, वे इतने मायूस थे कि उन्होंने शहर छोड़ने का फ़ैसला कर लिया और 1941 में लाहौर जाने वाली ट्रेन में जा बैठे। लाहौर उन दिनों उत्तर भारत में कला और साहित्यिक गतिविधियों का सबसे बड़ा केन्द्र माना जाता था। सबसे दिलचस्प बात यह थी कि जिस कॉलेज में वे पढ़ते थे उस कॉलेज ने अंग्रेज़ी हुकूमत की वजह से साहिर की प्रतिभा के महत्त्व को नहीं समझा।

लेकिन विदेशी हुकूमत के अधीन उस कॉलेज से जो चूक हुई थी उस भूल का सुधार कॉलेज प्रबन्धन ने 1970 में किया जब भारत के तात्कालिक शिक्षा मन्त्री वी. के. आर. वी. राव के हाथों साहिर को स्वर्ण पदक प्रदान किया गया।

ज़िन्दगी में सामाजिक और आर्थिक रूप में कामयाबी हासिल करने के बाद ज़ाहिरन साहिर की माँ उन पर शादी करने का दबाव डालने लगीं लेकिन इस मुद्दे पर वे अपनी माँ और दूसरे लोगों को बस एक ही जवाब देते थे :

> "मैं विवाह की संस्था के ख़िलाफ़ नहीं हूँ लेकिन मुझे ख़ुद अपने लिए शादी की ज़रूरत कभी महसूस नहीं हुई। औरत और मर्द के रिश्ते के बहुत से आयाम हो सकते हैं और इसे सिर्फ़ पति–पत्नी के सम्बन्धों तक सीमित कर देना मुनासिब नहीं है। हमारे लिए हमारी माँ और बहनों की भी उतनी ही अहमियत है। मेरी दो छोटी बहनें हैं और मैं उनसे बेइन्तहा प्यार करता हूँ। यही अहसास मुझे माँ–बाप के जैसा महसूस करने के सुख से भर देता है।" *(1985 : 50)*

अहमद राही लाहौर के दिनों में साहिर के क़रीबी दोस्त थे। साहिर के किसी भी रोमांटिक रिश्ते की नाकामी के बारे में वे कहते हैं :

> "लोगबाग कहते हैं कि साहिर ने कई बार मुहब्बत की लेकिन मैं उनकी इन बातों से सहमत नहीं हूँ। अपनी ज़िन्दगी में साहिर ने सिर्फ़ एक बार मुहब्बत और सिर्फ़ एक आदमी से नफ़रत की। वे सबसे ज़्यादा अपनी माँ से *मोहब्बत* करते थे और सबसे ज़्यादा *नफ़रत* अपने पिता से करते थे।" *(राही 2010 : 54)*

चूँकि साहिर का बचपन दूसरे बच्चों से जुदा था लिहाज़ा वे छोटी उम्र से ही एक असुरक्षा बोध से घिरे रहते थे। उन्होंने बहुत क़रीब से महसूस किया था कि बहुत सारी आर्थिक और दूसरी दिक़्क़तों से उनकी माँ ने उनकी परवरिश की थी। शायद इसी वजह से उनके भीतर एक मज़बूत निजी रिश्ते को निभाने का आत्मविश्वास नहीं था। 1976 में जब तक उनकी माँ की मौत नहीं हुई, उन्होंने अपनी ज़िन्दगी में किसी दूसरी औरत की ज़रूरत कभी महसूस नहीं की। माँ की मौत का साहिर को गहरा सदमा लगा था। फ़िल्म निर्देशक यश चोपड़ा के मुताबिक़ :

"अपनी माँ की मौत के बाद साहिर ने ख़ुद को जैसे एक खोल में क़ैद कर लिया था। वे अक्सर कहते थे–'मुझे अब लिखने में मज़ा नहीं आता है।' उनके अकेलेपन ने ही उनकी जान ले ली।" *(मनवानी 2013, अध्याय 13)*

उनके दोस्तों की मानें तो साहिर एक अन्तर्मुखी व्यक्ति थे जो कुछेक बेहद क़रीबी दोस्तों के साथ ही सिगरेट–शराब पिया करते थे। कुछ लोगों ने तो यहाँ तक दलील दी कि उन्हें शायद इस बात का डर था कि शादी कहीं उनकी ज़िन्दगी के तौर–तरीक़ों को न बदल दे और एक या एक से ज़्यादा बच्चों के जन्म के बाद उनकी ज़िन्दगी का ढर्रा पूरी तरह से न बदल जाये। मनोविश्लेषक भी मानते हैं उच्च कलात्मक प्रतिभा के धनी लोग आमतौर पर पारम्परिक शादी की परिधि में आने वाले निजी सम्बन्धों की जवाबदेही से बचना चाहते हैं। उनकी नज़र में शादी एक ऐसा बन्धन होता है जिसकी नाकामियों से उन्हें डर लगता है। दूसरी तरफ़ 'प्यार में हार जाने वाले' या 'मुहब्बत में हारे हुए इन्सान' जैसी 'ट्रैजिक प्रेमी' की छवि आमतौर पर पेंटिंग्स और शायरी की दुनिया से जुड़ी हुई शख़्सियतें अपने लिए किसी दौलत की तरह क़ीमती मानती रही हैं। साहिर भी शायद इन्हीं वजहों से किसी औरत को ताज़िन्दगी मुहब्बत का तोहफ़ा देने की क़ुव्वत नहीं रखते थे। इन तमाम बिन्दुओं पर अगर ग़ौर से सोचा जाये तो साहिर के रोमांस से जुड़े तमाम क़िस्से का हक़ीक़त से कोई वास्ता नहीं था बल्कि उनका सम्बन्ध साहिर के सेलिब्रेटी स्टेटस से ज़्यादा गहरा था। इस बात का भी कोई सबूत नहीं मिलता है कि उन्होंने अपने बारे में फैली इन अफ़वाहों या दुष्प्रचारों का कभी बुरा माना हो।

बेशक हम इसे एक गुत्थी या रहस्य का नाम दे सकते हैं लेकिन साहिर भी आख़िरकार थे तो एक इन्सान ही, और इसीलिए वे भी अपनी ज़िन्दगी में एक साथ कई पेचीदगियों से जूझ रहे थे। उनके क़रीबी दोस्त मोहिन्दर नाथ के शब्दों में :

"साहिर अन्तर्विरोधों से घिरे एक इन्सान हैं। हमारी तरह वे भी अच्छाई और बुराई के मेल से बने हैं। वे जितने मशहूर हैं उतने ही बदनाम भी हैं। वे ख़ूबियों के अजस्र स्रोत हैं और ग़लतियों का पुतला भी। वास्तविकता यही है कि भीतर से हम सभी उजालों और अँधेरों में आकण्ठ डूबे हुए लोग हैं। अगर कोई भी यह दावा करता है कि उसमें कोई ख़ामी है ही नहीं तो फिर ऐसी स्थिति

में वह आदमी हो ही नहीं सकता है। वह कोई फ़रिश्ता होगा। सच यही है कि साहिर एक बेहद संजीदा इन्सान हैं और उनके भीतर भी ढेरों अच्छाइयाँ हैं।" *(1985–86)*

किसी ज़माने में अपने कुछेक दोस्तों के साथ लुधियाना की सड़कों पर भटकने वाला एक गुमनाम शायर फ़िल्म में एक बड़े गीतकार के रूप में इतनी ख्याति अर्जित कर लेगा, यह किसी ने सोचा भी नहीं था। फिर एक दिन बिना किसी शोर–शराबे के उसने दुनिया को अलविदा कह दिया। उनके आख़िरी दिनों की बात करते हुए रिश्ते में उनकी बहन अनवर सुल्ताना ने बताया :

"माँ जी की मौत के बाद से ही भाईजान भीतर से पूरी तरह टूट चुके थे। उसके बाद ही उन्हें दिल का दौरा पड़ा और उनकी ज़िन्दगी के तौर–तरीक़े पूरी तरह से बदल गये। वे अपने कमरे में अकेले खाना खाने लगे थे। कभी–कभार इकट्ठे डिनर करते वक़्त वे मुझसे कहते...देखो, अनवर, मैंने तुम्हारी और परिवार की भरसक माली मदद करने की कोशिश सिर्फ़ इसलिए कि तुम सबको मेरे बाद कोई तकलीफ़ न हो...एक बात मैं तुमसे ज़रूर कहूँगा कि तुम्हें बमुश्किल ऐसा नेक आदमी मिलेगा जो तुम्हारी हिफ़ाज़त करने आगे आ सके। मैं ऐसा इसलिए नहीं कह रहा हूँ कि दुनिया में भले और संजीदा लोगों की कोई कमी है। परेशानी की बात यह है कि ऐसे लोग तादाद में गिनती के बचे हैं। लेकिन जब भाईजान ऐसी बातें करते तो मेरा दिल बैठने लगता था। मैं उन्हें अक्सर कहती भी थी कि वे एक लम्बी ज़िन्दगी जियेंगे इसलिए वे ऐसी उदास करने वाली बातें न किया करें। लेकिन भीतर ही भीतर उन्हें इस बात का अहसास हो चुका था कि वे ज़्यादा दिनों तक ज़िन्दा नहीं बचेंगे...और आख़िरकार 25 अक्टूबर 1980 का वह मनहूस दिन आ ही गया जब मैं उनको साथ लेकर डॉ. कपूर के पास गयी थी। वे बिल्कुल ठीक दिख रहे थे और उन्होंने डॉ. कपूर से सामान्य तरीक़े से बातचीत भी की। फिर अचानक, उनकी गर्दन एक तरफ़ झूल गयी और वे हमेशा के लिए ख़ामोश हो गये। हम पर मानो बिजली टूट पड़ी। हमारी तकलीफ़ और दर्द का अन्दाज़ कोई भी नहीं लगा सकता है।" *(अयूबी 1985 : 46)*

साहिर को जुहू के क़ब्रिस्तान में दफ़नाया गया लेकिन 2010 में सभी मुर्दों के अवशेष वहाँ से हटा दिये गये ताकि नयी क़ब्रों के लिए जगह बनायी जा सके। बदक़िस्मती से इस घटना ने हमें मिर्ज़ा ग़ालिब के मशहूर शे'र की याद दिला दी थी :

हुए मर के हम जो रुसवा हुए क्यों न गर्क़–ए–दरिया
न कभी जनाज़ा उठता न कहीं मज़ार होता

एक प्रतिष्ठित शायर

हम साहिर को उनकी ही पहली किताब के उनवान के मुताबिक़ ख़ुशी और ग़म की मौसीक़ी के एक जादूगर के तौर पर याद कर सकते हैं। उन्होंने नज़्में लिखी हों या ग़ज़लें, दोनों बाहर से रोमांस की मिठास में डूबी हुई होतीं लेकिन उस मीठी परत के भीतर एक कसैला ज़ायका भी छिपा होता था जो नाइन्साफ़ी, आर्थिक गै़र–बराबरी और ज़ुल्म की नुमाइन्दगी करता था। उनकी यह तर्जे–बयानी उनको पढ़ने वालों के अहसासों को झिंझोड़ देती थी।

अपनी शायरी के शुरुआती सालों में साहिर अल्लामा इक़बाल, जोश मलीहाबादी, मजाज़ लखनवी और फ़ैज़ अहमद फ़ैज़ जैसे शायरों से गहरे तौर पर मुतास्सिर थे। ख़ास तौर पर इक़बाल साहिर के पसन्दीदा शायर थे हालाँकि इक़बाल के संकीर्ण धार्मिक दृष्टिकोण के प्रति उनके मन में गहरा पूर्वाग्रह था। जहाँ तक उनकी लेखन–शैली की बात थी तो आलोचकों की नज़र में साहिर एक तरफ़ उम्मीद और दूसरी तरफ़ आक्रोश दोनों के शायर थे। इस नज़रिये से वे फ़ैज़ के बहुत क़रीब थे। उनके दोस्त गोपाल मित्तल ने उनका परिचय समाजवादी विचारधारा से कराया था। उन्होंने अपनी सोच में वामपन्थी सिद्धान्तों को अपनाया क्योंकि उनकी स्पष्ट मान्यता थी कि वामपन्थी विचारधारा में गहरी आस्था रखे बिना प्रगतिवादी लेखन सम्भव नहीं था *(1985 : 48)*। लेकिन यह बात भी उतनी ही सच थी कि साहिर ने औपचारिक रूप से भारतीय कम्युनिस्ट पार्टी की सदस्यता कभी नहीं ली।

साहिर की शायरी पर राय व्यक्त करते हुए मशहूर फ़िल्म निर्देशक के. ए. अब्बास ने कहा था :

"साहिर तीन महान जीवित शायरों में एक हैं। उनको शायरी करने के हुनर में महारत हासिल है। वे अपनी बात कहने के लिए बिम्बों और प्रतीकों का बेहतरीन और सटीक इस्तेमाल करते हैं और इस हुनर में तमाम दूसरे शायरों पर भारी पड़ते दिखते हैं। यहाँ तक कि बहुत से तजुर्बेदार और पुराने शायर भी शायरी के इल्म में उनके मुक़ाबले कहीं नहीं टिकते हैं...एक और बड़ी बात जो उनको दूसरों से अलग करती है वह यह है कि गीतनुमा शायरी के बावजूद उनके यहाँ समाज को बदल डालने का आह्वान करने वाले सन्देशों की कोई कमी नहीं दीखती है। अपनी शायरी में वे फ़िरकापरस्ती की मुख़ालफ़त करते दिखाई देते हैं। अपने वरिष्ठ शायरों की तरह वे सिर्फ़ बाग़ों में बुलबुल के गाने की बातें नहीं करते। वे इस ज़माने की शायरी करने में यक़ीन करते हैं। वे इस ज़मीन की ज़ुबान में शे'र लिखते हैं।" *(अब्बास 1985 : 133–134)*

शायर अली सरदार जाफरी भी उनके इस मूल्यांकन का समर्थन करते हैं :

"कुछ लोगों ने साहिर की शायरी को यह कहकर ख़ारिज करने की कोशिश की है कि वे सिर्फ़ 'नौजवानों' के लिए लिखने वाले रूमानी शायर हैं। लेकिन यह बदनामी भी साहिर की प्रसिद्धि को बाक़ायदा स्थापित करती है। आप यह सवाल ख़ुद से ही पूछकर देखिए, आज कितने शायर हैं जिनकी शायरी 'नौजवानों' को पसन्द आती है? नौजवानों के अहसास बिल्कुल तरोताज़ा होते हैं और वे जो कुछ भी कहते–सुनते हैं उनमें एक पाकीज़गी होती है। उनके दिल में कुछ नया और अनोखा हासिल करने का सपना होता है और वे अपने दिल में उन सपनों को पूरा करने की ज़िद बाँधे रहते हैं। इन भावनाओं को साहिर ने जिस कामयाबी के साथ अपनी शायरी में दर्ज किया है, वैसी क्षमता उस दौर के किसी दूसरे शायर में नज़र नहीं आती।" *(जाफरी 1985 : 96)*

जाफरी फ़ारसी के एक मशहूर ग़ज़लगो हाफ़िज़ को कोट करते हुए उसके अर्थ की व्याख्या करते हैं : एक सुबह बुलबुल ने बाग़ में ताज़ा खिले एक फूल से कहा, "ख़ुद पर इतना मत इतराओ। तुमसे पहले भी

इस बाग़ में न जाने कितने फूल खिले और सूखकर झर गये।" फूल ने मुस्कुराते हुए जवाब दिया, "तुम्हारी निष्ठुर बात ने मेरा दिल दुखाया है। किसी आशिक़ ने अपने महबूब से इतने सख़्त लहजे में बात नहीं की होगी।" साहिर किसी भी बात को मन में नहीं रखते और हमेशा अपने दिल की आवाज़ सुनते हैं।

चूँकि साहिर फ़ैज़ से बहुत मुतास्सिर थे, लिहाज़ा बहुत से लोगों को यह भी लगा कि वे फ़ैज़ की नक़ल करते हैं। इस इल्ज़ाम के जवाब में जाफरी कहते हैं :

> "लोगों के ज़ेहन में दरअसल यह ग़लतफ़हमी इसीलिए पैदा हुई कि दोनों ही शायरों ने अपनी शायरी में रोमांस को सामाजिक विरोध के एक हथियार के तौर पर इस्तेमाल किया। लेकिन फ़ैज़ के महबूब की अवधारणा साहिर के महबूब की कल्पना से बिल्कुल अलग थी। मख़दूम और मजाज़ ने भी अपने लेखन में सामाजिक विरोध और रोमांस का सम्मिश्रण बख़ूबी किया था। लेकिन इन चारों शायरों के मिज़ाज एक–दूसरे से एकदम मुख़्तलिफ़ थे। साहिर ने अपनी शायरी में एक प्रेमी के घमण्ड, उसकी हेकड़ी और आत्ममुग्धता को विस्तार दिया था। पिछली बार ये तत्त्व ग़ालिब की शायरी में नज़र आये थे।" *(जाफरी 1985 : 97)*

साहिर इस सच से अच्छी तरह अवगत थे कि यह बुनियादी तौर पर मर्दों की दुनिया है जहाँ औरतों की तरक़्क़ी के मौक़े बड़ी मशक़्क़त से हासिल होते हैं। चूँकि औरतों के किये गये हर काम के लिए समाज उसे ही ग़लत ठहराता है लिहाज़ा औरत–मर्द के बीच के रिश्तों पर इस सोच का बहुत गहरा असर पड़ता है। इन विषयों ने साहिर को इतना उद्वेलित किया कि उन्होंने इस पर 'औरत' और 'चकलाघर' जैसे गीत लिखे। औरतों के यौन शोषण पर केन्द्रित ये गाने गुरुदत्त की फ़िल्म *प्यासा* में फ़िल्माये गये थे और जब पचास के दशक में यह फ़िल्म रिलीज़ हुई तब इसने पूरे देश की संवेदना को गहरे रूप में आन्दोलित किया था।

साहिर ने छोटी और लम्बी दोनों नज़्में, ग़ज़लें और गीत लिखे लेकिन सबसे महत्त्वपूर्ण बात यह थी कि उन्होंने जो कुछ लिखा उनमें शायरी

की नज़ाकत को बरतने का पूरा ख़याल रखा। उन्होंने अपनी शायरी में सामाजिक सन्देशों और रोमांस दोनों के विविध रंग भरे। फिर भी एक विधा के रूप में ग़ज़लें लिखना उनके लिए ज़्यादा आसान काम था।

पुस्तक के बारे में

यह एक बहुद्देशीय पुस्तक है जिसमें एक मशहूर भारतीय शायर के जीवन के विवरण और उसके साहित्यिक अवदान की रूपरेखा प्रस्तुत करने की कोशिश की गयी है। साथ ही साथ उनकी रचनाओं के एक बृहत्तर अंश के अंग्रेज़ी रूपान्तरण को पाठकों के सामने लेकर आना भी इस किताब का एक मक़सद है। हमने इसकी शुरुआत साहिर के जीवन के आरम्भिक सालों से की है और 1940 के दशक में प्रकाशित उनकी पहली किताब *तल्ख़ियाँ* और पाठकों द्वारा उसके स्वागत (अध्याय 1) तक विस्तार देने का प्रयास किया है। साहिर की सर्जनात्मकता की एक महत्त्वपूर्ण उपलब्धि शान्ति पर लिखी गयी उनकी लम्बी नज़्म *परछाइयाँ* थी जो 1955 में प्रकाशित हुई थी। यह दीगर बात है कि साहिर के प्रशंसक इस नज़्म से उस हद तक वाक़िफ़ नहीं हैं, लेकिन यह नज़्म पूरी दुनिया के लोगों में अमन और हिफ़ाज़त की जो बुनियादी ख़्वाहिश है उसका महत्त्वपूर्ण दस्तावेज़ है। शीतयुद्ध के वक़्त प्रकाशित हुई यह नज़्म आज इक्कीसवीं सदी की शुरुआत में भी उतनी ही प्रासंगिक है जबकि पूरी दुनिया में अमन और तरक़्क़ी के सामने नयी और ज़्यादा बड़ी चुनौतियाँ मौजूद हैं। हमने किताब के दूसरे खण्ड में इस नज़्म और इसकी रचनात्मक बारीक़ियों को भी शामिल किया है। तीसरे और चौथे खण्ड में ख़ास विषयों को शामिल किया गया है, मसलन बतौर ग़ज़लगो और भजन लेखक के रूप में साहिर का विशिष्ट योगदान। किताब के उपसंहार में हमने निष्कर्ष–रूप में कुछ विचारों और अवलोकनों को सम्मिलित किया है।

अपने दृष्टिकोण में इन तीन बिन्दुओं का मैं विशेष उल्लेख करना चाहता हूँ : पुस्तक की भाषा यथासम्भव सहज और पाठकीय दृष्टि से जीवन्त बनी रहे; साहिर ने जो लिखा वह अपनी सम्पूर्ण अर्थवत्ता के साथ लोगों तक पहुँच पाये, और साहिर की दूसरी मुकम्मल रचनाएँ उनके पाठकों तक आकर्षक रूप में पहुँच सकें ताकि उन्हें पढ़ने वालों को अर्थपूर्ण और यथासम्भव मौलिक दिखें।

मैं हृदय की अतल गहराइयों से प्रोफ़ेसर गोपी चन्द नारंग के प्रति अपनी कृतज्ञता प्रकट करना चाहता हूँ। उन्होंने साहिर की शायरी और सम्बन्धों पर नये नज़रिये से न केवल एक अद्भुत और दुर्लभ प्रस्तावना लिखी बल्कि इस पुस्तक की रचना–प्रक्रिया में उन्होंने एक अभूतपूर्व पथप्रदर्शक की भूमिका भी निभायी। सालोसाल तक वे मेरे लिए एक प्रेरणादायक शिक्षक और एक परामर्शी मित्र बने रहे हैं। उन्होंने मुझे उर्दू शायरी की समृद्ध विरासत से परिचित कराया–विशेष तौर पर ग़ालिब जैसे महान शायर की बारीकियों और साहिर समेत अनेक आधुनिक और प्रगतिशील शायरों की शायरी को समझाने में उनका योगदान अतुलनीय है। उनके सहयोग और मार्गदर्शन के बिना इस पुस्तक की रचना असम्भव थी। प्रोफ़ेसर नारंग, मैं सचमुच आपका दिल से आभारी हूँ!

मैं वाणी प्रकाशन समूह के श्री अरुण माहेश्वरी जी और श्रीमती अदिति माहेश्वरी–गोयल जी का भी बहुत शुक्रगुज़ार हूँ। उनके प्रयासों के कारण ही 'साहिर' का यह हिन्दी संस्करण उनकी जन्मशती के अवसर पर आ सका है। मेरा दृढ़ विश्वास है कि साहिर की शायरी को हिन्दी में पढ़ने के इच्छुक प्रशंसकों के द्वारा इस संस्करण को न सिर्फ़ ख़ूब पढ़ा जायेगा बल्कि उन दोनों के इस सद्प्रयास का स्मरणीय स्वागत भी किया जायेगा।

कोई भी बड़ा लेखकीय अवदान लेखक के ख़ुद के परिवार के त्याग और शर्तहीन सहयोग के अभाव में असम्भव है। मेरी पत्नी दलेर आशना देओल जो स्वयं एक कवयित्री हैं और विगत वर्षों में उनके दो कविता संग्रह प्रकाशित हो चुके हैं, इस पुस्तक को लिखने के क्रम में न केवल मुझे प्रेरित करती रहीं बल्कि मेरे लेखन की सबसे बड़ी आलोचक की भूमिका भी उन्होंने बख़ूबी निभायी। इस दोहरी सकारात्मक भूमिका के लिए मैं उनका शुक्रिया अदा करता हूँ। अच्छे लेखन के लिए लम्बे समय के साथ–साथ पर्याप्त सराहना और ईमानदार फीडबैक की भी बेहद ज़रूरत होती है। उनके सहयोग और अमूल्य परामर्श के लिए मैं उनका अनन्य आभार प्रकट करना चाहूँगा। मुझे प्यार देने और मेरा ख़याल रखने के लिए मैं अपने बच्चों और पोते–पोतियों का भी शुक्रगुज़ार हूँ। लेखन के लिए हमेशा आपको अपने अज़ीज़ों के साथ बेफ़िक्री से बिताये जा सकने वाले वक़्त में अच्छी–ख़ासी कटौती करनी पड़ती है। मैं उन सबके अपूर्व धीरज और स्थितियों से तालमेल बिठाने की अप्रतिम समझ के प्रति अपनी कृतज्ञता व्यक्त करता हूँ।

मैं अपने कैशोर्य के सालों से साहिर की शायरी के प्रति आसक्त रहा हूँ। उस समय भारत और दुनिया के कई दूसरे देशों में होने वाले सामाजिक और सांस्कृतिक परिवर्तनों के कारण हमारी पीढ़ी के युवाओं के दिलोदिमाग़ पर उनके गीतों के क्रान्तिकारी तत्त्व और एकतरफ़ा प्यार का जादू सिर चढ़कर बोलता था। हालाँकि अपने गीतों, ग़ज़लों और नज़्मों में शायर ने समाजवादी इंक़लाब के जो सपने देखे थे वे बदक़िस्मती से पूरे नहीं हो पाये, इसके बावजूद सामाजिक अन्याय, आर्थिक ग़ैर–बराबरी, क़ुदरत की हिफ़ाज़त और औरतों के साथ किये गये दुराचरण, जो कि साहिर की शायरी के ख़ास मुद्दे हैं, आज भी उतने ही प्रासंगिक हैं जितने वे अपने रचनाकाल में थे। साहिर की शायरी में स्थायी महत्त्व की सबसे मुतास्सिर करने वाली बात उनका आशावाद है। मनुष्यता के सामने चाहे जितनी भी कठिनाइयाँ हों, एक बेहतर दुनिया के निर्माण की सम्भावना हमेशा बची रहती है। मुझे उम्मीद है कि यह पुस्तक आज की युवा पीढ़ी को एक दृढ़ता प्रदान करेगी और सामाजिक तथा सांस्कृतिक विषयों पर उनके विचारों को गहरे रूप से प्रभावित कर सकेगी।

सुरिन्दर देओल
पोटोमैक, मैरीलैंड
संयुक्त राष्ट्र अमेरिका

1

कविताएँ
कड़वी और मीठी

ये चमन–ज़ार ये जमुना का किनारा ये महल
ये मुनक्क़श दर ओ दीवार ये मेहराब ये ताक़
इक शहंशाह ने दौलत का सहारा लेकर
हम ग़रीबों की मोहब्बत का उड़ाया है मज़ाक़

मेरे महबूब कहीं और मिला कर मुझसे

जब बँटवारे के फ़ौरन बाद साहिर बहुत कम वक़्त के लिए लाहौर में रहे तो वहाँ उनकी दोस्ती अनेक लेखकों और शायरों के साथ हो गयी। उनमें से कुछ पहले से ही मशहूर थे और कुछेक ने बाद के सालों में नाम कमाया। इनमें हमीद अख़्तर, इब्ने इंशा, क़तील शिफ़ाई, सआदत हसन मंटो, शोरिश कश्मीरी, ए. हामिद और अहमद राही जैसे नाम थे। लेकिन जिस आदमी ने साहिर के साहित्यिक भविष्य में सबसे बड़ा योगदान दिया वे मशहूर अदीब अहमद नदीम कासमी थे जिन्होंने 1944 में *तल्ख़ियाँ* के पुनःप्रकाशन में उसकी भूमिका लिखी थी। यह इतनी सम्मानजनक और महत्त्वपूर्ण बात थी कि इस बात की धमक लोगों को बम्बई तक सुनाई पड़ी। साहिर जो लुधियाने में गुज़रे अपने दिनों में अपनी नाकाम मोहब्बत की वजह से हताशा और नाउम्मीदी से भरे हुए थे, इस घटना के बाद एक नये जोश और ख़ुलूस से भरा महसूस करने लगे और उन्होंने अपने जज़्बातों को एक छोटी–सी नज़्म लिख कर ज़ाहिर किया।

कल और आज

1.
कल भी बूँदें बरसी थीं
कल भी बादल छाये थे
और कवि ने सोचा था

बादल ये आकाश के सपने उन ज़ुल्फ़ों के साये हैं
दोष हवा पर मैखाने ही मैखाने घर आये हैं
रुत बदलेगी फूल खिलेंगे झोंके मधु बरसायेंगे
उजले उजले खेतों में रंगीन आँचल लहरायेंगे
चरवाहे बंसी की धुन से गीत फ़ज़ा के गायेंगे
आमों के झुण्डों के नीचे परदेसी दिल खोयेंगे
पींग बढ़ाती गोरी के माथे से कोंडे लपकेंगे
जोहड़ के ठहरे पानी में तारे आँखें झपकेंगे
उलझी उलझी राहों में वे आँचल थामे आयेंगे
धरती फूल आकाश सितारे सपना सा बन जायेंगे

कल भी बूँदें बरसी थीं
कल भी बादल छाये थे
और कवि ने सोचा था

ऊपर लिखी हुई नज़्म में एक तरफ़ जहाँ बादल, बारिश और फूल जैसी कुदरती चीज़ों का ज़िक्र है वहीं दूसरी तरफ़ औरतों के रंगबिरंगे लिबासों, खेतों में उनके घूमने और शाखों में बँधे झूलों पर उनकी पींगें भरने के मंज़र भी मिलते हैं। फ़ज़ा में बंसी की धुनें हैं और आम के दरख़्त के साये में मुसाफ़िर आराम फरमाते हैं। यह एक ऐसा सुरम्य दृश्य है जहाँ मानवीय सौन्दर्य और प्रकृति की सुन्दरता—दोनों का अद्भुत मेल होता है। लेकिन एक प्रगतिशील शायर के लिए यही काफ़ी नहीं है। उसकी शायरी को हर सूरत में ग़रीबों के संघर्ष और मेहनत का आईना होना चाहिए। नज़्म के दूसरे हिस्से में हमें इसी संघर्ष और मेहनत की ज़ियारत होती है।

2.

आज भी बूँदें बरसेंगी
आज भी बादल छाये हैं
और कवि इस सोच में है

बस्ती पर बादल छाये हैं पर ये बस्ती किसकी है
धरती पर अम्बर बरसेगा लेकिन धरती किसकी है
हल जोतेगी खेतों में अल्हड़ टोली दहकानों की
धरती से फूटेगी मेहनत फ़ाकाकश इन्सानों की
फ़सलें काट के मेहनतकश गल्ले के ढेर लगायेंगे
जागीरों के मालिक आ कर सब 'पूँजी' ले जायेंगे
बूढ़े दहकानों के घर बनिये की कड़की आयेगी
क़र्ज़े के सूद में कोई गोरी बेची जायेगी
आज भी जनता भूखी है और कल भी जनता तरसी थी
आज भी रिमझिम बरखा और कल भी बारिश बरसी थी

आज भी बादल छाये हैं
आज भी बूँदें बरसेंगी

कैफ़ी आज़मी उस ज़माने में एक दैनिक अख़बार में थे। जब उनके पास *तल्ख़ियाँ* की एक प्रति समीक्षा के लिए भेजी गयी तो संग्रह को देख कर वे चौंक पड़े। यह कौन शख़्स है? मैंने इसके बारे में पहले कैसे नहीं सुना? दूसरे मशहूर शायरों और समीक्षकों की भी कमोबेश यही प्रतिक्रिया थी। सिर्फ़ एक नज़्म *ताजमहल* की वजह से इस किताब की ख़ूब तारीफ़ हो रही थी। किताब के दुकानदारों के पास इसकी ज़बरदस्त माँग थी, "मुझे वही किताब चाहिए जिसमें *ताजमहल* नज़्म शामिल है।" *दीवान-ए-ग़ालिब* के बाद सिर्फ़ *तल्ख़ियाँ* को ही ऐसी किताब होने का रुतबा हासिल था जिसके हिन्दी और उर्दू दोनों भाषाओं में दर्जनों संस्करण प्रकाशित हो चुके हैं। हर नये संस्करण के साथ साहिर ने संग्रह में कुछ नयी फेरबदल की। फेरबदल की यह प्रक्रिया साठवें दशक की शुरुआत तक जारी रही।

इस अध्याय में *तल्ख़ियाँ* के पहले संस्करण से लेकर बाद के सभी संस्करणों से सामग्रियाँ चयनित हैं। जब आप इन नज़्मों को पढ़ेंगे तो आप

स्पष्ट रूप से तीन बातों पर ग़ौर करेंगे। पहली बात, युवा उम्र की मुहब्बत जो रहस्य–रोमांच के जज़्बातों से लबरेज़ हो–एक ऐसी मुहब्बत जिसमें एक हौसले का जज़्बा भी हो। दूसरी बात, ये नज़्में गहरे रूप में प्रकृति, मांसल सुन्दरता और पहाड़–पर्वत, नदी–झरने, हरे–भरे खेतों और फूलों के बगीचों से जुड़ी हुई हैं। तीसरी बात, ये नज़्में सामाजिक बराबरी की वकालत करती हैं और ग़रीबों पर ढहाये जाने वाले सितम के ख़ात्मे का आह्वान करती हैं। साथ ही ये नज़्में इन्क़लाब और बदलाव की भी बात करती हैं, बेशक कहीं यह आवाज़ बुलन्द है तो कहीं बहुत मद्धिम। साहिर की शायरी की यह सबसे बुनियादी ख़ासियत है जिसे मैंने 'कड़वा–मीठा' का नाम दिया है। यह ख़ासियत न सिर्फ़ *तल्ख़ियाँ* की नज़्मों में दिखती है बल्कि उनकी बाद की नज़्मों और फ़िल्मी गानों में भी नज़र आती है।

साहिर फ़िल्म उद्योग में 1950 में आये और 1980 में उनकी मौत हो गयी। इसके बीच का अरसा साहिर की ज़िन्दगी में ख़ासा अहमियत रखता है। इन सालों में उन्होंने ख़ूब लिखा और ख़ूब शोहरत हासिल की। लेकिन उनके अनेक समकालिकों को उनके लेखन से शिकायत भी थी। इन तीस सालों में साहिर की सिर्फ़ दो किताबें आयीं। उनके नाम *परछाइयाँ* और *आओ कि कोई ख़्वाब बुने* हैं। इन संग्रहों में उनके फ़िल्मी गीतों का संकलन *गाता जाये बंजारा* शामिल नहीं है। साहिर ने हालाँकि उनसे अपनी असहमति जतलाई जो उनके फ़िल्मी गीतों को साहित्यिक कृति नहीं मानते हैं। उनका मानना था कि साहित्य को सहज रूप में समझा जाना चाहिए, और चूँकि फ़िल्मी गीत आराम से समझे जा सकते हैं इसलिए यह नये तरीक़े का साहित्य है।

> सिनेमा हमारे समय का सबसे सशक्त और प्रभावी माध्यम है। अगर सिनेमा का उपयोग रचनात्मक और सकारात्मक बदलावों के लिए किया जाये तो जनता के विचारों और समाज की प्रगति में उनका बहुत तेज़ और गहरा असर पड़ता है। चूँकि सिनेमा और साहित्य–दोनों से ही मेरा नज़दीकी सम्बन्ध है, इसलिए मैं साहित्य से जुड़े अपने दोस्तों को लाभान्वित करने के लिए उनका ध्यान कुछेक बिन्दुओं की तरफ़ आकृष्ट करना चाहता हूँ। फ़िल्मों में गीत लिखने वालों को वे सहूलियतें हासिल नहीं होती हैं जो आमतौर पर एक अदबी शायर को मिली होती हैं। एक फ़िल्मी गीतकार को हमेशा फ़िल्म की परिस्थितियों से बँधा रहना होता है। उसे अपने

शब्द और विचारों को फ़िल्म के हर एक किरदार के मुताबिक़ चुनना होता है। फ़िल्म की पटकथा के साथ भी यही शर्त लागू होती है ...यह बात अदबी शायरों से बिल्कुल अलग होती है और इसीलिए यह एक मुश्किल लेखन की विधा है। इस नज़रिये से यह एक आलोचक के लिए ज़रूरी है कि जब वह किसी फ़िल्मी गीत का मूल्यांकन करे तो सिर्फ़ यह ध्यान में नहीं रखे कि गीत को किस गीतकार ने लिखा है बल्कि इस बात को भी याद रखे वह गीत उसने किस किरदार के लिए लिखा है। ज़ाहिर है, फ़िल्मी गीतों के मूल्यांकन के वक़्त इन शर्तों को ध्यान में रखने की ज़रूरत है, तभी इसकी चुनौतियों को ठीक से समझा जा सकता है। फ़िल्मी गीतों की जनता तक किताबों, पत्रिकाओं, रेडियो और थियेटरों के मुक़ाबले ज़्यादा पहुँच है। इसके ज़रिये कम–से–कम वक़्त में ज़्यादा–से–ज़्यादा लोगों तक विचारों का विस्तार किया जा सकता है। इसलिए मैंने अदबी शायरी के मुक़ाबले फ़िल्मी गीतों को हमेशा ज़्यादा तरजीह दी है क्योंकि ये आम जनता के लिए राजनीतिक और सामाजिक रूप से ज़्यादा प्रासंगिक होते हैं। *(मनवानी 2013 : अध्याय : 14)*

सवाल यह है कि अच्छी शायरी के क्या गुण हैं? अली सरदार जाफरी ने मिर्ज़ा ग़ालिब के एक शेर को उद्धृत करते हुए अच्छी शायरी के लिए ज़रूरी तीन शर्तों को रेखांकित किया है। वे लिखते हैं :

> एक उम्दा ग़ज़ल या नज़्म के लिए ग़ालिब ने तीन पैमानों को ज़रूरी बताया है—सादगी, सरलता, पुरकारी, दक्षता, बेखुदी, नशा, और हुशियारी, बुद्धिमत्ता या विवेक, जब इन चारों ख़ूबियों का मेल होता है तो एक मुकम्मल शायरी अपनी तमाम ख़ूबसूरती के साथ जन्म लेती है और अपने पढ़ने वालों के दिलों पर राज करती है। *(जाफरी 2010 : 240)*

साहिर इन सभी पैमानों पर पूरी तरह खरे उतरते हैं। उनकी शायरी के लहजे में जो सहजता है उसकी अनदेखी करना मुश्किल है। उनकी यह सहजता बहरहाल, उस वक़्त एक गूढ़ता में बदल जाती है जब साहिर अपनी शायरी में बृहत्तर सामाजिक मुद्दों से जुड़े सवाल उठाते हैं। लेकिन ऐसा करते हुए वे अपने क़लम की हैरतअंगेज़ बारीक़ियों और हुनर का शानदार इस्तेमाल अपनी शायरी में करते हैं।

हालाँकि ज़्यादातर प्रगतिशील शायरों और कवियों ने अपनी बात रखते हुए गूढ़ता से भरसक परहेज़ किया है, लेकिन फ़ैज़ ने अपनी शायरी में इसी गूढ़ता को इतनी ख़ूबसूरती से आज़माया है कि वे अपने दौर के इन्क़लाबी शायर के तौर पर बेहद मशहूर हुए। साहिर ने भी फ़ैज़ के इस हुनर को साझा किया और अपने शब्दों को गूढ़ता के उस मुक़ाम पर ले गये जहाँ उन्हें अपने पढ़ने वालों के बीच न सिर्फ़ बेशुमार शोहरत मिली बल्कि वे उनके दिलों को जीतने में भी कामयाब रहे। आख़िर में, जब जंग और अमन जैसे संगीन मुद्दों की बात आती है तो उन्होंने अपनी शायरी में उनके लिए गम्भीर वैचारिक प्रतिबद्धता का परिचय दिया। वे हिन्दुस्तान और पाकिस्तान के बीच जंग के ख़तरों और परमाणु युद्ध से सम्भावित तबाही को लेकर ख़ास तौर पर फ़िक्रमन्द थे।

खोया हुआ प्यार

साहिर के मुहब्बत की कहानी उनके कॉलेज के पहले साल से ही शुरू हो गयी थी। उनकी पहली मुहब्बत कांग्रेस के एक नेता की बेटी थी जो बेशक बहुत ख़ूबसूरत नहीं थी लेकिन इसके बाद भी उसने साहिर के लिए अपनी मुहब्बत को कभी नहीं छुपाया। हालाँकि वह लड़की हिन्दू मज़हब की थी लेकिन साहिर की तरह ही देशप्रेम की भावनाओं से ओतप्रोत थी। साहिर भी अपने लिए उसके जज़्बातों को शिद्दत से महसूस करते थे और उसकी बहुत इज़्ज़त भी करते थे, लेकिन उन्होंने शायद उस लड़की से सच्ची और बेशुमार मुहब्बत नहीं की थी। उसकी शख़्सियत में साहिर को सबसे पसन्द उसकी "काली और गहरी आँखें" थीं जो उसे दूसरी लड़कियों से अलग करती थीं। उस लड़की के बारे में साहिर ने अपने जज़्बात का इज़हार इस शे'र में किया है।

> सामने इक मकान की छत पर मुन्तज़िर कोई लड़की है
> मुझको उससे नहीं तआ'ल्लुक़ कुछ फिर भी सीने में आग सी भड़की है

बहरहाल दोनों के बीच रिश्ते बहुत दिनों तक क़ायम नहीं हो सके। बदक़िस्मती से लड़की बीमार पड़ गयी और जल्दी ही उसकी मौत हो गयी। इस हादसे से साहिर को गहरा धक्का पहुँचा। वे उसकी मौत की ख़बर सुन कर श्मशान घाट भी गये जहाँ उन्होंने अपनी मुहब्बत को

धीरे–धीरे आग की लपटों में खाक़ होते हुए देखा। अपनी पहली मुहब्बत को उन्होंने एक नज़्म में कुछ इस तरह से याद किया है।

अब मेरी आरज़ूओं की जन्नत ये राख़ है
सरमाया–ए–हसूल–ए मोहब्बत की राख़ है
ये मेरी शायरी की कहानी की राख़ है
ये राख़ एक पाक जवानी की राख़ है
ये राख़ मेरे दिल की तमन्ना की राख़ है
ज़ौक़–ए तलब की जुर्रत–ए तनहा की राख़ है
इस राख़ में फ़लक के सितारों का नूर है
इस राख़ में ज़मीन की मासूम हूर है
शोले फिर एक बार इसी राख़ से उठ
और ख़तम कर दे मेरे मसाइब का सिलसिला

किसी तरह से अपने एक दोस्त के ज़रिये उस लड़की की एक फ्रेम लगी तस्वीर हासिल करने के बाद साहिर उसे देख–देख कर कई दिन तक रोते रहे। लेकिन जैसा कि इन मामलों में होता रहा है, वक़्त ने उनके ज़ख़्मों पर मरहम लगा दी और "काली और गहरी आँखों" वाली वह लड़की जल्दी ही उनकी याददाश्त के बीहड़ में कहीं खो गयी।

कोई एक या दो साल बाद साहिर को दूसरी बार मुहब्बत हुई। इस बार उनकी महबूबा एक सिख लड़की[1] थी जो कॉलेज के अहाते में बने कॉलेज हॉस्टल में रहती थी। साहिर के दोस्तों की मानें तो वह "बेहद ख़ूबसूरत और ज़हीन" लड़की थी जिसके "नैन–नक़्श बेहद तीखे" थे। वह ऐसी दिखती थी गोया कोई "चलती–फिरती मूरत" हो।

चूँकि वह एक सिख लड़की थी सो ज़ाहिर–सी बात थी उसके माँ–बाप अपनी बेटी को एक मुसलमान लड़के से शादी करने की इजाज़त हरगिज़ नहीं देते। साहिर से मुहब्बत होने के पहले जो लड़की बहुत ख़ुशमिज़ाज रहा करती थी, अब वह उदास रहने लगी थी क्योंकि उसकी बदनामी के चर्चे कॉलेज में हर किसी की ज़बान पर थे। साहिर ने एक

1. साहिर के लुधियाना के कुछ दोस्तों, जिन्होंने उनके प्रेम–सम्बन्धों के बारे में लिखा है, उन लड़कियों के नामों का सही और ग़लत दोनों ब्यौरा दिया है। मुझे लगता है कि उन लड़कियों की पहचान को उजागर करना हरगिज़ मुनासिब नहीं होगा क्योंकि क़िस्मत ने कभी भी उन लड़कियों को अपनी बात रखने या मुहब्बत को कुबूल करने का मौक़ा नहीं दिया।

नज़्म (किसी को उदास देख कर) में अपने इस अहसास को ज़ाहिर करने की कोशिश की जिसकी कुछेक पंक्तियाँ यहाँ पेश हैं :

मेरा तो कुछ भी नहीं है मैं रो के जी लूँगा
मगर ख़ुदा के लिए तुम असीरे–ग़म न रहो
हुआ ही क्या जो ज़माने ने तुमको छीन लिया
यहाँ पे कौन हुआ है किसी का सोचो तो
तुझे क़सम है मिरी दुख–भरी जवानी की
मैं ख़ुश हूँ मेरी मोहब्बत के फूल ठुकरा दो

मैं अपनी रूह की हर एक ख़ुशी मिटा लूँगा
मगर तुम्हारी मसर्रत मिटा सकता नहीं
मैं ख़ुद को मौत के हाथों में सौंप सकता हूँ
मगर ये बार–ए–मसाइब उठा सकता नहीं
तुम्हारे ग़म के सिवा और भी ग़म हैं मुझे
नजात जिनसे मैं इक लहजा पा नहीं सकता।

चूँकि साहिर ने अपने रिश्तों के बारे में अपनी नज़्मों के बाहर कभी कुछ भी नहीं कहा लिहाज़ा इस बारे में ज़्यादा जानने के लिए हमें साहिर के कुछ दोस्तों की मदद की दरकार पड़ती है। इन ब्योरों के मुताबिक़ जब कॉलेज में गर्मी की छुट्टियाँ हो गयीं तब एक दिन साहिर ने उस लड़की को हॉस्टल के अपने कमरे में मिलने के इरादे से बुलाया। यह बात किसी तरह खुल गयी और कॉलेज के प्रिंसिपल को इसकी भनक लग गयी। पढ़ाई के घण्टों के सिवा कॉलेज के लड़के और लड़कियों के बीच किसी तरह के मेलजोल पर सख़्त बन्दिश थी। यह हॉस्टल के क़ायदे–क़ानून का सरासर उल्लंघन था, इसलिए प्रिंसिपल ने दोनों को फ़ौरन तलब किया और उन्हें कॉलेज खुलने पर दोबारा अपनी सूरत नहीं दिखाने का हुक्म सुनाया। कुछ लोगों का कहना है कि प्रिंसिपल साहिर और उसकी प्रेमिका से नाराज़ तो थे लेकिन उन्होंने दोनों के ख़िलाफ़ कोई कार्रवाई नहीं की। बहरहाल, ख़ुद अपनी मर्ज़ी से या फिर अपने घर वालों के दबाव में आकर लड़की ने कॉलेज छोड़ने का फ़ैसला कर लिया। इस घटना से साहिर इतने मायूस हो गये कि उस लड़की से मिलने के इरादे से वे उसके गाँव तक चले गये। लेकिन लड़की ने उनसे मिलने से साफ़ मना कर दिया और अपनी तरफ़ से साहिर के साथ रिश्तों को पूरी तरह ख़त्म कर लिया।

गवर्नमेंट कॉलेज, लुधियाना

कॉलेज से साहिर के 'निष्कासन' की कहानी बहुत चर्चित हुई। लेकिन इस कहानी की तहक़ीक़ात करने वालों को साहिर के कॉलेज से निकाले जाने का कोई सबूत हाथ नहीं लगा। मेरे ख़याल से उनकी एक नज़्म 'नज़र–ए–कॉलेज' की आख़िरी पंक्ति की वजह से लोगों के मन में यह विचार आया होगा। उन्होंने यह 1943 में लिखी थी। इस नज़्म की उस पंक्ति 'गर याँ नहीं तो याँ से निकाले हुए हैं' को ध्यान से पढ़ें।

नज़र-ए-कॉलेज

ऐ सर–ज़मीन–ए पाक के यारान–ए–नेक–नाम
बा–सद खुलूस शायर–ए आवारा का है नाम

ऐ वादी–ए जमील[2] मिरे दिल की धड़कनें
आदाब कह रही हैं तिरी[3] बारगाह में

तू आज भी मेरे लिए जन्नत–ए–ख़याल
हैं तुझ में दफ़्न मेरी जवानी के चार साल

कुमलाये हैं यहाँ पे मिरी ज़िन्दगी के फूल
इन रास्तों में दफ़न हैं मेरी ख़ुशी के फूल

तेरी नवाज़िशों को भुलाया न जायेगा
माज़ी का नक़्श दिल से मिटाया न जायेगा

तेरी नशात–ख़ेज़[4] फ़ज़ा–ए जवाँ की ख़ैर
गुलहा–ए–रंग ओ बू के हसीं कारवाँ की ख़ैर

दौरे ख़िज़ाँ में भी तिरी कलियाँ खिली रहें
ता–हश्र ये हसीं फ़ज़ायें बसी रहें

---

2. सुन्दरता, 3. राजसभा, 4. दिल को प्रसन्नता देनी वाली।

हम एक ख़ार थे जो चमन से निकल गये
नंग–ए–वतन थे हद्द–ए–वतन से निकल गये

गाये हैं इस फ़ज़ा में वफ़ाओं के राग भी
नग़्मात–ए–आतिशीं से बिखेरी है आग भी

सरकश बने हैं गीत बग़ावत के गाये हैं
बरसों नये निज़ाम के नक़्शे बनाये हैं

नग़्मा नशात–ए–रूह का गाया है बारहा
गीतों में आँसुओं को छुपाया है बारहा

मासूमियों के जुर्म में बदनाम भी हुए
तेरे तुफ़ैल[5] मोरिद–ए–इल्ज़ाम भी हुए

इस सरज़मीं पे आज हम इक बार ही सही
दुनिया हमारे नाम से बेज़ार ही सही

लेकिन हम फ़ज़ाओं के पाले हुए तो हैं
गर याँ से नहीं तो याँ से निकाले हुए तो हैं

नवम्बर 1970 में गवर्नमेंट कॉलेज ने अपनी स्वर्ण जयन्ती मनायी। समारोह में साहिर न सिर्फ़ विशिष्ट भूतपूर्व छात्र के रूप में आमन्त्रित किये गये बल्कि उनको स्वर्ण पदक से सम्मानित भी किया गया। समारोह की अध्यक्षता केन्द्रीय शिक्षा मन्त्री वी. के. आर. वी. राव ने की थी। इस मौक़े पर साहिर ने ये नज़्म पढ़ी।

ऐ नयी नस्ल

तेरे अज्दाद[6] का वतन ये शहर
मेरी ता'लीम का जहाँ ये मकाम

---

5. कारण, 6. पुरखों।

मेरे बचपन की दोस्त ये गलियाँ
जिन में रुस्वा हुआ शबाब नाम

याद आते हैं इन फ़ज़ाओं में
कितने नज़दीक और दूर के नाम

कितने ख़्वाबों के मल्गजे[7] चेहरे
कितनी यादों के मरमरी[8] अज्साम[9]

कितने हंगामे कितनी तहरीकें
कितने नारे जो थे ज़बाँ–ज़द–ए आम

मैं यहाँ शुऊ'र[10] को पहुँचा
अजनबी क़ौम की थी क़ौम ग़ुलाम

यूनियन जैक दरस–गाह पे था
और वतन में था सामराज़ी निज़ाम

इसी मिट्टी को हाथ में ले कर
हम बने थे बग़ावतों के इमाम

यहीं जाँचे थे धर्म के विश्वास
यहीं परखे थे दीन के औहाम[11]

हैं मुंकिर बने रिवायत के
यहीं तोड़े थे रिवाज के असनाम[12]

यहीं निखरा ज़ौक़–ए–नग़्मा–गरी
यहीं उतरा था शे'र का इल्हाम

---

7. धुँधले, 8. सफ़ेद, 9. शरीर, 10. चेतन अवस्था, 11. धोके, 12. प्रतिमा।

मैं जहाँ भी रहा यहीं का रहा
मुझ को भूले नहीं हैं ये दर ओ बाम[13]

नाम मेरा जहाँ जहाँ पहुँचा
साथ पहुँचा है इस दयार का नाम

मैं यहाँ मेज़बाँ भी मेहमाँ भी
आप जो चाहें दीजिए मुझे नाम

नज्र करता हूँ उन फ़ज़ाओं की
अपना दिल अपनी रूह अपना कलाम

और फ़ैज़ान–ए[14] इल्म जारी हो
और ऊँचा हो इस दयार का नाम

और शादाब हो ये अर्ज–ए–हसी[15]
और महके महके ये वादी–ए–गुलफ़ाम[16]

और उभरें सनम–गरी[17] के नुकूश
और छलकें मय–ए–सुख़न[18] के जाम

और निकलें वो बे–नवा[19] जिन को
अपना सब कुछ कहें वतन के अवाम

क़ाफ़िले आते जाते रहते हैं
कब हुआ है यहाँ किसी का क़याम

नस्ल–दर–नस्ल काम जारी है
कार–ए[20] हस्ती कभी हुआ न तमाम

---

13. दीवार और साथ में जुड़ा स्थान, 14. भरपूर, 15. ख़ूबसूरत स्थान, 16. फूलों से भरी हुई, 17. मूर्तियों, 18. कविता की शराब, 19. ग़रीब, 20. काम।

कल जहाँ मैं था आज तू है वहाँ
ऐ नयी नस्ल तुझको मेरा सलाम

अमृता प्रीतम

1941 में साहिर लुधियाना आये। वहाँ उन्होंने दो बार नये सिरे से अपनी पढ़ाई पूरी करने की कोशिश की—पहली बार दयाल सिंह कॉलेज से और दूसरी बार इस्लामिया कॉलेज से, लेकिन दोनों ही बार वे अपनी बी. ए. की डिग्री हासिल करने में नाकाम रहे। बहरहाल जैसा कि होता है, क़िस्मत जब एक दरवाज़ा बन्द कर देती है तो दूसरा खोल देती है। उस वक़्त तक साहिर इतनी नज़्में लिख चुके थे कि उनका एक पतला सा संकलन निकाला जा सके। उनका संकलन *तल्ख़ियाँ* (इसका मतलब कड़वापन नहीं बल्कि मन की कड़वाहट होता है) प्रकाशित होने के लिए पूरी तरह तैयार था लेकिन मुश्किल यह थी कि एक नौजवान और गुमनाम शायर की किताब लाने का जोखिम कोई भी प्रकाशक नहीं उठाना चाहता था। आख़िरकार एक पंजाबी पत्रिका के प्रकाशक गुरबख्श सिंह 1943 में सस्ते काग़ज़ और ज़िल्द की मदद से किताब को प्रकाशित करने के लिए राज़ी हो गये। संकलन का बेहतर संस्करण 1944 में छपकर आया और रातोरात साहिर फ़ैज़, अली सरदार जाफरी, मजरूह और कैफ़ी आज़मी जैसे अग्रणी प्रगतिशील शायरों की जमात में शामिल हो गये। जल्दी ही साहिर एक मशहूर साहित्यिक पत्रिका *अदब—ए—लतीफ़* के सम्पादक बना दिये गये। अभी—अभी ज़िन्दगी के 23 साल पूरे करने वाले एक नौजवान के लिए यह एक बड़ी उपलब्धि थी।

प्रीत नगर लाहौर से अमृतसर जाने के रास्ते में पड़ने वाला एक छोटा—सा शहर है। इसे बसाने का श्रेय पंजाबी के उपन्यासकार और लेखक गुरबख्श सिंह को जाता है जो एक प्रशिक्षित इंजीनियर और मार्क्सवादी विचारधारा में विश्वास रखने वाले व्यक्ति थे। प्रीत नगर को उन्होंने इसीलिए बसाया ताकि मार्क्स के सिद्धान्तों को मानने वाले बौद्धिक साथी एक ही स्थान पर साथ—साथ रह सकें। वे एक लोकप्रिय मासिक पत्रिका *प्रीत लड़ी* का सम्पादन भी करते थे जो उर्दू और पंजाबी के साथ कुछ अन्य भाषाओं में भी प्रकाशित होती थी। उन्होंने साहिर को पत्रिका के उर्दू संस्करण के सम्पादन की ज़िम्मेदारी सौंपी।

अनिंद्य सुन्दरी (लेखक सी. एल. काविश के अनुसार "संगमरमर को तराश कर बनायी गयी मन्दिर की कोई मूर्ति") और पंजाबी की सम्भावनाशील कवयित्री अमृता प्रीतम प्रीत नगर में आयोजित हुए एक मुशायरे में शामिल हुई थीं जिसमें इत्तेफ़ाक़न साहिर भी मौजूद थे। अमृता ने साहिर को शायद पहले पढ़ रखा होगा लेकिन दोनों पहली बार एक–दूसरे से रूबरू मिले थे। जहाँ तक अमृता की बात थी, उन्हें साहिर से पहली नज़र में ही प्यार हो गया। उन्होंने लिखा भी है, "उस मुलाक़ात के बाद मैं एक आग के दरिया में रात–दिन डूब और उतराने लगी थी।" यह 1944 के आसपास की बात थी। तब अमृता शादीशुदा थीं और उन्हें तलाक़ मिलने में कोई अट्ठारह साल और बीत गये। दोनों के बीच के 'रिश्ते' कई दशकों तक जारी रहे। अमृता ने अपनी आत्मकथा में इस रिश्ते के बारे में बहुत तफ़सील से लिखा है लेकिन साहिर ने हमेशा इस बाबत एक चुप्पी इख़्तियार किये रखी। लिहाज़ा इस अनोखी प्रेम–कहानी के बारे में हम जो कुछ भी जानते हैं वह सिर्फ़ अमृता के हवाले से ही जानते हैं। उन्होंने लिखा है :

> मुझे किसी मुशायरे की याद है जिसमें साहिर का ऑटोग्राफ़ लेने के लिए लोग उसे घेरे खड़े थे। जब उनके प्रशंसकों की भीड़ छँट गयी तो वहाँ सिर्फ़ मैं अकेली खड़ी रही। मैंने उसकी तरफ़ अपना हाथ बढ़ाते हुए हथेली खोल दी। उसने मेरी हथेली पर अपने दस्तख़त दे दिये और मुझे कहा, 'मैंने एक ब्लेंक चेक पर अपना दस्तख़त कर दिया है। तुम्हारी जब मर्ज़ी होगी, इसे भुना लेना।' *(प्रीतम 1910 : 50)*

जिन लोगों ने उन दिनों अमृता को देखा था वे बताते थे कि वे इतनी ख़ूबसूरत थीं कि उनको देखकर जवान दिलों की धड़कन रुक जाती थीं। बहरहाल जब उन्होंने साहिर की तरफ़ अपना हाथ बढ़ाया तो उनका मक़सद सिर्फ़ साहिर का ऑटोग्राफ़ लेना भर नहीं था। वे मानो यह कह रही थीं, "मुझे मेरे हाथ से थाम लो। मैं सब कुछ छोड़ कर तुम्हारे साथ चलने को बेताब हूँ। मुझे बस 'तुम' चाहिए..." क्या साहिर को अमृता की यह अनकही बात समझ में आयी थी? अगर समझ में नहीं आयी तो यह हैरत की बात थी। और, अगर समझ में आने के बाद भी साहिर ख़ामोश बने रहे तो यह कहीं ज़्यादा हैरत की बात थी। आख़िर उनकी ख़ामोशी

की क्या वजह रही हो? क्या उनको ख़ुद पर ही भरोसा नहीं था? या फिर, रोमांटिक प्रेम–सम्बन्धों में उनकी कोई दिलचस्पी नहीं थी?

अमृता ने ऐसे तीन मौक़ों का ज़िक्र किया है जब उन्होंने साहिर के बारे में अपनी मुहब्बत को शिद्दत से महसूस किया था। एक बार की बात है, साहिर तेज़ बुख़ार और खाँसी की वजह से सीने की जकड़न से इतने परेशान थे कि उनको साँस लेने में भी दिक़्क़त महसूस हो रही थी। अमृता उनसे मिलने गयी हुई थीं। वे अपने साथ विक्स ले गयी थीं जिसे निकाल कर वे साहिर के गले और छाती पर मलने लगीं। जब वे खड़ी होकर साहिर की मालिश कर रही थीं उस वक़्त उनको एक रूहानी अहसास हुआ था। उनको लगा कि अगर वे ताज़िन्दगी इसी तरह साहिर की देखभाल करती रहीं तो उनकी सबसे बड़ी ख़ुशनसीबी होगी। कमोबेश इसी के आसपास साहिर ने अमृता को अपनी मशहूर नज़्म *ताजमहल* को फ्रेम में जड़वाकर तोहफ़े में दिया था।

साहिर को लेकर अमृता की आसक्ति कई रूपों में दिखाई पड़ी। जब उन्होंने अपने बेटे को जन्म दिया तो उस नवजात बच्चे में उनको साहिर के नैन–नक़्श दिखते थे। जब उन्होंने लोगों को यह कहते हुए सुना कि उनके बेटे के असली बाप साहिर हैं तो अमृता को इसका थोड़ा भी बुरा नहीं लगा। जब उनका बेटा 13 साल का हुआ तो उसने एक दिन साफ़–साफ़ अपनी माँ से पूछा, "क्या मैं साहिर अंकल का बेटा हूँ?" अमृता ने दृढ़ लहजे में कहा, "नहीं।" लेकिन उनका बेटा अपनी बात पर अड़ा रहा, "तुम चाहो तो मुझे सच बता सकती हो क्योंकि साहिर अंकल मुझे भी अच्छे लगते हैं।"

साहिर और अमृता एक–दूसरे से दिल्ली और मुम्बई में बहुत बार मिले। अमृता ने उनसे नयी दिल्ली में हुई एक मुलाक़ात का ख़ास तौर पर ज़िक्र किया है। साहिर एक महँगे पंचसितारा होटल में ठहरे हुए थे और अमृता उनसे इमरोज़ के साथ मिलने गयी थीं जिनके साथ वे उन दिनों रह रही थीं। साहिर ने तीन गिलासें निकालीं और उन तीनों में व्हिस्की डाली। तीनों काफ़ी देर तक बैठे रहे लेकिन उन्होंने आपस में बहुत कम बातचीत की। उन्होंने गिलास की व्हिस्की भी बिना पिये छोड़ दी। रात के कोई ग्यारह बजे साहिर ने अमृता को फ़ोन किया और उनको बताया कि दोनों के जाने के बाद वे तीनों गिलास की व्हिस्की अकेले ही पी गये और

उसके बाद उन्होंने एक ग़ज़ल लिखी जो बाद में एक फ़िल्म का मशहूर गीत साबित हुआ। *(अमृता 1985 : 88–93)*

दोनों 'प्रेमियों' के बीच हुई बातचीत के कुछ अंश इस तरफ़ इशारा करते हैं कि साहिर अपनी प्रेमिका से किस रहस्यमय लहजे में बातें करते थे। ज़रा नीचे की बातचीत पर ग़ौर करें।

साहिर : क्यों न हम चीन में रहने चले जायें?

अमृता : वैसे चीन में हम करेंगे क्या?

साहिर : हम नज़्में लिखेंगे।

अमृता : नज़्में तो हम यहाँ भी लिख सकते हैं? उसके लिए चीन जाने की क्या ज़रूरत है?

साहिर : हाँ लिख सकते हैं, लेकिन अगर हम चीन गये तो वापिस कभी नहीं लौटेंगे। *(मनवानी 2013 : अध्याय 7)*

जब अमृता ने 1980 में साहिर की मौत की ख़बर सुनी, तब वे पुरानी यादों में खो गयीं जब दोनों दिल्ली में 1955 में एशियन राइटर्स कॉन्फ्रेंस में शामिल हुए थे।

> कॉन्फ्रेंस में शामिल होने गये सभी लेखकों को उनके नाम के अलग–अलग बिल्ले मिले हुए थे। साहिर ने मेरे नाम के बिल्ले को मेरे जैकेट से निकाल कर अपने कोट पर लगा लिया और अपने नाम के बिल्ले को मेरे जैकेट पर लगा दिया। अगर कोई इस गड़बड़ी के बारे में हमसे पूछता था तो साहिर इसका दोष आयोजकों के माथे मढ़ देता था। बहुत सारे लोगों के टोकने के बावजूद हमने अपना बिल्ला नहीं बदला...। दरअसल मरने की बारी मेरी थी। मौत के फ़रिश्ते से चूक हो गयी और उसने उस बिल्ले पर लिखा नाम पढ़ लिया जिसे साहिर ने लगाया था। *(प्रीतम 1910 : 50)*
>
> अपने जज़्बातों को ज़ाहिर करते हुए अमृता ने पंजाबी में एक नज़्म भी लिखी। जब आप इस नज़्म को पढ़ेंगे तो आपके मन के सारे तटबन्ध टूट जायेंगे और आप ख़ुद को अहसासों और अधूरी चाहतों की तेज़ लहरों में बहता हुआ महसूस करेंगे।

मैं इस पार थी तू उस पार

मैं इस पार थी तू उस पार
और हम दोनों में हाईल थीं
लोहे की मज़बूत सलाख़ें
मैं इस पार थी तू उस पार
और फिर तुझको याद नहीं क्या
तू ने आहिस्ता से कहा था
यूँ ही रहें दाईम ये सलाख़ें
यूँ ही निगाहें तुझ पे जमी हों
छू न सकूँ पास आ न सकूँ मैं
और यूँ ही माहपारा
ज़ीस्त के लम्हे बीते जायें
मैं इस पार थी तू उस पार
आज भी पहले ही की सूरत
मैं इस पार हूँ तू उस पार
ज़ीस्त की दीवारों में अब भी
सीना ताने अस्तादा हैं
लोहे की मज़बूत सलाख़ें

आज आज हैं क्यों आँखों में आँसू
आज लबों पर क्यों हैं आहें
दीवारों से सर टकरा कर
आज हैं क्यों माथे पे ख़राशें
आज है क्यों सीने में जलन सी
आज है क्यों जज़्बात में हलचल
आज सलाख़ें तोड़ के यक़सर
क्यों है मुझे पाने की तमन्ना
आज भी पहले ही की सूरत
हँसते हँसते क्यों नहीं कहता
यूँ ही रहें दाईम ये सलाख़ें
यूँ ही निगाहें तुझ पर जमी हैं

छू न सकूँ पास आ न सकूँ मैं
और यूँ ही...मेरी माहपारा
ज़ीस्त के लम्हे बीते जायें

(वर्मा एंड आबिद 2014 : 72–74)

साहिर ने अमृता के साथ अपने रिश्तों के बारे में कभी खुल कर कुछ नहीं कहा। लेकिन जानकारों की मानें तो *मायूस तो हूँ वादे से तेरे* नाम की एक नज़्म का दूसरा हिस्सा लिखते वक़्त उनके ज़ेहन में जो औरत रही होगी वह ज़रूर अमृता ही रही होगी।

हम-असर

तू भी कुछ परेशाँ है
तू भी सोचती होगी
तेरे नाम की शोहरत तेरे काम क्या आयी

मैं भी कुछ पशेमाँ हूँ
मैं भी ग़ौर करता हूँ
मेरे काम की अज़्मत मेरे काम क्या आयी

तेरे ख़्वाब भी सूने
मेरे ख़्वाब भी सूने
तेरी मेरी शोहरत से
तेरे मेरे गाम दूने
तू भी इक सुलगता बन
मैं भी इक सुलगता बन
तेरी क़ब्र तेरा फ़न
मेरी क़ब्र मेरा फ़न
अब तुझे मैं क्या दूँगा
अब मुझे तू क्या देगा
तेरी मेरी ग़फ़लत को
ज़िन्दगी सज़ा देगी
तू भी कुछ परेशाँ है

तू भी सोचती होगी
तेरे नाम की शोहरत तेरे काम क्या आयी

मैं भी पशेमाँ हूँ
मैं भी ग़ौर करता हूँ
मेरे काम की अज़्मत

मायूस तो हूँ वा'दे से तिरे

मायूस तो हूँ वा'दे से तिरे
कुछ आस नहीं कुछ आस भी है

मैं अपने ख़यालों के सदके
तू पास नहीं और पास भी है

हमने तो ख़ुशी माँगी थी मगर
जो तूने दिया अच्छा ही दिया

जिस ग़म का तअ'ल्लुक़ हो तुझ से
वो रास नहीं और रास भी है

पलकों में लरज़ते अश्कों में
तस्वीर झलकती है तेरी

दीदार की प्यासी आँखों में
अब प्यास नहीं और प्यास भी है

अगर हम अलग–अलग वक़्त में लिखी गयी साहिर की नज़्मों को पढ़ते हैं तो हमें बदलते हुए वक़्त के साथ शायर के बदलते हुए तेवर और मिज़ाज का पता चलता है, और अगर विषयवार इन नज़्मों को देखते हैं तो उनको समझ सकना ज़्यादा आसान हो जाता है। विषय के अनुसार उनकी नज़्मों को श्रेणीबद्ध करने से उनकी शायरी में प्रेम, प्रकृति, इंक़लाब और देहव्यापार जैसी सामाजिक बुराइयों तथा अन्य अन्तर्तत्त्वों को बेहतर तरीक़े से चिह्नित

किया जा सकता है। इसलिए इस अध्याय की नज़्मों को आठ श्रेणियों में रखा गया है। इन श्रेणियों के मध्य कोई स्पष्ट विभाजन रेखा नहीं है और आवश्यकतानुसार वे परस्पर एक–दूसरे को अतिक्रमित भी करती हैं।

1. प्रेम और चाहत
2. प्रेम और प्रकृति
3. अन्तर्यात्राएँ
4. दबी–कुचली हुई जनता और क्रान्तिकारी बदलाव
5. औरतों का शोषण
6. गुज़रा हुआ कल, आज, आने वाला कल
7. सामन्तवादी व्यवस्था
8. रहनुमा

प्रेम और चाहत

इस श्रेणी में तेरह नज़्में हैं जो प्रेम की अलग–अलग स्थितियों और भावनाओं को अभिव्यक्त करती हैं। इनमें पहली मुलाक़ात से लेकर रुख़सती तक के मनोभाव शामिल हैं।

एक मुलाक़ात

यह एक बहुत पुरअसर नज़्म है जो प्रेमियों की भावनाओं का गहन विश्लेषण करती है। ऐसे में क्या होता हो जब प्रेम में मुब्तिला दो लोगों में एक 'शान्तचित्त' हो और दूसरा 'घबराया हुआ और बेचैन' हो। जब आदमी अपनी नाकामी के लिए क़िस्मत को दोष देता है तो कहीं ऐसा तो नहीं कि वह मन–ही–मन यह क़ुबूल कर रहा हो कि उसने कामयाबी के लिए या तो ज़रूरी मेहनत नहीं की या अगर की भी तो उसकी कोशिश सही दिशा में नहीं थी। शायर इस बारे में ज़्यादा कुछ नहीं कहता है आख़िरी नतीजे पर पहुँचने की ज़िम्मेदारी अपने पढ़ने वालों पर छोड़ देता है।

तिरी तड़प से न तड़पा था मेरा दिल लेकिन
तिरे सुकून से बेचैन हो गया हूँ मैं
ये जान कर तुझे क्या जाने कितना ग़म पहुँचे
कि आज तेरे ख़यालों में खो गया हूँ मैं

किसी की हो के तू इस तरह मेरे घर आयी
कि जैसे फिर कभी आये तो घर मिले न मिले
नज़र उठाई मगर ऐसी बे–यक़ीनी से
कि जिस तरह कोई पेश–ए–नज़र मिले न मिले
तू मुस्कुरायी मगर मुस्कुरा के रुक सी गयी
कि मुस्कुराने से ग़म की ख़बर मिले न मिले
रुकी तो ऐसे कि जैसे तिरी रियाज़त[21] को
अब इस समर[22] से ज़ियादा समर मिले न मिले
गयी तो सोग में डूबे क़दम ये कह के गये
सफ़र है शर्त शरीक–ए–सफ़र[23] मिले न मिले
तिरी तड़प से न तड़पा था मेरा दिल लेकिन
तिरे सुकून से बेचैन हो गया हूँ मैं
ये जान कर तुझे क्या जाने कितना ग़म पहुँचे
कि आज तेरे ख़यालों में खो गया हूँ मैं

किसी को उदास देख कर

साहिर के दोस्त–साथियों ने यह लिखा है कि इस नज़्म को साहिर ने लुधियाना में अपने साथ कॉलेज में पढ़ने वाली किसी लड़की के लिए लिखा था। शायद यह वही लड़की थी जिसकी वजह से उनको कॉलेज छोड़ने के लिए मजबूर होना पड़ा था। बहरहाल यह एक कोरी कल्पना थी या इस बात में कोई सच्चाई रही हो लेकिन इस नज़्म का जो आत्मकथात्मक पहलू है उसमें इतनी गहरी पीड़ा और करुणा है कि इसके ज़रिये एक प्रेमी के मन की थाह की पड़ताल सहज की जा सकती है। यह नज़्म एक उम्मीद के साथ शुरू होती है और साथ ही इसमें शायर अपनी महबूबा की पीड़ा की वजह भी ख़ुद को मानता है। नज़्म के आख़िर में हम वह नाटकीय मोड़ देखते हैं जिसके लिए साहिर जाने जाते हैं। अन्त आते–आते वे एक निजी नज़्म को अपनी शायरी के हुनर से पूरी जमात, समाज और राजनीति से जोड़ देते हैं। वैसे तो यह बारीक़ी और कौशल उस ज़माने के सभी प्रगतिशील शायरों में दिखाई देता लेकिन फ़ैज़ को इसमें महारत हासिल थी। वे अपनी नज़्म को टूटे हुए

21. प्रयास, 22. फल, 23. सफ़र का साथी।

दिल की हालत बयान करने से शुरू करते थे और गली–कूचों में दिखाई देने वाली ग़रीबी और भुखमरी का दीदार कराते हुए दुनिया में जंग और बर्बादी और इन दुश्वारियों से अलग अमीरों की ज़िन्दगियों की रौनक़ और शानोशौक़त की ज़ियारत कराते हैं। इन सबका कोई ताल्लुक़ उनकी ख़ुद की ज़िन्दगी से नहीं है लेकिन यह ज़िक्र इसलिए भी महत्त्वपूर्ण है कि जिस वक़्त उसकी मुहब्बत की कहानी दम तोड़ रही थी ऐन उस वक़्त दुनिया में और क्या–क्या घटित हो रहा था। यह शुरू से लेकर अन्त तक एक प्रभावशाली नज़्म है और इसे साहिर की चुनिन्दा नज़्मों में एक माना जाता है।

तुझे उदास सी पाता हूँ मैं कई दिन से
न जाने कौन से सदमे उठा रही हो तुम
वो शोखियाँ वो तबस्सुम वो क़हक़हे न रहे
हर एक चीज़ को हसरत से देखती हो तुम
छुपा छुपा के ख़मोशी में अपनी बेचैनी
ख़ुद अपने राज़ की तशहीर[24] बन गयी हो तुम
मेरी उमीद अगर मिट गयी तो मिटने दो

उमीद क्या है बस इक पेश–ओ–पस है कुछ भी नहीं
मिरी हयात की ग़मगीनियों का ग़म न करो
ग़म–ए–हयात ग़म–ए–यक–नफ़स [25] है कुछ भी नहीं
तुम अपने हुस्न की रानाइयों[26] पे रहम करो
वफ़ा फ़रेब है तूल–ए–हवस[27] है कुछ भी नहीं

मुझे तुम्हारे तग़ाफ़ुल[28] से क्यूँ शिकायत हो
मिरी फ़ना[29] मिरे अहसास का तक़ाज़ा है
मैं जानता हूँ कि दुनिया का ख़ौफ़ है तुम को
मुझे ख़बर ये दुनिया अजीब दुनिया है
यहाँ हयात के पर्दे में मौत पलती है
शिकस्त–ए–साज[30] की आवाज़ रूह–ए–नग़्मा है

---

24. प्रसिद्धि, 25. एक साँस, 26. सुन्दरता, 27. एक लम्बी प्रचुरता, 28. ध्यान न देने पर, 29. मौत, 30. एक टूटा हुआ साज।

मुझे तुम्हारी जुदाई का कोई रंज नहीं
मिरे ख़याल की दुनिया में मेरे पास हो तुम
ये तुम ने ठीक कहा है तुम्हें मिला न करूँ
मगर मुझे ये बता दो कि क्यूँ उदास हो तुम
ख़फ़ा न होना मिरी जुरुअत–ए–तखातुब[31] पर
तुम्हें ख़बर है मिरी ज़िन्दगी की आस हो तुम
मिरा तो कुछ भी नहीं है मैं रो के जी लूँगा
मगर ख़ुदा के लिए तुम असीर–ए–ग़म[32] न रहो
हुआ ही क्या जो ज़माने ने तुम को छीन लिया
यहाँ पे कौन हुआ है किसी का सोचो तो
मुझे क़सम है मिरी दुःख–भरी जवानी की
मैं ख़ुश हूँ मेरी मोहब्बत के फूल ठुकरा दो

मैं अपनी रूह की हर एक ख़ुशी मिटा लूँगा
मगर तुम्हारी मसर्रत मिटा नहीं सकता
मैं ख़ुद को मौत के हाथों में सौंप सकता हूँ
मगर ये बार–ए–मसाइब[33] उठा नहीं सकता
तुम्हारे ग़म के सिवा और भी तो ग़म हैं मुझे
नजात जिन से मैं इक लहजा पा नहीं सकता

मैं ऊँचे ऊँचे मकानों की डेवढ़ियों के तले
हर एक गाम पे भूके भिकारियों की सदा
हर एक घर में अफ़्लास और भूक का शोर
हर एक सम्त ये इन्सानियत की आह ओ बुका
ये कारख़ानों में लोहे का शोर–ओ–गुल जिस में
है दफ़्न लाखों ग़रीबों की रूह का नग़्मा
ये शाह–राहों पे रंगीन साड़ियों की झलक
ये झोपड़ों में ग़रीबों की बे–कफ़न लाशें
ये माल रोड पे कारों की रेल–पेल का शोर

---

31. मेरे बोलने के कारण, 32. क़ैदी, 33. मुसीबतों का बोझ।

गली गली में ये बिकते हुए जवाँ चेहरे
हसीन आँखों में अफ़्सुर्दगी सी छायी हुई
ये जंग और ये वतन के शोख़ जवाँ
ख़रीदी जाती उठती जवानियाँ जिन की
ये बात बात पे क़ानून–ओ–ज़ाब्ते की गिरफ़्त
ये ज़िल्लत ये ग़ुलामी ये दौर–ए मजबूरी

ये ग़म बहुत हैं मिरी ज़िन्दगी मिटाने को
उदास रह के मिरे दिल को और रंज न दो

ताजमहल

यह नज़्म आर्थिक ग़ैर–बराबरी, अमीरों के हाथों ग़रीबों पर ज़ुल्मो–सितम और बुनियादी ज़रूरतों को दरकिनार कर ख़ूबसूरत चीज़ों की तरफ़ आम आदमी का ध्यान केन्द्रित करने की कोशिशों का पर्दाफ़ाश करती हुई एक ज़रूरी दस्तावेज़ है क्योंकि ग़रीबी की मार झेल रही अवाम के ज़ेहन में एक ख़ूबसूरत दुनिया का ख़्वाब उगाना एक तरह की साजिश है। सच यही है कि ग़रीबों की असली दुनिया में कुछ भी ख़ूबसूरत नहीं है।

अली सरदार जाफरी ने एक दिलचस्प सच को उजागर किया है कि साहिर ने नज़्म लिखने से पहले ताजमहल नहीं देखा था। ताजमहल शहंशाह का किया हुआ कोई चमत्कार नहीं है बल्कि यह भारतीय और फ़ारसी कारीगरों और निर्माताओं के हाथों रचा गया एक जादू है। नज़्म इस इमारत के निर्माण का सच्चा ब्यौरा नहीं देती और जैसा कि साहिर ने अपनी जादुई शायरी के ज़रिये कहने की कोशिश की है, एक कोरी काल्पनिकता की लहरों की सवारी करती है।

किसी औरत की मुहब्बत में एक बादशाह द्वारा बनाये जाने के कारण ताजमहल को भारतीय जनमानस में एक सम्मानजनक स्थान हासिल है। जब शायर ताजमहल के बारे में लिखते हैं तो वे अक्सर उसकी वैभवशाली सुन्दरता और उस प्रेम के बारे में लिखते हैं जिसका वह प्रतीक है। यही वजह है कि प्रेमियों के लिए ताजमहल को घूमने जाना एक तीर्थयात्रा की तरह है। साहिर इसके तत्काल बाद परिदृश्य में आते हैं। उन्होंने भारतीय जनमानस में ताजमहल की जो पारम्परिक छवि थी उसकी बुनियादें

हिला दीं। ताज कोई प्रेमियों की जगह नहीं है बल्कि यह एक आदमी के अहंकार का प्रतीक है जिसने अपनी बेशुमार दौलत के ज़रिये हज़ारों मज़दूरों और मज़लूमों पर ज़ुल्म और सितम ढाये। जब हम ताजमहल के बारे में सोचते हैं तो हम सिर्फ़ शाहजहाँ और मुमताज़महल को याद करते हैं लेकिन उन हज़ारों मज़दूरों को कौन याद करता है जिनको इस स्मारक के निर्माण के वक़्त अपार पीड़ा और तकलीफ़ से गुज़रना पड़ा? इस दृष्टिकोण से साहिर की नज़्म ने उर्दू शायरी की दुनिया में एक भूचाल ला दिया था और इसकी ज़द में भारत की लोकप्रिय विरासत थी।

इस नज़्म के बारे में लोगों ने दो तरह से अपनी प्रतिक्रियाएँ दीं। एक तो ऐसे लोग थे जो इस बात पर नाराज़ थे कि एक नौजवान और गुमनाम शायर ने एक बादशाह और उसकी प्रेयसी के पवित्र प्रेम पर संशय प्रकट करने का दुस्साहस किया था, और दूसरे वे लोग थे जो इस नज़्म के बाद शायर के नज़रिये को जानने का इन्तज़ार गर्मजोशी और बेसब्री के साथ कर रहे थे। ऐसे लोगों की तादात कहीं ज़्यादा थी। अगर *तल्ख़ियाँ* के संस्करण ख़ूब बिके और इस संकलन को पढ़ने वालों का बेशुमार प्यार मिला तो उसकी एक वजह यह नज़्म भी थी। जैसा कि प्रोफ़ेसर नारंग ने अपने पूर्वकथन में उल्लेख भी किया है, फ़ैज़ और साहिर दोनों ही ऐसी नज़्मों के साथ शायरी की दुनिया में दाखिल हुए जिन नज़्मों ने आम आदमी के मन और जज़्बातों को बड़ी गहराई से छुआ। लोगों के ज़ेहन में फ़ैज़ की नज़्म *मुझसे पहली सी मोहब्बत मेरे महबूब न माँग* का जैसा असर हुआ था, साहिर के मामले में वही असर पैदा करने का काम *ताजमहल* ने किया।

इस नज़्म को दो प्रेमियों के दरमियान होने वाली बातचीत के इर्दगिर्द बुना गया है जिनमें से पहला ताज को प्रेम का प्रतीक (पारम्परिक दृष्टिकोण) मानता है, जब कि दूसरा एक क्रान्तिकारी दृष्टिकोण अपनाते हुए इसे प्रेम के बजाय शोषण का प्रतीक मानता है। इसीलिए वह अपनी प्रेमिका से गुज़ारिश करता है, "मिरी महबूब कहीं और मिला कर मुझ से।" इस ख़ूबसूरत इमारत के बारे में जो जनश्रुतियाँ हैं, यह नज़्म उसकी बुनियादी वजहों से बार–बार सवाल करती है। यह प्रगतिशील शायरों द्वारा अपनायी गयी समाजवादी विचारधारा से प्रेरित है जो यह मानती है कि दौलतमन्द लोग अपने स्वार्थ को पूरा करने के लिए ग़रीबों का शोषण

करते हैं। लेकिन पढ़ने वालों को जो बात सबसे अधिक प्रभावित करती है वह इस नज़्म की संजीदगी और भावनाओं से आत्ममुक्ति है। बहरहाल अगर शेष बातों को दरकिनार कर भी दें तो अपनी जीवन्त अन्तर्लय के कारण यह एक याद रखी जाने वाली नज़्म है।

ताज तेरे लिए इक मज़हर–ए–उल्फ़त[34] ही सही
तुझ को इस वादी–ए–रंगीं से अकीदत ही सही
मेरी महबूब कहीं और मिला कर मुझ से

बज़्म–ए–शाही में ग़रीबों का गुज़र क्या मअ'नी
सब्त जिस राह में हों सतवत–ए–शाही[35] के निशाँ
उस पे उल्फ़त भरी रूहों का सफ़र क्या मअ'नी

मेरी महबूब पस–ए–पर्दा–ए–तश्हीर–ए–वफ़ा
तू ने सतवत[36] के निशानों को तो देखा होता
मुर्दा–शाहों के मक़ाबिर से बहलने वाली
अपने तारीक मकानों को तो देखा होगा

अन–गिनत लोगों ने दुनिया में मोहब्बत की है
कौन कहता है कि सादिक़[37] न थे जज़्बे उनके
लेकिन उन के लिए तश्हीर का सामान नहीं
क्यूँकि वो लोग भी अपनी तरह मुफ़्लिस थे

ये इमारात–ओ–मक़ाबिर ये फ़सील[38] ये हिसार[39]
मुतलक़–उल–हुक्म[40] शहंशाहों की अज़्मत के सुतूँ
दामन–ए–दहर पे उस रंग की गुलकारी हैं
जिस में शामिल है तेरे और मेरे अजदाद का खूँ

मेरे महबूब उन्हें भी तो मोहब्बत होगी
जिन की सन्नाई[41] ने बख़्शी है उसे शक्ल–ए–ज़मील

---

34. प्रकाश में आना, 35. राजाओं, शहंशाहों, 36. प्रताप, 37. सच्चे, 38. दीवारें, 39. क़िले, 40. सम्पूर्ण शक्तिशाली, 41. कारीगरी।

उन के प्यारों के मक़ाबिर रहे बेनाम ओ नुमूद
आज तक उन पे जलाई न किसी ने कन्दील[42]

ये चमन–ज़ार ये जमुना का किनारा ये महल
ये मुनक्क़श दर–ओ–दीवार ये मेहराब ये ताक
इक शहंशाह ने दौलत का सहारा ले कर
हम ग़रीबों की मोहब्बत का उड़ाया है मज़ाक़

मिरी महबूब कहीं और मिला कर मुझसे

कभी कभी

ज़रा उस भव्य दृश्य की कल्पना कीजिए–सिनेमा के महानायक अमिताभ बच्चन ख़ूबसूरत सिने अभिनेत्री राखी को बाँहों में थामे एक दरख़्त के साये में बैठे हैं। आसमान से बर्फ़ के फाहे गिर रहे हैं, सामने सुलगती हुई लकड़ियों से आग की लपटें उठ रही हैं और पार्श्व से एक कर्णप्रिय गीत के बोल सुनाई दे रहे हैं। *कभी कभी (कभी कभी मेरे दिल में ख़याल आता है)* को ज़्यादातर लोग इसी दृश्य के रूप में याद रखते हैं। इस नज़्म ने फ़िल्म निर्देशक यश चोपड़ा को इतने गहरे रूप से प्रभावित किया कि वे इस नज़्म को बतौर थीम सांग इस्तेमाल करते हुए एक फ़िल्म बनाना चाहते थे। लेकिन *तल्ख़ियाँ* में संकलित इस नज़्म में उर्दू के इतने ज़्यादा दुश्वार लफ़्ज़ थे कि सिनेमा के सामान्य दर्शकों के लिए इसे समझ पाना मुश्किल था। लिहाज़ा यश चोपड़ा ने अपनी फ़िल्म के लिए साहिर से दोबारा इस नज़्म को लिखने की गुज़ारिश की। दोनों संस्करणों में ख़ासी समानता है और किसी भी नज़रिये से इसे देखा जाये तो यह एक महान प्रेम कविता ही कही जायेगी।

कभी कभी मिरे दिल में ख़याल आता है

कि ज़िन्दगी तिरी ज़ुल्फ़ों की नर्म छाँव में
गुज़रने पाती तो शादाब हो भी सकती थी
ये तीरगी जो मिरी ज़ीस्त का मुक़द्दर है
तिरी नज़र की शुआ'ओं में खो भी सकती थी

42. काग़ज़ी लालटेन।

अजब न था कि मैं बेगाना–ए–अलम[43] होकर
तिरे जमाल की रानाइयों में खो रहता
तिरा गुदाज़–बदन तेरी नीम–बाज़ आँखें
इन्हीं हसीन फ़सानों में महव हो रहता

पुकारतीं मुझे जब तल्ख़ियाँ ज़माने की
तिरे लबों से हलावत के घूँट पी लेता
हयात चीख़ती फिरती बरहना सर और मैं
घनेरी[44] ज़ुल्फ़ों के साये में छुप कर जी लेता

मगर ये हो न सका और अब ये आलम है
कि तू नहीं तेरा ग़म नहीं तेरी जुस्तजू भी नहीं
गुज़र रही है कुछ इस तरह ज़िन्दगी जैसे
इसे किसी के सहारे की आरज़ू भी नहीं

ज़माने भर के दुखों को लगा चुका हूँ गले
गुज़र रहा कुछ अन–जानी रहगुज़ारों से
मुहीब[45] साये मिरी सिम्त बढ़ते आते हैं
हयात–ओ–मौत के पुर–हौल[46] ख़ारज़ारों[47] से

न कोई जादा–ए[48] मंज़िल न रौशनी का सुराग
भटक रही है ख़लाओं[49] ज़िन्दगी मेरी
इन्हीं ख़लाओं में रह जाऊँगा कभी खो कर
मैं जानता हूँ मिरी हम–नफ़स[50] मगर यूँ ही

कभी कभी मिरे दिल में ख़याल आता है

पल दो पल का शायर

यश चोपड़ा की फ़िल्म *कभी कभी* में फ़िल्मायी गयी यह दूसरी नज़्म है जो फ़िल्म बनाने के विचार आने से बहुत पहले लिखी जा चुकी थी।

---

43. दुःख और पीड़ा से दूर, 44. अधखुली, 45. भयानक, 46. ख़तरनाक, 47. काँटों भरे खेत, 48. रास्ता, 49. ख़ाली, 50. साँसों के साथी।

लेकिन यह बात बड़ी सहजता के साथ समझी जा सकती है कि साहिर की इस नज़्म के पीछे उनके ख़ुद के अहसास थे।

मैं पल दो पल का शायर हूँ पल दो पल मिरी कहानी है
पल दो पल मेरी हस्ती है पल दो पल मिरी जवानी है

मुझ से पहले कितने शायर आये और आ कर चले गये
कुछ आहें भर कर लौट गये कुछ नग़्मे गा कर चले गये

वो भी इक पल का क़िस्सा थे मैं भी इक पल का क़िस्सा हूँ
कल तुमसे जुदा हो जाऊँगा गो आज तुम्हारा हिस्सा हूँ

पल दो पल में कुछ कह पाया इतनी सआ'दत[51] काफ़ी है
पल दो पल तुम ने मुझ को सुना इतनी ही इनायत काफ़ी है

कल और आयेंगे नग़्मों की खिलती कलियाँ चुनने वाले
मुझ से बेहतर कहने वाले तुम से बेहतर सुनने वाले

हर नस्ल इक फ़स्ल है धरती की आज उगती कल कटती है
जीवन वो महँगी मुद्रा है जो क़तरा क़तरा बँटती है

सागर में उभरी लहर हूँ मैं सागर में फिर खो जाऊँगा
मिट्टी की रूह का सपना हूँ मिट्टी में फिर सो जाऊँगा

कल कोई मुझ को याद करे क्यूँ कोई मुझ को याद करे
मसरूफ़ ज़माना मेरे लिए क्यूँ वक़्त अपना बरबाद करे

मैं पल दो पल का शायर हूँ पल दो पल मिरी कहानी है
पल दो पल मेरी हस्ती पल दो पल मिरी जवानी है

51. शुभकारिता।

यकसुई

उर्दू शायरी की एक सदियों पुरानी रवायत है कि आशिक़ अपनी माशूक़ा के साथ बहुत नजाकत बल्कि इज़्ज़त से पेश आता है। उससे कोई सवाल करना और उसको कोई हुक्म देना इस रवायत की तौहीन मानी जाती है। उर्दू के शायरों में साहिर से पहले सिर्फ़ ग़ालिब हुए जो ज़रूरत पड़ने पर गाहे–बगाहे इस परिपाटी के ख़िलाफ़ गये। साहिर ने तो बल्कि कई दफ़ा इस आज़ादी का कुछ ज़्यादा ही खुल कर इस्तेमाल किया। यह नज़्म एक साथ कई सवालों के साथ शुरू होती है और जैसे–जैसे आगे बढ़ती है वैसे–वैसे माशूक़ा को यह नसीहतें भी देती चलती है कि उसको क्या करना चाहिए और क्या करने से परहेज़ करना चाहिए। नज़्म के दूसरे हिस्से में वे माशूक़ा की बुद्धिमानी पर सवाल भी खड़े करते हैं कि आख़िर 'एक बाग़ी इन्सान' से मुहब्बत कर के वह क़ानूनी पेचीदगियों में क्यों उलझना चाहती है। प्रेमी इस बात को बख़ूबी समझता है कि उसकी प्रेमिका अपेक्षाओं और तनावों के बीच सन्तुलन बनाने की भरसक कोशिश करती है। वह जानती है कि उसे अपने प्रेमी और जिन लोगों के साथ वह रह रही है उन दोनों की अपेक्षाओं को एक साथ साधने की ज़रूरत है। यहाँ शायर जो इत्तेफ़ाक़ से उसका प्रेमी भी है, उसे अपने 'दिल की आवाज़' सुनने का मशविरा देकर उसकी राह को और दुश्वार बनाने का काम करता है। साहिर के पक्ष के बचाव में हम यह ज़रूर कह सकते हैं कि इस नज़्म के बहाने उन्होंने अपने आसपास रहने वालों के दिल की भावनाओं को प्रकट किया है। या शायद उनकी प्रेमिका ने ही उनको यह कहा हो–"मैं तुमसे मुहब्बत तो करती हूँ लेकिन साथ ही मैं अपने माँ–बाप की ख़्वाहिशों के ख़िलाफ़ भी नहीं जा सकती।"

अहद–ए गुम–गश्ता[52] की तस्वीर दिखाती क्यूँ हो
एक आवारा–ए–मंज़िल को सताती क्यूँ हो
वो हसीं अहद जो शर्मिन्दा–ए–ईफ़ा[53] न हुआ
उस हसीं अहद का मफ़्हूम[54] जताती क्यूँ हो
ज़िन्दगी शोला–ए बे–बाक बना लो अपनी
ख़ुद को ख़ाकिस्तर–ए[55]–ख़ामोश बनाती क्यूँ हो

---

52. बीता समय, 53. किसी काम का पूरा होना, 54. अर्थ, 55. बुझी हुई राख़।

मैं तसव्वुफ़[56] के मराहिल का नहीं हूँ क़ाइल
मेरी तस्वीर पे तुम फूल चढ़ाती क्यूँ हो
कौन कहता है कि आहें हैं मसाइब[57] का इलाज
जान को अपनी अबस रोग लगाती क्यूँ हो
एक सरकश से मोहब्बत की तमन्ना रख कर
ख़ुद को आईन[58] के फन्दों में फँसाती क्यूँ हो
मैं समझता हूँ ताक़द्दुस[59] को तमद्दुन[60] का फ़रेब
तुम रसूमात को ईमान बनाती क्यूँ हो
जब तुम्हें मुझ से ज़ियादा है ज़माने का ख़याल
फिर भी मिरी याद में यूँ अश्क बहाती क्यूँ हो
तुम में हिम्मत है तो दुनिया से बग़ावत कर दो
वरना माँ बाप जहाँ कहते हैं शादी कर लो

शाहकार

हम जिसे यकसुई में देखते हैं, यह नज़्म दरअसल उसी वैचारिक प्रक्रिया का एक विस्तार है। प्रेमिका के लिए गये फ़ैसले की वजह से दोनों के बीच का प्रेम टूटने की कगार पर पहुँच चुका है। प्रेमिका अपने प्रेमी को बार–बार यह संकेत देती है कि वह उसको छोड़ कर भौतिक सुख–सुविधाओं को अपनाने के लिए बेसब्र है और इसके लिए वह अपने उस प्रेमी को भी ठुकराने के लिए तैयार है क्योंकि उसके पास न तो शोहरत है और न दौलत ही। शायर को इस नयी स्थिति के साथ तालमेल बिठा पाने में परेशानी होती है और वह एक तरह से अपनी प्रेमिका का मखौल उड़ाता है। उसे ख़ुद अपनी प्रेमिका एक फ़रेब की तरह दिखती है और वह सोचता है कि "उसकी प्रेमिका में न सिर्फ़ साहस की कमी है बल्कि उसके भीतर वह जुनून भी नहीं है जो शायर ने उसके भीतर कभी देखा था।" साहिर की नाराज़गी उस वक़्त अपनी पराकाष्ठा पर दिखाई देती है जब वे मुसव्विर से अपनी प्रेमिका की तस्वीर में कुछ बदलाव करने की गुज़ारिश करते हैं। नज़्म की आख़िरी दो पंक्तियों में उनकी हिकारत बिल्कुल साफ़ नज़र आती है :

यहाँ मेरे बजाय इक चमकती कार दिखला दे

---

56. ज्ञान का रास्ता या आस्था, 57. मुसीबतों, 58. क़ानून, 59. पवित्रता, 60. समाज।

यह एक प्रतिशोध और हिकारत में लिखी हुई नज़्म प्रतीत मालूम होती है—और उर्दू शायरी के लिए यह एक नयी बात थी।

मुसव्विर[61] मैं तिरा शाहकार वापस करने आया हूँ
अब उन रंगीन रुख़्सारों में थोड़ी ज़र्दियाँ भर दे
हिजाब–आलूद[62] नज़रों में ज़रा बेबाकियाँ भर दे
लबों की भीगी भीगी सिलवटों को मुज्महिल[63] कर दे
नुमायाँ रंग–ए–पेशानी पे अक्स–ए[64] सोज़–ए–दिल कर दे
तबस्सुम–आफ़रीं चेहरे में कुछ संजीदा–पन भर दे
जवाँ सीने की मख़रूती[65] उठानें सर–निगूँ[66] कर दे
घने बालों को कम कर दे मगर रख़शंदगी[67] दे दे
नज़र से तमकनत[68] ले कर मज़ाक़–आजिज़ी[69] दे दे
मगर हाँ बेंच के बदले उसे सोफ़े पर बिठला दे
यहाँ मेरे बजाय एक चमकती कार दिखला दे

फ़नकार

इस शायर की निजी उलझनों के बयान के तौर पर लिखी हुई नज़्म है : अपनी आर्थिक दिक़्क़तों के कारण शायर अपने प्रेम के गीतों को बाज़ार में बेचना चाहता था। यह बात कुछ हद तक सच भी हो सकती है क्योंकि जब साहिर लाहौर में रहते थे उन दिनों उनकी आमदनी का कोई पक्का ज़रिया नहीं था। उनको अपने जैसे ही शायरों और लेखकों के साथ तंगहाली में रहते हुए बसर करना पड़ रहा था। यह कोई छुपी हुई बात नहीं थी कि एक पूँजीवादी समाज में ज़िन्दा बचा रहने के लिए लेखकों, शायरों और चित्रकारों को अपने हुनर को बाज़ार में बेचना पड़ता था। बाज़ार में हर एक चीज़ की एक तय क़ीमत होती है। लेकिन चूँकि कला और कविता की क़ीमत ख़रीदार के शौक़ पर निर्भर है इसलिए शायरों और कलाकारों को उनकी मुँहमाँगी क़ीमत नहीं मिल पाती है। हालाँकि यह भी ख़ुद में हैरत की बात है कि जिस शायर ने कभी बाज़ारवाद को शोषण का सबसे बड़ा हथियार बताया था, उसको बाद के सालों में इसी व्यवस्था ने उसकी शायरी की बहुत ऊँची क़ीमत अदा की। जब साहिर एक कामयाब

---

61. चित्रकार, 62. शर्म से भरी हुई, 63. गीली करना, 64. परछाईं, 65. शंक्वाकार, 66. मिटा दे, 67. चमक, 68. मान मर्यादा और सुन्दरता, 69 विनम्रता।

गीतकार बन गये तब उनके प्रेमगीतों को इतनी ऊँची क़ीमत पर ख़रीदा जाने लगा जिसकी कल्पना ख़ुद कभी साहिर ने भी नहीं की होगी।

मैंने जो गीत तिरे प्यार की ख़ातिर लिक्खे
आज उन गीतों को बाज़ार में ले आया हूँ

आज दुक्कान पर नीलाम उठेगा उन का
तूने जिन गीतों पे रखी मोहब्बत की असास

आज चाँदी के तराजू में तुलेगी हर चीज़
मेरे अफ़्कार[70] मिरी शायरी मेरा एहसास

जो तिरी ज़ात से मंसूब थे उन गीतों को
मुफ़लिसी[71] जिंस बनाने पे उतर आयी है

भूक तेरे रूख–ए–रनगीं के फ़सानों के एवज़
चंद आशिया–ए–ज़रूरत की तमन्नाई है

देख इस अरसा–ए–गह–ए–मेहनत ओ सरमाया में
मेरे नग़्मे भी मिरे पास नहीं रह सकते

तेरे जल्वे किसी ज़रदार[72] की मीरास[73] सही
तेरे ख़ाके भी मिरे पास नहीं रह सकते

आज मैं उन गीतों को बाज़ार में ले आया हूँ
मैं ने जो गीत तिरे प्यार की ख़ातिर लिक्खे

इसी दोराहे पर

इस नज़्म में अन्तर्विरोध और आत्मविश्लेषण की अनेक परतें हैं। दौलत की दीवार की वजह से दो प्रेमी नहीं मिल पाते हैं। अपनी आर्थिक तंगहाली के कारण प्रेमी का प्रेम शायद पहले भी ठुकराया जा चुका है। अब जबकि

---

70. रचनाएँ, 71. ग़रीबी, 72. धनवान, 73. सम्पत्ति।

दोनों के दरमियान सारे रिश्ते ख़त्म हो चुके हैं, प्रेमिका प्रेमी के जीवन में दोबारा आना चाहती है। उसकी यह पेशकश प्रेमी के ज़ेहन में कई तरह के सवाल खड़ा करती है। वह दुनिया की तमाम मुश्किलों का सामना करने के लिए तैयार है लेकिन दौलत की चौड़ी खाई पार करने में वह बेबस है। सामाजिक और आर्थिक दीवारों की वजह से लाचारन मुहब्बत को अपनी कुर्बानी देनी पड़ती है।

अब न उन ऊँचे मकानों में क़दम रखूँगा
मैं ने इक बार ये पहले भी क़सम खायी थी
अपनी नादार मोहब्बत की शिकस्तों के तुफ़ैल
ज़िन्दगी पहले भी शर्मायी थी झुँझलायी थी

और ये अहद किया था कि ब–ईं हाल–ए तबाह[74]
अब कभी प्यार भरे गीत नहीं गाऊँगा
किसी चिलमन ने पुकारा भी तो बढ़ जाऊँगा
कोई दरवाज़ा खुला भी तो पलट आऊँगा

फिर तिरे काँपते होंटों की फुन्सूँ–कार[75] हँसी
जाल बुनने लगी बुनती रही बुनती ही रही
मैं खिंचा तुझ से मगर तू मिरी राहों के लिए
फूल चुनती रही चुनती रही चुनती ही रही

बर्फ़ बरसायी मिरे ज़ेहन–ओ–तसव्वुर ने मगर
दिल में इक शोला–ए बे–नाम सा लहरा ही गया
तेरी चुपचाप निगाहों को सुलगते पा कर
मेरी बेज़ार तबीयत को भी प्यार आ ही गया

अपनी बदली हुई नज़रों के तक़ाज़े न छुपा
मैं इस अन्दाज़ का मफ़हूम समझ सकता हूँ

---

74. अपनी तबाही के कारण, 75. जादू भरी।

अब न उन ऊँचे मकानों में क़दम रखूँगा
मैंने इक बार ये पहले भी क़सम खायी थी
इसी सरमाया–ओ–अफ़्लास[76] के दोराहे पर
ज़िन्दगी पहले भी शर्मायी थी झुँझलायी थी

एक तस्वीर-ए-रंग

यह नज़्म भी शाहकार और यकसुई से बहुत ज़्यादा अलग नहीं है। शायर एक हारा हुआ प्रेमी है और उसका मन कड़वाहट से भरा हुआ है। वह अपनी प्रेमिका के साथ ज़िन्दगी की तल्ख़ सच्चाइयों को साझा करके शर्मिन्दा भी नहीं है। वह उसे "दबे–कुचले माहौल में एक ग़मज़दा तितली" का नाम देता है। वह एक ऐसी शख़्स है "जिसके नर्म–मुलायम पैरों में सोने और चाँदी की बेड़ियाँ पड़ी हैं।" उसके सामने विकल्प थे और उसने अपने लिए ज़ाहिरन दौलत और शानोशौक़त की चमकीली दुनिया चुनी। लेकिन प्रेमी उसके इस बर्ताव को भूल जाने के मिज़ाज में कतई नहीं है। वह अपनी अक्ल की सुनता है और जवाब में उसके बोल ज़हर में बुझे हुए से निकलते हैं।

मैंने जिस वक़्त तुझे पहले–पहल देखा था
तू जवानी का कोई ख़्वाब नज़र आयी थी
हुस्न का नग्म–ए–जावेद[77] हुई थी मालूम
इश्क़ का जज़्बा–ए–बेताब नज़र आयी थी

ऐ तरब–ज़ार[78] जवानी की परेशाँ तितली
तू भी एक बू–ए गिरफ़्तार है मालूम न था
तेरे जल्वों में बहारें नज़र आती थीं मुझे
तू सितम–ख़ुर्दा–ए इदबार[79] है मालूम न था

तेरे नाज़ुक से परों पर ये ज़र–ओ–सीम[80] का बोझ
तेरी परवाज़ को आज़ाद न होने देगा

76. ग़रीबी, 77. सदा ज़िन्दा रहने वाला, 78. ख़ुशी, हर्ष, 79. तबाही, 80. सोने और चाँदी का।

तू ने राहत की तमन्ना में जो ग़म पाला है
वो तिरी रूह को आबाद न होने देगा

तू ने सरमाये की छाँव में पनपने के लिए
अपने दिल अपनी मोहब्बत का लहू बेचा है
दिल की तज़ईन–फ़सुर्दा[81] असासा[82] ले कर
शोख़ रातों की मसर्रत का लहू बेचा है

ज़ख़्म–ख़ुर्दा हैं तख़य्युल की उड़ानें तेरी
तेरे गीतों में तिरी रूह के ग़म पलते हैं
सुर्मगी[83] आँखों में यूँ हसरतें लौ देती हैं
जैसे वीरान मज़ारों पे दिए जलते हैं

इस से क्या फ़ायदा रंगीन लिबादों के तले
रूह जलती रहे घुलती रहे पज़मुर्दा[84] रहे
होंट हँसते हों दिखावे के तबस्सुम के लिए
दिल ग़म–ए–ज़ीस्त[85] से बोझल रहे आज़ुर्दा रहे

दिल की तस्कीं भी है असाइश–ए–हस्ती की दलील
ज़िन्दगी सिर्फ़ ज़र–ओ–सीम का पैमाना नहीं
ज़ीस्त एहसास भी है शौक़ भी है दर्द भी है
सिर्फ़ अन्फ़ास[86] की तरतीब का अफ़साना नहीं

उम्र भर रेंगते रहने से बेहतर है
एक लम्हा जो तिरी रूह में वुसअत[87] भर दे
एक लम्हा जो तिरे गीत को शोख़ी दे दे
एक लम्हा जो तिरी लय में मसर्रत भर दे

मता-ए-ग़ैर

यह नज़्म भी मुहब्बत पर लिखी गयी है जिसे साहिर ने शायद अपने नौजवानी के दिनों में लिखा था। इस नज़्म में किसी के नाम का कोई

81.सुन्दरता जो ख़त्म हो गयी, 82. पूँजी, 83. सुरमे से भरी हुई, 84. बुझी हुई, 85. जीवन, 86. साँसों, 87. विशालता।

ज़िक्र नहीं है लिहाज़ा यह नज़्म जिस पर लिखी गयी है वह आदमी सचमुच हो भी सकता है, या नहीं भी हो सकता। इस नज़्म में शायर उसी उधेड़बुन से जूझता रहता है जिससे वह अपनी दूसरी नज़्मों में टकराता हुआ दिखाई देता है, मसलन क्या किसी की मुहब्बत में इतनी ताक़त है कि उसके ज़रिये आर्थिक और सामाजिक दीवारों को लाँघा जा सके। शायर रिश्तों में अपनी मुहब्बत को लेकर आश्वस्त है लेकिन वह दौलत की दीवार को फिर भी पार कर पाने में नाकाम हैं। लेकिन क्या उसकी प्रेमिका भी सिर्फ़ मुहब्बत की बदौलत ख़ुश रहेगी? शायर उसके जवाब के इन्तज़ार में है।

मेरे ख़्वाबों के झरोकों को सजाने वाली
तेरे ख़्वाबों में कहीं मेरा गुज़र है कि नहीं
पूछ कर अपनी निगाहों से बता दे मुझ को
मेरी रातों के मुक़द्दर में सहर है कि नहीं

चार दिन की ये रिफ़ाक़त जो रिफ़ाक़त भी नहीं
उम्र भर के लिए आज़ार हुई जाती है
ज़िन्दगी यूँ तो हमेशा से परेशान सी थी
अब तो हर साँस गिराँ–बार[88] हुई जाती है

मेरी उजड़ी हुई नींदों के शबिस्तानों[89] में
तू किसी ख़्वाब के पैकर की तरह आयी है
कभी अपनी सी कभी ग़ैर नज़र आयी है
कभी इख़्लास[90] की मूरत कभी हरजाई है

प्यार पर बस तो नहीं है मिरा लेकिन फिर भी
तू बता दे कि तुझे प्यार करूँ या न करूँ
तू ने ख़ुद अपने तब्बसुम से जगाया है जिन्हें
उन तमन्नाओं का इज़हार करूँ या न करूँ

---

88. बोझ से लदी हुई, 89. सोने वाले कमरे, 90. सच्चाई।

तू किसी और के दामन की कली है लेकिन
मेरी रातें तिरी ख़ुश्बू से बसी रहती हैं
तू कहीं भी हो तिरे फूल से आरिज़ की क़सम
तेरी पलकें मिरी आँखों पे झुकी रहती हैं

तेरे हाथों की हरारत तिरे साँसों की महक
तैरती रहती है एहसास की पहनाई में
ढूँढ़ती रहती हैं तखईल की बाँहें तुझ को
सर्द रातों की सुलगती हुई तनहाई में

तेरा अल्ताफ़ ओ करम[91] एक हक़ीक़त है मगर
ये हक़ीक़त भी हक़ीक़त में फ़साना ही न हो
तेरी मानूस निगाहों का ये मोहतात पयाम
दिल के ख़ूँ करने का एक और बहाना ही न हो

कौन जाने मिरे इमरोज़[92] का फ़र्दा[93] क्या है
क़ुर्बतें बढ़ के पशेमान भी हो जाती हैं
दिल के दामन में लिपटती हुई रंगीं नज़रें
देखते देखते अनजान भी हो जाती हैं

मेरी दरमांदा[94] जवानी की तमन्नाओं के
मुज्महिल[95] ख़्वाब की ताबीर बता दे मुझ को

मेरा हासिल मेरी तक़दीर बता दे मुझ को

तेरी आवाज़

अली सरदार जाफरी ही वे शायर थे जिन्होंने कभी कहा था कि साहिर को पढ़ कर उन्हें चिल्ली के कवि पाब्लो नेरुदा (1904–1973) की याद आती है। ग़ौरतलब है कि नेरुदा को कोलम्बियाई कथाकार और नोबल विजेता गैब्रिएल गार्सिया मार्केज़ ने "बीसवीं सदी में किसी भी भाषा का महानतम

---

91. कृपा, करुणा, 92. आज, 93. कल, 94. दुःखित, 95. थका हुआ।

कवि" बताया था। इस तुलना के कारण यहाँ यह बता देना ज़रूरी होगा कि नेरुदा एक वामपन्थी प्रबुद्ध और चिल्ली की कम्युनिस्ट पार्टी के सदस्य थे। वे सोवियत संघ के मुखर समर्थक भी थे। दोनों कवियों के भीतर वैचारिक समानता के अलावा इंक़लाब के लिए एक रूमानी जुनून भी था। जो कोई भी नेरुदा की प्रेम कविताओं के मिज़ाज से वाक़िफ़ हैं वे साहिर की नज़्मों में उन कविताओं की प्रतिध्वनि को सहज सुन सकते हैं।

इस नज़्म के विषय को लेकर तमाम अनुमान लगाये गये हैं लेकिन उन सभी विवादों के बावजूद यह साहिर की बेहतरीन नज़्मों में एक है। इस नज़्म को पढ़ने के बाद हमें बिल्कुल वही सुख मिलता है जो हमें पाब्लो नेरुदा के रोमांटिक सॉनेट पढ़कर मिलता है। नज़्म की शुरुआती पंक्तियों में ही वह अपनी "आँखों में चुभते हुए सितारों की टिमटिमाहट" के हवाले से मन की ख़ामोश उम्मीदों का ज़िक्र करते हैं, लेकिन कुछेक पंक्तियों के बाद ही मन की यह ख़ामोशी और ठहराव ठीक उसी तरह फूट पड़ते हैं जैसे पहाड़ के सीने को चीर कर किसी झरने की धारा फूट निकलती है। बाद की नज़्म ज़िन्दगी के उन्हीं पुराने सपनों को खोलती है जो साहिर की दूसरी नज़्मों में भी हमें दिखते हैं। इस नज़्म में भी कोई चमत्कार नहीं है और शायर की उम्मीद आख़िरकार एक नाउम्मीदी, इन्तज़ार और हताशा में बदल जाती है। बहरहाल एक टूटे हुए ख़्वाब के तौर पर यह नज़्म पढ़ने वालों के ज़ेहन में दर्ज हो जाती है। प्रेमी के बदन से टकराने वाली गर्म साँसों जैसा कोई दूसरा चमत्कार हो भी नहीं सकता है। इसलिए यह नज़्म एकदम धीरे–धीरे हमारी रगों में उतरती जाती है। पहले हमारी आँखें इसके असर में आती हैं क्योंकि सबसे पहले वही इसे देखती और पढ़ती हैं। फिर हमारे कान इसके संगीत और सफ़र को सुनते हैं। यह हमारे भीतर तब तक जज़्ब होती रहती है जब तक यह नज़्म हमारी रूह को गिरफ़्त में नहीं ले लेती।

रात सुनसान थी बोझल थीं फ़ज़ाँ की साँसें
रूह पर छाये थे बे–नाम ग़मों के साये
दिल को ये ज़िद थी तू आये तसल्ली देने
मेरी कोशिश थी कि कमबख़्त को नींद आ जाये

देर तक आँखों में चुभती रही तारों की चमक
देर तक ज़ेहन सुलगता रहा तनहाई में
अपने ठुकराये हुए दोस्त की पुर्सिश के लिए
तो न आयी मगर उस रात की पहनाई में

यूँ अचानक तिरी आवाज़ कहीं से आयी
जैसे पर्बत का जिगर चीर के झरना फूटे
या ज़मीनों की मोहब्बत में तड़प कर नागाह
आसमानों से कोई शोख़ सितारा टूटे

शहद सा घुल गया तल्ख़ाबा–ए[96]–तनहाई में
रंग सा फैल गया दिल के सियह–ख़ाने में
देर तक यूँ तिरी मस्ताना सदाएँ गूँजीं
जिस तरह फूल चटकने लगें वीराने में

तू बहुत दूर किसी अंजुमन–ए–नाज[97] में थी
फिर भी महसूस किया मैंने कि तू आयी है
और नग़्मों में छुपा कर मिरे खोये हुए ख़्वाब
मेरी रूठी हुई नींदों को मना लायी है

रात की सतह पर उभरे तिरे चेहरे के नुक़ूश
वही चुपचाप सी आँखें वही सादा सी नज़र
वही ढलका हुआ आँचल वही रफ़्तार का ख़म
वही रह रह के लचकता हुआ नाज़ुक पैकर

तू मेरे पास न थी फिर भी सहर होने तक
तेरा हर साँस मिरे जिस्म को छू कर गुज़रा
क़तरा क़तरा तिरे दीदार की शबनम टपकी
लम्हा लम्हा तिरी ख़ुश्बू से मोअत्तर गुज़रा

---

96. कड़वाहट, 97. प्रिय मित्रों के साथ।

अब यही है मुझे मंज़ूर तो ऐ जान–ए–करार[98]
मैं तिरी राह न देखूँगा सियह रातों में
ढूँढ़ लेंगी मिरी तरसी हुई नज़रें तुझ को
नग़्मा–ओ–शेर की उमड़ी हुई बरसातों में

अब तिरा प्यार सतायेगा तो मेरी हस्ती
तिरी मस्ती भरी आवाज़ में ढल जायेगी
और ये रूह जो तेरे लिए बेचैन सी है
गीत बन कर तिरे होंटों पे मचल जायेगी

तेरे नग़्मात तिरे हुस्न की ठण्डक ले कर
मेरे तपते हुए माहौल में आ जायेंगे
चन्द घड़ियों के लिए हूँ कि हमेशा के लिए
मिरी जागी हुई रातों को सुला जायेंगे

ख़ूबसूरत मोड़

यह नज़्म 1963 की फ़िल्म 'गुमराह' में एक ख़ूबसूरत गीत बन कर दिखाई पड़ी : *चलो एक बार फिर से अजनबी बन जायें हम दोनों*। इस बारे में तरह तरह की बातें सुनने में आती हैं कि यह नज़्म साहिर ने किसके लिए लिखी थी, इसे क्यों लिखा था और इस नज़्म को उन्होंने सबसे पहले कहाँ पढ़ा था। बहरहाल हमारे लिए इन सभी सवालों का कोई मतलब नहीं है। उर्दू में नये रिश्ते बनाने के लिए लिखी गयी नज़्मों की कोई कमी नहीं है लेकिन दो प्रेमियों के जुदा होने के फ़ैसले को अभिव्यक्ति देती अच्छी नज़्म बहुत कम लिखी गयी हैं। इस नज़्म में प्रेमी ख़ुद को ख़त्म नहीं करता बल्कि अपने जज़्बातों को क़ाबू में करना बेहतर समझता है। वह तर्कपूर्ण तरीक़े से सोचता और अपनी बात रखता है। प्रेमियों का एक–दूसरे के लिए अजनबी बन जाना बहुत दुरूह है और इस अर्थ में यह नज़्म एक मील का पत्थर साबित होती है।

98. दिल को लुभाने वाली रूह।

चलो इक बार फिर से अजनबी बन जायें हम दोनों

न मैं तुम से कोई उम्मीद रखूँ दिल–नवाज़ी की
न तुम मेरी तरफ़ देखो ग़लत–अन्दाज़ नज़रों से
न मेरे दिल की धड़कन लड़खड़ाये मेरी बातों से
न ज़ाहिर हो तुम्हारी कश्मकश का राज़ नज़रों से

तुम्हें भी कोई उलझन रोकती है पेश–क़दमी से
मुझे भी लोग कहते हैं कि ये जल्वे पराये हैं
मिरे हमराह भी रुस्वाइयाँ मेरे माज़ी की
तुम्हारे साथ भी गुज़री हुई रातों के साये हैं

तआ'रुफ़[99] रोग हो जाये तो उसका भूलना बेहतर
तअ'ल्लुक़ बोझ बन जाये उस को तोड़ना अच्छा
वो अफ़साना जिसे अंजाम तक लाना न हो मुमकिन
उसे एक ख़ूबसूरत मोड़ दे कर छोड़ना अच्छा

चलो इक बार फिर से अजनबी बन जायें हम दोनों

प्रेम और प्रकृति

साहिर के भीतर मनुष्य और प्रकृति के सहज और अनन्य अन्तःसम्बन्धों को एक जीवन्त भाषा में प्रस्तुत करने की विलक्षण योग्यता थी। उनकी शायरी में प्रकृति एक सुरम्य दृश्य के रूप में प्रकट होने के बजाय एक जीते–जागते अहसास के तौर पर नज़र आती है। हर एक दरख़्त, हर एक झाड़ी और घास का हर एक तिनका अपने आसपास के लोगों के साथ एक अलौकिक अन्तर्लय बनाते हुए प्रतीत होते हैं। इन्सान कुदरत के पास सिर्फ़ सुकून नहीं पाता बल्कि उसे अपने घर की तरह महसूस करता है–एक ऐसा घर जो अपने बाशिन्दों की मौजूदगी से न सिर्फ़ आबाद है, बदले में उनको एक सुकून और सुरक्षा भी देता है।

---

99. मेलजोल।

रद्द-ए-अमल

तल्ख़ियाँ एक छोटी–सी नज़्म से शुरू होती है जो छोटी होने के बावजूद एक बहुत करामाती और पुरअसर नज़्म है। इस नज़्म की सबसे बड़ी ख़ूबसूरती यह है कि इसमें प्रेमी अपनी प्रेमिका से अलग हो जाने का फ़ैसला करके भी उससे प्यार करता रहता है। यही कारण है कि उसके भीतर प्रेम का सुख बहुत कम समय के लिए जीवित रहता है। दोबारा अपनी प्रेमिका से मिलने की कल्पना भी उसे कोई ख़ुशी नहीं देती है क्योंकि जिस तरह से दिन के बाद रात का आना तय है उसी तरह मिलन का सपना भी उसे फिर से बिछुड़ने की याद दिलाता है। प्रेम में दुःख झेलना एक प्रेमी का मुक़द्दर है–उर्दू की प्रेम कविता में यह हमेशा से एक स्थायी विषय रहा है।

चन्द कलियाँ नशात[100] की चुन कर
मुद्दतों महव–ए–यास[101] रहता हूँ
तेरा मिलना ख़ुशी की बात सही
तुझ से मिल कर उदास रहता हूँ

एक मंज़र

आमतौर पर माना जाता है कि प्रकृति पर ज़्यादातर वही शायर लिखते हैं जिनके पास ज़ाती तौर पर पहाड़ियों, घाटियों, नदियों और जंगलों से भरे इलाके में रहने का तजुर्बा होता है। साहिर पंजाब के मैदानी इलाके में पैदा हुए थे और एक कामयाब फ़िल्मी गीतकार बनने के बाद ही वे पहली बार पहाड़ों को देखने गये थे। लिहाज़ा उन्होंने अपनी शायरी में प्रकृति की सुन्दरता को कमोबेश वैसे ही लिखा जैसे पंजाब के गाँवों में रहने वाले किसी आदमी ने महसूस किया होगा। एक मंज़र में जिस खुले–खुले परिवेश, पगडण्डियों, कुहासों, हरियाली, चिड़ियों की चहचहाहट और रहट की आवाज़ का ज़िक्र मिलता है वे इस बात की तस्दीक करते हैं। लेकिन साहिर ने प्रकृति के बारे में अपनी नज़्म में जब–जब लिखा, तब–तब उस ब्यौरे में हमें रोमांस की एक अनुगूँज सुनाई देती है। इस नज़्म की आख़िरी दो पंक्तियों में ओस की बूँदों के गिरने का दृश्य ध्यान देने योग्य है।

और किसी टीले पर आँचल का झलकना।

---

100. ख़ुशी, 101. ग़म में खोया हुआ।

उफ़ुक़[102] के दरीचे से किरनों ने झाँका
फ़ज़ा तन गयी रास्ते मुस्कुराये

सिमटने लगी नर्म कोहरे की चादर
जवाँ शाख़–सारों ने घूँघट उठाये

परिन्दों की आवाज़ से खेत चौंके
पुर–असरार[103] लय में रहट गुनगुनाये

हसीं शबनम आलूद पगडंडियों से
लिपटने लगे सब्ज़ पेड़ों के साये

वो दूर एक टीले पे आँचल सा झलका
तसव्वुर में लाखों दिये झिलमिलाये

पर्वतों के पेड़ों पर

प्रकृति के लिए वह प्रेम इस ग़ज़ल में बहुत ख़ूबसूरती के साथ पेश हुआ है, जिसके लिए साहिर जाने जाते हैं। इसमें हमें मुसव्विर साहिर और शायर साहिर–दोनों की एक साथ ज़ियारत होती है। उनकी कूचियाँ नज़्म का बुनियादी खाका खींचने का काम करती हैं और हम हरे–भरे पहाड़ों और जंगलों का नज़ारा देखने लगते हैं। दिन के ख़त्म होने के साथ ही सूरज की आख़िरी किरनें अपने पीछे एक जामुनी अँधेरा छोड़े जा रही हैं। दिन का उजाला रात के अँधेरे में घुल रहा है और समय के दो पल एक–दूसरे से परस्पर मिल रहे हैं। प्रकृति का यह अनोखा सौन्दर्य उस वक़्त एक जादू में तब्दील हो जाता है जब प्रेमिका का साथ भी नसीब हो। यह वह क्षण है जहाँ आदमी एक चिरन्तनता से मिलता है। यह एक ही जन्म में किसी दूसरे जन्म की यात्रा सदृश क्षण है।

पर्वतों के पेड़ों पर शाम का बसेरा है
सुरमई उजाला है चम्पई[104] अँधेरा है

---

102. पृथ्वी आकाश का मिलन, 103. रहस्यमयी, 104. बैंगनी।

दोनों वक़्त मिलते हैं दो दिलों की सूरत से
आसमाँ ने ख़ुश हो कर रंग सा बिखेरा है

ठहरे ठहरे पानी में गीत सरसराते हैं
भीगे भीगे झोंकों में ख़ुशबुओं का डेरा है

क्यूँ न जज़्ब हो जायें इस हसीं नज़ारे में
रौशनी का झुरमुट है मस्तियों का घेरा है

इन्तिज़ार

जब साहिर प्रकृति की सुन्दरता का बखान करते हैं तब मानो वे शब्दों के सहारे एक ख़ूबसूरत तस्वीर बना रहे हों और पढ़ने वाला जैसे–जैसे नज़्म को पढ़ता जाता है वैसे–वैसे वह तस्वीर उसकी आँखों के सामने साफ़ होती जाती है। पहले हम चाँद देखते हैं, फिर बादल, और फिर घाटियाँ और झरने। गोया हर एक शब्द एक नया रंग जोड़ रहा हो जिससे तस्वीर की बारीकियाँ और खुलती जाती हों। अगर साहिर ने सिर्फ़ यही काम किया होता तो वह शायद इतना ख़ूबसूरत नहीं होता लेकिन रोमांस को प्रकृति में गूँथ कर उन्होंने जैसे कोई जादू रच डाला। ऐसे मोहक प्रकृति का हम क्या करेंगे जब वही हमारे साथ न हो जिसे हम चाहते हैं, और उसकी ग़ैरमौजूदगी में हम प्रकृति को निहार रहे हों?

चाँद मद्धम है आसमाँ चुप है
नींद की गोद में जहाँ चुप है

दूर वादी में दूधिया बादल
झुक के पर्वत को प्यार करते हैं

दिल में नाकाम हसरतें लेकर
हम तिरा इन्तिज़ार करते हैं

इन बहारों के साये में आ जा
फिर मोहब्बत जवाँ रहे न रहे

ज़िन्दगी तेरे ना–मुरादों पर
कल तलक मेहरबाँ रहे न रहे

रोज़ की तरह आज भी तारे
सुबह की गर्द में न खो जायें

आ तिरे ग़म में जागती आँखें
कम से कम एक रात सो जायें

चाँद मद्धम है आसमाँ चुप है
नींद की गोद में जहाँ चुप है

अन्तर्यात्राएँ

साहिर ने ऐसे साक्षात्कार नहीं के बराबर दिये जिसमें उन्होंने अपनी निजी ज़िन्दगी की बातें की हों। इस नियम के अपवाद के तौर पर दो साक्षात्कार ज़रूर शामिल किये जा सकते हैं जिनमें एक उन्होंने शायर नरेश कुमार शाद *(2013 : 40–50)* को और दूसरा उपन्यासकार बलवन्त सिंह *(1985 : 47–52)* को दिया था। शाद ने उनसे पूछा था कि कौन–सी चीज़ें उनको लिखने के लिए प्रेरित करती हैं। उन्होंने जवाब दिया था, "कई बार आदमी की ज़ाती या सामाजिक ज़िन्दगियों में ऐसे हालात पैदा हो जाते हैं कि उनकी पड़ताल के लिए एक शायर जैसी नज़र का होना ज़रूरी होता है। किसी ख़ास वक़्त में ही यह काम सम्भव है जब आपका ज़ेहन किसी भी दुनियावी ख़याल से पूरी तरह आज़ाद हो।" उन्होंने यह बात भी कुबूल की कि कई बार कोई नज़्म या गीत लिखने के लिए उनको ध्यान जैसी स्थिति में चला जाना पड़ता है। साहिर हमेशा ही एक अन्तर्मुखी व्यक्ति रहे ख़ुद को दुनिया के सामने ज़ाहिर करने के लिए उन्हें अन्तर्यात्राओं का सहारा लेने की ज़रूरत पड़ती थी। ऐसी बहुत–सी नज़्में हैं जिनमें हमें उनकी इसी अन्तर्यात्रा की झलक मिलती है। इस अध्याय में वही नज़्में भी शामिल हैं। ऐसी नज़्में मन के अवचेतन में गहरे गोते लगाये बिना हरगिज़ नहीं लिखी जा सकतीं। उन्होंने बलवन्त सिंह से कहा था कि एक वक़्त था जब नज़्में उनसे लुधियाना की सड़कों पर भटकते हुए टकरा जाया

करती थीं। "लेकिन अब शायरी करने के लिए मैं किसी भी बाधा के बिना थोड़ा वक़्त चाहता हूँ।" उन्होंने अपने जवाब में जोड़ा था।

जब उनसे शादी के बारे में सवाल किया गया तो उन्होंने अपना जवाब दोहराया :

> "मैं शादी की रवायत के ख़िलाफ़ नहीं हूँ, लेकिन निजी तौर पर मुझे कभी शादी करने की ज़रूरत महसूस नहीं हुई। मर्द और औरत के बीच रिश्तों के एक से ज़्यादा आयाम होते हैं और इसे सिर्फ़ शौहर और बीवी के रिश्तों तक ही नहीं बाँधा जाना चाहिए। अपनी माँ और बहनों के लिए भी मेरा प्यार उतना ही अहम है। मेरी दो छोटी बहनें हैं और मैं उनसे बेइन्तहाँ प्यार करता हूँ। उनके लिए मेरी चिन्ता मुझे उनके माँ–बाप होने का अहसास कराती रहती है।" *(1985 : 50)*

साहिर के दोस्तों की अगर मानें तो उन्हें सिगरेट और शराब का बहुत शौक़ था। उनको शायद डर था कि एक बार शादी करने के बाद उन्हें अपने तौर–तरीक़े बदलने पड़ेंगे और अगर उनके घर एक या ज़्यादा बच्चे पैदा हो गये तो उनकी ज़िन्दगी पूरी तरह बदल जायेगी। मनोविश्लेषकों का भी यह कहना है कि कलात्मक प्रतिभा से धनी लोग आमतौर पर पारम्परिक शादी की ज़िम्मेदारियों को निभाने में नाक़ाबिल होते हैं। शादी के बाद वे ख़ुद को बँधा हुआ महसूस करते हैं और हमेशा शादी टूट जाने के डर से ग्रसित रहते हैं। दूसरी तरफ़ 'खोये हुए या नष्ट हो चुके प्यार' के कारण एक शोकातुर प्रेमी–सी ज़िन्दगी जीना किसी कलाकार या शायर की सार्वजनिक छवि और लोकप्रियता के लिए एक सकारात्मक पक्ष माना जाता रहा है। साहिर भी किसी ऐसे रिश्ते के क़ैदी नहीं बनना चाहते थे जिससे बँध कर उनको ताज़िन्दगी अपनी ख़ुशी तलाशने को मजबूर होना पड़ता। इसीलिए अमृता प्रीतम, सुधा मल्होत्रा और दूसरी औरतों के साथ उनके इश्क़ के क़िस्से उनकी शख़्सियत को मज़बूती देने के लिए ज़्यादा इस्तेमाल हुए। इस बात का कोई सबूत नहीं मिलता कि उन्हें इसके बदले में हासिल लोकप्रियता का कोई मलाल था।

साहिर एक जटिल सोच वाले इन्सान थे। उनके दोस्त मोहिन्दर नाथ के मुताबिक़ :

> "साहिर विरोधाभासों से आकण्ठ भरे हुए व्यक्ति हैं। वे अच्छे और बुरे दोनों का मेल हैं। वे मशहूर भी हैं और बदनाम भी।

> उनके भीतर ढेरों अच्छाइयाँ हैं और बहुत सारी निजी कमज़ोरियाँ भी हैं। सच्चाई भी यही है कि हर एक आदमी के भीतर थोड़ी रौशनी और थोड़ा अँधेरा होता है। अगर ऐसा नहीं हो तो वह आदमी के बजाय फ़रिश्ता बन जायेगा। साहिर के बारे में मैं आख़िर में यही कहूँगा कि वे एक भरोसेमन्द इन्सान हैं और उनके भीतर बहुत–सी ख़ूबियाँ हैं।" *(1985 : 86)*

लाहौर के दिनों में साहिर के दोस्त रहे अहमद राही उनकी नाकाम मुहब्बत की वजहों के बारे में कहते हैं :

> "लोगबाग कहते हैं कि साहिर को कई दफा इश्क़ हुआ लेकिन मैं ऐसा नहीं मानता हूँ। अपनी पूरी ज़िन्दगी साहिर ने सिर्फ़ एक बार मुहब्बत और एक ही बार नफ़रत की। उन्हें अपनी माँ से मुहब्बत थी और अपने पिता से नफ़रत।" *(राही 2010 : 54)*

राही की बातों में बहुत हद तक सच्चाई थी क्योंकि साहिर का बचपन दूसरे बच्चों की तरह सामान्य नहीं था। उनकी माँ ने बहुत–सी आर्थिक परेशानियों के बीच उनकी परवरिश की थी जिसकी वजह से उनके भीतर मज़बूत निजी रिश्तों के लिए ज़रूरी आत्मविश्वास की बहुत कमी थी। जब तक उनकी माँ ज़िन्दा रहीं उन्होंने किसी भी दूसरी औरत को अपनी ज़िन्दगी का हिस्सा नहीं बनाया। 1976 में उनकी माँ की मौत ने साहिर की ज़िन्दगी पर बहुत बुरा असर डाला। फ़िल्मकार यश चोपड़ा के अनुसार,

> "वे अपने ही एकान्त के क़ैदी बन गये। वे कहते थे 'अब मुझे लिखना अच्छा नहीं लगता है।' उनके अकेलेपन ने ही उनको मार डाला।" *(मनवानी 2013 : अध्याय 13)*

एक वाक़िया

किसी भी वाक़िये का ब्यौरा देने वाली नज़्म लिखना एक आसान काम है लेकिन इस बात की भी इतनी ही सम्भावना है कि वह नज़्म कोई बड़ा असर डालने में नाकाम रहे। यह नज़्म भी किसी वाक़िये की प्रतिक्रिया के रूप में लिखी गयी महसूस होती है। लेकिन यह सच नहीं है। यह किसी ख़ास घटना के सन्दर्भ में लिखी हुई नज़्म है भी नहीं बल्कि यह एक विशेष मनःस्थिति से 'प्रस्थान–बिन्दु' है। एक नये भविष्य की तलाश में शायर अपने अतीत को भूल जाने के लिए बेसब्र है। ऐसा भी हो सकता है कि

शायर अपनी कार को ड्राइव करने के बजाय साहिर की तरह ही लुधियाना से लाहौर जाने वाली ट्रेन में बैठा हो। मन की नाकाम हसरतें अभी भी उसे परेशान कर रही हैं। उसके अतीत में अनेक दुःख हैं लेकिन शायर उन सभी दुखों को भूल कर आगे की ज़िन्दगी जीना चाहता है। शायद भविष्य की कोख में ही उसकी ज़िन्दगी की कामयाबी पल रही है। अपने अतीत की ग़लतियों को खोजने और अपने भविष्य को सँवारने का सबसे बेहतर ज़रिया नज़्म लिखना ही है।

अँध्यारी रात के आँगन में ये सुबह के क़दमों की आहट
ये भीगी भीगी सर्द हवा ये हल्की हल्की धुँधलाहट

गाड़ी में हूँ महव–ए–सफ़र और नींद नहीं आँखों में
भूले–बिसरे अरमानों के ख़्वाबों की ज़मीं है आँखों में

अगले दिन हाथ हिलाते हैं पिछली प्रीतें याद आती हैं
गुम–गश्ता[105] खुशियाँ आँखों में आँसू बन कर लहराती हैं

सीने के वीराँ गोशों में इक टीस सी करवट लेती है
नाकाम उमंगें रोती हैं उम्मीद सहारे देती हैं

वो राहें ज़ेहन में घूमती हैं जिन राहों से आज आया हूँ
कितनी उम्मीद से पहुँचा था कितनी मायूसी लाया हूँ

मा’ज़ूरी

यह नज़्म भी शायर के अन्तःकरण को सशक्त रूप में प्रतिबिम्बित करती है। शायर अपनी नियति के लिए किसी को दोषी नहीं ठहरा रहा है, बल्कि अपने हक़ में कुछ ज़रूरी क़दम नहीं उठा पाने की अपनी कमज़ोरी पर अफ़सोस ज़ाहिर कर रहा है। दूसरी तरफ़ प्रेमिका की कोई ग़लती नहीं रहती है। शायर उन सभी फ़र्ज़ों की फ़ेहरिस्त पेश कर रहा है जो उसे मुहब्बत हासिल करने की राह में निभानी चाहिए थी और वह निभाने में नाकाम रहता है। यह नज़्म प्रेमी की अपनी हार

105. खोयी हुई।

को क़ुबूल कर लेने के साथ ख़त्म होती है जो उर्दू शायरी में कोई असहज बात नहीं है।

ख़ल्वत ओ जल्वत[106] में तुम मुझ से मिली हो बार–हाँ
तुम ने क्या देखा नहीं मैं मुस्कुरा सकता नहीं
मैं कि मायूसी मिरी फ़ितरत में दाख़िल हो चुकी
जब्र भी ख़ुद पर करूँ तो गुनगुना सकता नहीं
मुझ में क्या देखा कि तुम उल्फ़त का दम भरने लगीं
रूह–अफ़ज़ा हैं जुनून–ए–इश्क़ के नग़मे मगर
अब इन गाये हुए गीतों को गा सकता नहीं

मैंने देखा है शिकस्त–ए साज़–ए उल्फ़त का समाँ
अब किसी तहरीक का बरबत[107] उठा सकता नहीं
दिल तुम्हारी शिद्दत–ए–एहसास से वाक़िफ़ तो है
अपने एहसासात से दामन छुड़ा सकता नहीं

तुम मिरी हो कर भी बेगाना ही पाओगी मुझे
मैं तुम्हारा हो के भी तुम में समा सकता नहीं
गाये हैं मैंने ख़ुलूस–ए–दिल से भी उल्फ़त के गीत
अब रिया–कारी[108] से भी चाहूँ तो गा सकता नहीं

किस तरह तुम को बना लूँ मैं शरीक–ए–ज़िन्दगी
मैं तो अपनी ज़िन्दगी का भार उठा सकता नहीं
यास की तारीकियों में डूब जाने दो मुझे
अब मैं शम–ए–आरज़ू की लौ बढ़ा सकता नहीं

शिकस्त

दुःख और खोने का जो अहसास इस नज़्म में है वह हमें अगली नज़्म में भी मिलता है। यह नज़्म हमारे भीतर की उदासी को और घना कर देती है। शुरू में हमें यह लगता है कि इस नज़्म के ज़रिये हम ख़ुद से ही

---

106. औरों के साथ, अकेलेपन में, 107. एक साज़, 108. झूठेपन से।

बातें कर रहे हैं लेकिन धीरे–धीरे यह बातचीत प्रेमिका के साथ संवाद का रूप ले लेती है। यहाँ शायर क़ुबूल करता दिखता है कि उसकी ज़िन्दगी के सभी दुःख ख़ुद उसके ही लाये हुए हैं। वह इस सच को भी मानता है उसकी प्रेमिका दरअसल उसे बचाने के इरादे से ही उसकी ज़िन्दगी में फिर से लौटी है। वह अपने प्रेमी के दिल में उम्मीद की एक नयी लौ रौशन करना चाहती है। लेकिन शायद अब बहुत देर हो चुकी है। अब एक सर्द–सी उदासी ने उसकी ज़िन्दगी को पूरी तरह गिरफ़्त में ले लिया है। उसके दिल में जुनून और उम्मीद के सभी चिराग बुझ चुके हैं। उसकी ज़िन्दगी में मुहब्बत के कँवल पूरी तरह से मुरझा चुके हैं। ऐसे में प्रेम की नयी सुगबुगाहट उसकी ज़िन्दगी में करवटें ले रही है लेकिन शायर की हसरत अब यह नहीं है। यह नज़्म अपने उनवान की तरह ही ख़ुद से हार जाने की नज़्म है।

अपने सीने से लगाये हुए उम्मीद की लाश
मुद्दतों ज़ीस्त को नाशाद किया है मैंने

तू ने तो एक ही सदमे से किया था दो–चार
दिल को हर तरह से बर्बाद किया है मैंने

जब भी राहों में नज़र आये हरीरी मल्बूस[109]
सर्द आहों में तुझे याद किया है मैं ने

और अब जब कि मिरी रूह की पहनायी में
एक सुनसान सी मग्मूम घटा छायी है

तू दमकते हुए आरिज़ की शुआएँ ले कर
गुल–शुदा शमएँ जलाने को चली आयी है

मेरे महबूब ये हंगामा–ए–तज्दीद–ए[110]–वफ़ा
मेरी अफ़्सुर्दा जवानी के लिए रास नहीं

109. रेशमी कपड़े, 110. फिर से जाग्रत करने की बातें।

मैंने जो फूल चुने थे तिरे क़दमों के लिए
उन का धुँदला सा तसव्वुर भी मिरे पास नहीं

एक यख़–बस्ता[111] उदासी है दिल ओ जाँ पे मुहीत
अब मेरी रूह में बाक़ी है न उम्मीद न जोश

रह गया दब के गिराँ–बार[112] सलासिल[113] के तले
मेरी दरमांदा[114] जवानी की उमंगों का ख़रोश[115]

रेगज़ारों[116] के बगूलों के सिवा कुछ भी नहीं
साया–ए–अब्र–ए–गुरेजाँ[117] से मुझे क्या लेना

बुझ चुके हैं मिरे सीने में मोहब्बत के कँवल
अब तिरे हुस्न–ए–पशीमाँ[118] से मुझे क्या लेना

तेरे आरिज़ पे ये ढलके हुए सीमीं[119] आँसू
मेरी अफ़्सुर्दगी–ए–ग़म का मुदावा[120] तो नहीं

तेरी महबूब निगाहों का पयाम–ए–तज्दीद[121]
इक तलाफ़ी[122] ही सही मेरी तमन्ना तो नहीं

नाकामी

जैसा कि उनवान से ज़ाहिर है, यह नज़्म शायर की ख़ुद की हार और नाकामी का कुबूलनामा है। प्रेम में जो असफलता मिली है उसे व्यक्त करने के लिए कोई भी दुःख छोटा है। दुनिया की व्यावहारिक चुनौतियाँ अपनी जगह अलग हैं जिनका उत्तर तलाश पाना असम्भव है। शायर एक ऐसे दुष्चक्र में फँसा हुआ है जहाँ एक मुसीबत ख़त्म होते ही दूसरी पैदा हो जाती है। सब कुछ तक़रीबन ख़त्म हो चुका है। सारे सपने टूट कर

---

111. जमी हुई, 112. भारी, 113. ज़ंजीरें, 114. बेबस, 115. शोर, 116 रेगिस्तान, 117. न बरसने वाले बादल की परछाईं, 118. निराश सुन्दरता, 119. चाँदी भरे, 120. इलाज, 121. दुबारा शुरू करने का सन्देश, 122. थोड़ा–सा।

धराशायी हो चुके हैं। रूह एक ऐसी बेचैनी की क़ैद में है जहाँ से उम्मीद का कोई सुराग़ नज़र नहीं आता। नज़्म एक ऐसी उदासी और नाउम्मीदी को बयान करती है जिसे मुकम्मल तरीक़े से लेखन की कोई विधा में उल्लिखित नहीं किया जा सकता है। यह नाकामी शायद साहिर की ज़ाती ज़िन्दगी से ताल्लुक़ रखती है—शायद यह तब की बात रही हो जब वे लुधियाना को छोड़ कर लाहौर चले आये थे। उनको कॉलेज छोड़ना पड़ा था और बी. ए. की डिग्री हासिल करने का उनका सपना चकनाचूर हो चुका था। उस पर उनकी नाकाम मोहब्बत की कहानी जैसे रेगिस्तान में चलते हुए पाँव में काँटे चुभ गये हों।

मैंने हर चन्द[123] ग़म—ए—इश्क़ को खोना चाहा
ग़म—ए—उल्फ़त ग़म—ए—दुनिया में समोना चाहा

वही अफ़साने मिरी सम्त रवाँ हैं अब तक
वही शोले मिरे सीने में निहाँ हैं अब तक

वही ब—सूद ख़लिश है मिरे सीने में हनूज़[124]
वही बेकार तमन्नाएँ जवाँ हैं अब तक

वही गेसू मिरी रातों पे बिखरे बिखरे
वही आँखें मिरी जानिब निगराँ हैं अब तक

कसरत—ए[125]—ग़म भी मिरे ग़म का मुदावा न हुई
मेरे बेचैन ख़यालों को सुकून मिल न सका

दिल ने दुनिया के हर इक दर्द को अपना तो लिया
मुज़मिहल[126] रूह को अन्दाज़—ए—जुनूँ[127] मिल न सका

मेरी तख़य्युल का शीराज़ा—ए—बरहम है वही
मेरे बुझते हुए एहसास का आलम है वही

---

123. थोड़ा—सा, 124. अभी तक, 125. अधिक, 126. थकी हुई, 127. पागलपन का अन्दाज़।

वही बे–जान इरादे वही बे–रंग सवाल
वही बे–रूह कश्मकश–ए वही बेचैन ख़याल

आह इस कश्मकश सुबह ओ मसा[128] का अंजाम
मैं भी नाकाम मिरी सई–ए अमल[129] भी नाकाम

ख़याल-ए-ख़ाम

कथानक में एक नयेपन के कारण इस ग़ज़ल को एक ख़ास महत्त्व प्राप्त है। एक ग़ज़ल में कई द्विपदी या शे'र होते हैं और हर एक शे'र अपने आप में पूरा होता है। चूँकि ग़ज़ल बातचीत के लहजे में लिखी जाती है इसलिए इसके प्रवाह में विचारों की एक निरन्तरता आवश्यक मानी जाती है। ग़ज़ल के आरम्भ में शायर रूढ़ियों से ग्रस्त हमारी धार्मिक मान्यता और परम्पराओं पर हमले करता है। भ्रामक और संकुचित विचारों से भरे होने के कारण शुरू में लोग वास्तविकता को समझने में नाकाम होते हैं। पुरानी पीढ़ी परम्पराओं के दार्शनिक महत्त्व को समझती है लेकिन नौजवान पीढ़ी को सही और ग़लत का फ़र्क़ नहीं पता होता है। एक ऐसे माहौल में जिस में सच और झूठ का अन्तर किसी को पता नहीं हो ऐसे में प्रेम का अर्थहीन हो जाना बहुत आसान है। शायर अपने गीतों में शराब और शहद की बात करता है जबकि दूसरी तरफ़ दुनिया में लाखों लोग हैं जो भूख की वजह से अपनी जानें गँवा रहे हैं। ग़ज़ल के आख़िरी शे'र में साहिर उस सूत्र की तरफ़ इशारा करते हैं जो कहीं–न–कहीं से प्रगतिशील आन्दोलनों से जुड़े हुए थे। उर्दू साहित्य में ग़ज़लों का सदियों पुराना इतिहास रहा है। ग़ज़लों के ज़रिये शायरों ने एक ऐसी दुनिया का तसव्वुर किया है जो हर तरफ़ मोहब्बत, सुन्दरता, बुलबुलों के सुरीले गीतों, शराब से लबालब भरे मैख़ानों और साक़ी से भरी हुई हो। 1920 के दशक में जब भारत में आज़ादी की लड़ाई अपने उभार पर थी तीसरे दशक में जब प्रगतिशील लेखक आन्दोलन की शुरुआत हो चुकी थी तब यह मसला गम्भीरता के साथ उठाया गया कि उर्दू को ग़ज़ल की पारम्परिकता का दामन छोड़ कर किसानों और मज़दूरों के संघर्ष और मुश्किलों पर ख़ुद को केन्द्रित करना और "लाल क्रान्ति" के लिए अनुकूल ज़मीन तैयार करने में अपनी

---

128. शाम, 129. काम की पूर्ति।

भूमिका का निर्वाह करना चाहिए। ऐसी माँग करने वालों में अली सरदार जाफरी का नाम बड़े सम्मान के साथ लिया जाता है। लेकिन इस नयी पेशकश को अपेक्षित सफलता नहीं मिल सकी क्योंकि प्रगतिशील शायर भी ग़ज़लें लिखना पसन्द करते थे। फ़ैज़ जैसे शायरों ने इस नये दिशा निर्देश को मानने से साफ़ इनकार कर दिया। उन्होंने ग़ज़ल लिखना जारी रखा क्योंकि शायर और श्रोता दोनों ही ख़ुद को ग़ज़लों के आकर्षण से बचा पाने में नाकाम थे। ऐसे शायर को श्रोताओं के बरअक्स ठीक वैसे ही देखना जैसे ग़ज़ल में साक़ी को देखा जाता है, शायर की हसरत को समझने का समीचीन तरीक़ा हो सकता है।

अक़ाएद[130] वहम है मज़हब ख़याल–ए–ख़ाम[131] है साक़ी
अज़ल[132] से ज़ेहन–ए–इन्साँ बस्ता–ए–औहाम[133] है साक़ी

हक़ीक़त–आश्नाई[134] अस्ल में गुम–कर्दा[135] राही है
उरूस[136]–ए–आगही[137] परवुर्दा–ए–इब्हाम[138] है साक़ी

मुबारक हो ज़ईफ़ी[139] को ख़िरद[140] की फ़लसफ़ा–रानी
जवानी बे–नियाज़–ए–इबरत–ए–अंजाम[141] है साक़ी

हवस[142] होगी असीर[143]–ए हल्का–ए नेक ओ बद–ए आलम
मोहब्बत मावरा–ए फ़िक्र–ए नंग–ओ–नाम[144] है साक़ी

अभी तक रास्ते में पेच–ओ–ख़म से दिल धड़कता है
मिरा ज़ौक़–ए–तलब[145] शायद अभी तक ख़ाम है साक़ी

वहाँ भेजा गया हूँ चाक करने पर्दा–ए–शब को
जहाँ हर सुबह के दामन पे अक्स–ए–शाम है साक़ी

---

130. धर्म का विश्वास, 131. बेकार, 132. अनादि काल से, 133. अन्धविश्वास, 134. वास्तविकता की पहचान, 135. गुम कर देने वाली, 136. दुल्हन, 137. जागृति, 138. अनेकार्थता का परिणाम, 139. बुढ़ापा, 140. बुद्धि, 141. अंजाम की परवाह न करते हुए, 142. वासना, लोभ, 143. क़ैदी, बन्दी, 144. नाम नाम के फ़िक्र से आगे, 145. किसी चीज़ को पाने की चाहत।

मिरे सागर में मय है तिरे हाथों में बरबत है
वतन की सर–ज़मीं में भूक से कोहराम है साक़ी

ज़माना बरबस–ए–पैकार है[146] है पुर–हौल[147] शो'लों से
तिरे लब पर अभी तक नग़्मा–ए–ख़य्याम[148] है साक़ी

गुरेज़

जैसा कि नाम से ही पता चलता है, यह एक पलायनवादी नज़्म है–एक ऐसी नज़्म जो मन के द्वन्द्वों और अपनी असफलताओं से रुख़सत हो कर मज़लूम और ग़रीबों की तकलीफ़ों और संघर्षों की तरफ़ जाती हो। जब दुनिया में जंग और दहशत का ऐसा दौर जारी हो, ऐसे में प्रेम जैसी निजी अनुभूतियों के बारे में सोचने का कोई औचित्य नहीं है। जब अपने हक़ के लिए प्रदर्शन करते किसानों पर गोलियाँ बरसाई जा रही हों ऐसी स्थिति में तो मुहब्बत जैसी निहायत ज़ाती मामलों का कोई महत्त्व नहीं है। "मैं ज़िन्दगी की तल्ख़ सच्चाइयों से कब तक भाग सकता हूँ? मैं कब तक आम लोगों की दुश्वारियों से बच कर उदासी के नग़्मे गा सकता हूँ?" ये आज के दौर के ज्वलन्त मुद्दे हैं। इन मुद्दों से भाग निकलने का कोई रास्ता भी नहीं है। ऐसे में निजी और सार्वजनिक मसलों के बीच की लकीर बहुत धुँधली हो जाती है। आख़िर किसी एक आदमी का दुःख बाक़ियों के दुःख से अलग कैसे हो सकता है? ऐसे में प्रेम हो या फिर सुन्दरता–दोनों को अन्ततः पराजित हो जाना है। शायर की नज़्म भी आख़िर में इसी दुःख के समन्दर में डूब जाती है।

मिरा जुनून–ए वफ़ा है ज़वाल–आमादा[149]
शिकस्त हो गया तेरा फ़ुसून–ए–ज़ेवाई[150]

उन आरज़ुओं में छायी है गर्द–ए–मायूसी
जिन्होंने तेरे तबस्सुम में परवरिश पायी

---

146. जंग का सामना करते हुए, 147. डरा देने वाले, 148. फ़ारसी के प्रसिद्ध कवि उमर ख़य्याम (1048–1131), 149. नीचे की ओर झुका हुआ, 150. शृंगार का जादू।

फ़रेब–ए–शौक़ के रंगीं तिलस्म[151] टूट गये
हक़ीक़तों ने हवादिस[152] से फिर जिला[153] पायी

सुकून–ओ–ख़्वाब के पर्दे सरकते जाते हैं
दिमाग़–ओ–दिल में हैं वहशत की कार–फ़रमाई

वो तारे जिन में मोहब्बत का नूर ताबाँ[154] था
वो तारे डूब गये ले के रंग–ओ–रानाई

सुला गयी थीं जिन्हें मेरी मुल्तफ़ित[155] नज़रें
वो दर्द जाग उठे फिर से ले के अँगड़ाई

अजीब आलम–ए–अफ़्सुर्दगी है रू–बा–फ़रोग़[156]
न जब नज़र को तक़ाज़ा न दिल तमन्नाई

तिरी नज़रें तिरे गेसू[157] तिरी जबीं तिरे लब
मिरी उदास–तबीअत है सब से उकताई

मैं ज़िन्दगी के हक़ाएक़ से भाग आया था
कि मुझ को ख़ुद में छुपाये तिरी फ़ुसूँ–ज़ाई[158]

मगर यहाँ भी तआ'क़ुब[159] किया हक़ाएक़ ने
यहाँ भी मिल न सकी जन्नत–एश के बाई[160]

हर एक हाथ में ले कर हज़ार आईने
हयात बन्द दरीचों से गुज़र आयी

मिरे हर एक तरफ़ एक शोर गूँज उठा
और उस में डूब गयी इशरतों[161] की शहनाई

---

151. जादू, 152. दुर्घटना, 153. रौशनी, 154. रौशन, 155. कशिश भरी, 156. विकास की ओर, 157. सर के बाल दोनों ओर लटकते हुए, 158. मन्त्रमुग्ध, 159. पीछा करना, 160. सहनशील, 161. सुख, सन्तोष।

कहाँ तलक कोई ज़िन्दा हक़ीक़तों से बचे
कहाँ तलक करे छुप–छुप के नग़्मा–पैराई

वो देख सामने के पुर–शिकोह[162] ऐवाँ[163] से
किसी किराये की लड़की की चीख़ टकराई

वो फिर समाज ने दो प्यार करने वालों को
सज़ा के तौर पर बख़्शी तवील[164] तनहाई

फिर एक तीरा ओ तारीक[165] झोंपड़ी के तले
सिसकते बच्चे पे बेवा की आँख भर आयी

वो फिर बिकी किसी मजबूर की जवाँ बेटी
वो फिर झुका किसी दर पर गुरूर–एबरनाई[166]

वो फिर किसानों के मजमे' पे गन–मशीनों से
हुक़ूक़–याफ़्ता[167] तबक़े ने आग बरसाई

सुकूत–ए हल्क़ा–ए ज़िन्दा[168] से एक गूँज उठी
और इसके साथ मिरे साथियों की याद आयी

नहीं नहीं मुझे यूँ मुल्तफ़ित नज़र से न देख
नहीं नहीं मुझे अब ताब–ए नग़्मा–पैराई[169]

मिरा जुनून–ए–वफ़ा है ज़वाल–अमादा
शिकस्त हो गया तेरा फुसून–ए–ज़ेबाई

फ़रार

यह नज़्म भी साहिर की दूसरी नज़्मों जैसी ही है। यह शायर की रूह को गहराई से प्रतिबिम्बित करने और उसके अतीत को सामने लाने की

---

162. शानदार, 163. भवन, 164. लम्बी, 165. अन्धकार–मय, 166. यौवन का अभिमान, 167. जिनके पास धन है, 168. जेलखाने की ख़ामोशी के आसपास से, 169. गाने की शक्ति।

कोशिश करती है। शायर अपनी ज़िन्दगी में एक बेज़ारी और शर्मिन्दगी झेल रहा है। उसकी ज़िन्दगी नाकामियों के क़िस्सों से भरी हुई है। यहाँ तक कि उसकी मोहब्बत भी नाकाम हो चुकी है। कुछ रास्ते हालाँकि अभी भी खुले हुए हैं लेकिन वे महज़ दिल को बहलाने के ख़याल हैं। ऐसे में सच से मुँह फेर लेना भी एक फ़रेब है। जब ज़िन्दगी में हर तरफ़ दुश्वारियाँ हों तब हमारे लिए रास्ते भी बहुत कम खुले होते हैं।

अपने माज़ी के तसव्वुर से हिरासाँ हूँ मैं
अपने गुज़रे हुए अय्याम से नफ़रत है मुझे
अपनी बे–कार तमन्नाओं पे शर्मिन्दा हूँ
अपनी बे–सूद उम्मीदों पे नदामत है मुझे

मेरे माज़ी को अँधेरे में दबा रहने दो
मेरा माज़ी मेरी ज़िल्लत के सिवा कुछ भी नहीं
मेरी उम्मीदों का हासिल मिरी काविश का सिला
एक बे–नाम अज़िय्यत के सिवा कुछ भी नहीं

कितनी बे–कार उम्मीदों का सहारा लेकर
मैंने ऐवान सजाये थे किसी की ख़ातिर
कितनी बे–रब्त तमन्नाओं के मुबहम खाके
अपने ख़्वाबों में बसाये थे किसी की ख़ातिर

मुझ से अब मेरी मोहब्बत के फ़साने न कहो
मुझको कहने दो कि मैंने उन्हें चाहा ही नहीं
और वो मस्त निगाहें जो मुझे भूल गयीं
मैंने उन मस्त निगाहों को सराहा ही नहीं

मुझको कहने दो कि मैं आज भी जी सकता हूँ
इश्क़ नाकाम सही ज़िन्दगी नाकाम नहीं
इनको अपनाने की ख़्वाहिश उन्हें पाने की तलब
शौक़–ए बेकार सही सई–ए ग़म–ए अंजाम नहीं

वही गेसू वही नज़रें वही आरिज़ वही जिस्म
मैं जो चाहूँ मुझे और भी मिल सकते हैं
वो कँवल जिनको कभी उनके लिए खिलना था
उनकी नज़रों से बहुत दूर भी खिल सकते हैं

हिरास

यह मोहब्बत पर लिखी हुई निहायत ही ख़ूबसूरत नज़्म है गोया शायर ने नज़्म में कोई ख़्वाब बुन दिया हो। यह उसी बेइन्तहाई ख़ूबसूरती से शायर के दिमाग़ी जद्दोजहद की बारीक़ियों को भी पेश करता है। यह हक़ीक़त है या मैं कोई ख़्वाब देख रहा हूँ? प्रेम के बारे में सबसे बड़ा संशय हमेशा यही होता है क्योंकि यह ख़ुशफ़हमी पहले से भी होती रही है। साहिर की सबसे अच्छी नज़्में वे मानी जाती हैं जिन्हें उन्होंने इंक़लाब का परचम लहराते हुए लिखी हैं लेकिन उनकी रूमानी नज़्म को पढ़ने का भी एक अलहदा सुख है। एक अच्छी नज़्म के बारे में कहा जाता है कि वे बोतल में बन्द उस पैग़ाम की तरह होती है जिसे अथाह समुन्दर की लहरों में फेंक दिया गया हो। वह बोतल साल–दर–साल लहरों के थपेड़ों के साथ भटकती रहती है और एक दिन किसी अजनबी के हाथों लग जाती है। साहिर का लिखा पैग़ाम भी लहरों के साथ डूबता–उतराता अब हमारे हाथ आ लगा है।

तेरे होंटों पे तबस्सुम की वो हल्की सी लकीर
तेरे तख़ईल में रह रह के झलक उठती है
यूँ अचानक तिरे आरिज़ का ख़याल आता है
जैसे ज़ुल्मत[170] में कोई शम्अ भड़क उठती है

तेरे पैराहन–ए–रंगीं की जुनूँ–ख़ेज़[171] महक
ख़्वाब बन बन के मिरे ज़ेहन में लहराती है
रात की सर्द ख़मोशी में हर इक झोंके से
तेरे अन्फ़ास[172] तिरे जिस्म की आँच आती है

---

170. अन्धकार, 171. पागल बना देने वाली, 172. साँसों।

मैं सुलगते हुए राज़ों को अयाँ तो कर दूँ
लेकिन उन राज़ों की तशहीर से जी डरता है
रात के ख़्वाब उजाले में बयाँ तो कर दूँ
उन हसीं ख़्वाबों की ताबीर से जी डरता है

तेरी साँसों की थकन तेरी निगाहों का सुकूत
दर–हक़ीक़त कोई रंगीन शरारत ही न हो
मैं जिसे प्यार का अन्दाज़ समझ बैठा हूँ
वो तबस्सुम वो तकल्लुम[173] तिरी आदत ही न हो

सोचता हूँ कि तुझे मिल के किस सोच में हूँ
पहले उस सोच का मक्सूम[174] समझ लूँ तो कहूँ
मैं तिरे शहर में अनजान हूँ परदेसी हूँ
तेरे अल्ताफ़[175] का मफ़्हूम[176] समझूँ तो कहूँ

कहीं ऐसा न हो पाँव मिरे थर्रा जायें
और तिरी मरमरीं[177] बाँहों का सहारा न मिले
अश्क बहते रहें ख़ामोश सियह रातों में
और तिरे रेशमी आँचल का किनारा न मिले

ख़ुदकुशी से पहले

आख़िर लोग ख़ुद को ही ख़त्म करने का फ़ैसला कैसे कर लेते हैं? जो मृत्यु को जीवन का विकल्प चुनते हैं उनकी दिमाग़ी हालत उस वक़्त कैसी रहती होगी? साहिर अपनी नज़्म ख़ुदकुशी से पहले में आदमी की इसी दिमाग़ी उधेड़बुन की झलक दिखाने की कोशिश करते हैं। एक रोमांटिक शायर के रूप में वे अपनी नज़्म में प्रेम की नाकामी जैसी एक मनःस्थिति बनाते हैं जिसमें मायूस प्रेमी ख़ुदकुशी के लिए सोचने को मजबूर हो जाता है। लेकिन ख़ुद को ख़त्म करने के लिए यह क्या कोई पर्याप्त वजह है? अपनी प्रेमिका से बिछुड़ कर रहने की वजह से उसकी ज़िन्दगी एक सज़ा से कम नहीं है लेकिन फिर भी क्या जान की क़ीमत पर यह सज़ा उठाई जा सकती है या उठाई जानी चाहिए? जब हम नज़्म

---

173. वार्तालाप, 174. एक छोटा हिस्सा, 175. कृपा, 176. मतलब, 177. सफ़ेद।

को गहराई से पढ़ते हैं तो यह मौत और मौत की ख़्वाहिश रखने वाले के दिमाग़ के रहस्यों को खोलने की कोशिश करती प्रतीत होती है। नज़्म का सबसे अन्तिम हिस्सा ज़िन्दगी और मौत को एक नये रूहानी फ़लसफ़े के साथ देखता है और हमें पाब्लो नेरुदा की कविता "सोलो ला मुरते" (और कुछ नहीं बस मृत्यु) बेसाख्ता याद आ जाती है। इस कविता में वे इन्सान की ज़िन्दगी में मौत के दाखिल होने की स्थिति का ज़िक्र करते हैं। वे लिखते हैं : "मौत सभी आवाज़ों के बीच आती है / एक ऐसे जूते की तरह जिसमें किसी के पाँव नहीं होते, एक ऐसी पोशाक जिसमें जिस्म नहीं होता / मौत आती है और दस्तक देती है / उसकी अँगूठी में कोई नगीना नहीं जड़ा होता, न किसी उँगली ने उस अँगूठी को पहना ही होता है / यह आती है और आवाज़ देती है / जबकि इसका कोई मुँह नहीं होता / न कोई ज़ुबान और न ही कोई गला / इसके बावजूद इसके क़दमों की चाप सुनी जा सकती है / इसके लिबास से पेड़ों के खुश्क पत्तों की सरसराहट सुनी जा सकती है।" इस कविता का अनुवाद रोबर्ट बुली ने किया है। *(हिर्स्च 1999 : 36–38)*

साहिर की नज़्म में मौत नहीं आती है, यह कोई आवाज़ पैदा नहीं करती और न तो दिखाई ही देती है। साहिर के लफ़्ज़ों में मौत एक अन्तहीन सुंरग है या एक साथ कई लगातार सुरंगों की अन्तहीन यात्रा है। मरता हुआ आदमी हाथ में एक कन्दील लेकर एक सुरंग से दूसरी सुरंग तक भटकता रहता है। फिर कन्दील का क्या काम? शायद वह जताने के लिए होती है कि मौत प्रेमी को एक परवाने में तब्दील कर देती है? कन्दील की लपट प्रेमी की क़ब्र होती है और उसकी परवाने की तरह उसकी रूह भी उस कन्दील की लपट में जल कर आज़ाद होना चाहती है। सुरंग यहाँ सिर्फ़ एक भ्रम है और ज़िन्दगी की तरह उसका भी कोई वजूद नहीं है। दरअसल कन्दील के बहाने आदमी उस सतह को पकड़े रहता है जहाँ उसे आख़िरकार खाक हो जाना होता है। शायर शायद इस बहाने मौत को शक्तिहीन दिखाना चाहता है। या शायद उसका मक़सद यह साबित करना है कि मरने वाला आदमी उस कन्दील की अहमियत को समझे बिना सुरंग की सियाही में उतरने के लिए बिल्कुल तैयार नहीं है। शायद वह कन्दील की रौशनी ही वह अकेली दौलत है जिसके सहारे वह "मौत की कभी न ख़त्म होने वाली सरहद के पार उतरना चाहता है।"

उफ़ ये बेदर्द सियाही ये हवा के झोंके
किसको मालूम है इस शब की सहर हो कि न हो
इक नज़र तेरे दरीचे की तरफ़ देख तो लूँ
डूबती आँखों में फिर ताब–ए–नज़र हो कि न हो

अभी रौशन हैं तिरे गर्म शबिस्ताँ के दिये
नील–गूँ पर्दों से छनती हैं शुआएँ अब तक
अजनबी बाँहों के हल्के में लचकती होंगी
तेरे महके हुए बालों की रिदाएँ अब तक

सर्द होती हुई बत्ती के धुएँ के हमराह
हाथ फैलाये बढ़े आते हैं बोझल साये
कौन पोंछे मिरी आँखों के सुलगते आँसू
कौन उलझे हुए बालों की गिरः सुलझाये

आहयेग़ार–ए–हलाकत[178] ये दिए का महबस
उम्र अपनी इन्हीं तारीक मकानों में कटी
ज़िन्दगी फ़ितरत–ए बे–हिस[179] की पुरानी तक्सीर[180]
इक हक़ीक़त थी मगर चन्द फ़सानों में कटी

कितनी आसाइशें हँसती रहीं ऐवानों में
कितने दर मेरी जवानी पे सदा बन्द रहे
कितने हाथों ने बुना अतलस ओ कमख़्वाब[181] मगर
मेरे मल्बूस की तक़दीर में पैवन्द रहे

ज़ुल्म सहते हुए इन्सानों के इस मक़तल[182] में
कोई फ़र्दा के तसव्वुर से कहाँ तक बह ले
उम्र भर रेंगते रहने की सज़ा है जीना
एक दो दिन की अज़िय्यत हो तो कोई सह ले

---

178. मौत की गुफ़ा, 179. बेरहम कुदरत, 180. ग़लती, 181. साटन और रेशम, 182. क़त्लगाह।

वही ज़ुल्मत है फ़ज़ाओं पे अभी तक तारी
जाने कब ख़त्म हो इन्साँ के लहू की तक्सीर
जाने कब निखरे सियह–पोश फ़ज़ा का जौबन
जाने कब जागे सितम–ख़ुर्दा बशर की तक़दीर

अभी रौशन हैं तिरे गर्म शबिस्ताँ के दिए
आज मैं मौत के ग़ारों में उतर जाऊँगा
और दम तोड़ती बत्ती के धुएँ के हमराह
सरहद–ए–मर्ग–ए–मुसलसल से गुज़र जाऊँगा

मदाम

इस नज़्म के बारे में कहा जाता है कि अमृता प्रीतम के मुताबिक़ इसमें साहिर के लाहौर के साथियों के घटियापन का बयान है। घटियापन का मतलब उन दोस्तों की बातचीत, उनके पहरावे के तौर–तरीक़ों और उनके बर्ताव के ओछेपन से है। हालाँकि साहिर ज़मींदारों के परिवार में पैदा हुए थे लेकिन उनकी परवरिश अकेली उनकी अम्मी ने की थी। उनकी अम्मी की माली हालत बहुत ख़राब थी क्योंकि अपने शौहर से क़ानूनन अलग हो जाने के बाद उन्हें कोई भी गुज़ारा भत्ता नहीं मिलता था। इस तंगहाली के मद्देनज़र साहिर ख़ुद को एक संघर्षशील निम्न मध्यवित्तीय सामाजिक तबके से आया मानते थे। हालाँकि वे एक मुस्व्विर या शायर बनने का सपना देखते थे लेकिन इसमें सच्चाई थी कि वे समाज की ग़रीब और अभावग्रस्त आबादी से ताल्लुक़ रखते थे। दूसरी तरफ़ अमृता प्रीतम एक अमीर कारोबारी से ब्याही हुई थीं और समाज में उनकी अच्छी–ख़ासी हैसियत थी। उनकी पोशाक और उनके सामाजिक शिष्टाचार तक का लोगों पर गहरा असर पड़ता था। नज़्म से यह बात साफ़ उभर कर आयी है कि उच्च मध्यम वर्गीय लोग साहिर के दोस्तों के बारे में बहुत अच्छी राय नहीं रखते थे। यह हिकारत उन लोगों के मन में ज़्यादा थी जिन्होंने अंग्रेज़ी शिक्षा पायी थी और जिनकी जीवन–शैली आरामपसन्द थी। दूसरी तरफ़ साहिर विचारों से प्रगतिशील थे और मार्क्सवादी विचारों में विश्वास रखते थे। वे द्वन्द्वात्मक भौतिकवाद के पक्षधर थे और यह मानते थे कि सामाजिक विभाजन आदमी के विचार–निर्माण में महत्त्वपूर्ण भूमिका

निभाता है। इस दृष्टि से देखें तो शायरी सामाजिक समालोचना के एक सशक्त माध्यम के रूप में उपस्थित होती है।

लोग कहते हैं तो फिर ठीक ही कहते होंगे

मेरे अहबाब ने तहज़ीब न सीखी होगी
मेरे माहौल में इन्सान न रहते होंगे

नूर–ए–सरमाया[183] से है रू–ए–तमद्दुन[184] की जिला
हम जहाँ हैं वहाँ तहज़ीब नहीं पल सकती

मुफ़्लिसी हिस्स–ए–लताफ़त[185] को मिटा देती है
भूक आदाब के साँचों में नहीं ढल सकती

लोग कहते हैं तो लोगों पे तअ'ज्जुब कैसा
सच तो कहते हैं कि नादारों की इज़्ज़त कैसी

लोग कहते हैं मगर आप अभी तक चुप हैं
आप भी कहिए ग़रीबों में शराफ़त कैसी

नेक मादाम बहुत जल्द वो दौर आयेगा
अब हमें ज़ीस्त के अदवार परखने होंगे

अपनी ज़िल्लत की क़सम आपकी अज़्मत की क़सम
हम को ताज़ीम[186] के मेआ'र परखने होंगे

हम ने हर दौर में तज़लील[187] सही है लेकिन
हम ने हर दौर के चेहरे को ज़िया[188] बख़्शी है

---

183. पैसे की चमक दमक, 184. संस्कृति की पहचान, 185. सौन्दर्यपरक बुद्धि, 186. सम्मान, 187. अपमान, 188. रौशनी।

हम ने हर दौर में मेहनत के सितम झेले हैं
हम ने हर दौर के हाथों को हिना बख़्शी है

लेकिन इस तल्ख़ महाबिस[189] से भला क्या हासिल
लोग कहते हैं तो फिर ठीक ही कहते होंगे

मेरे अहबाब ने तहज़ीब न सीखी होगी
मैं जहाँ हूँ वहाँ इन्सान न रहते होंगे

वज्ह–ए बे–रंगी–ए गुलज़ार[190] कहूँ या न कहूँ
कौन है कितना गुनहगार कहूँ या न कहूँ

नया सफ़र है

यह एक अन्तर्भूत आत्मावलोकन की नज़्म कही जायेगी जो जीवन की नयी स्थितियों में हमें जीने का उद्देश्य तलाशने के लिए प्रेरित करती है। भविष्य अनिश्चित है और अतीत में ऐसा कुछ भी शेष नहीं बचा है जिस पर शायर गर्व अनुभव कर सके। अलबत्ता अतीत पर अफ़सोस ज़रूर जताया जा सकता है। हर तरफ़ अँधेरे के सिवा कुछ भी नहीं। कोई भी तसल्ली या आस्था किये हुए वायदों को पूरा करने में नाकाम है। हर एक दिन वही दुःख है और वही हार है। वे सभी दोस्त जिनका साथ कभी सुकूनदेह लगता था, अपने–अपने मतलबों के किये साथ छोड़ गये।

सफ़र–नसीब रफ़ीक़ो क़दम बढ़ाये चलो
पुराने राह–नुमा लौट कर न देखेंगे
तुलू–ए–सुबह से तारों की मौत होती है
शबों के राज–दुलारे इधर न देखेंगे

नज़्म एक अनिश्चितता और संशय के बीच ख़त्म होती है। सिर्फ़ एक बात तय है : वह यह है कि यह एक नया सफ़र है और इस सफ़र का हासिल क्या होगा, हमें यही पता करना है।

---

189. वादविवाद, 190. बाग़ में फूलों के होने का कारण।

फ़रेब–ए–जन्नत–ए–फ़र्दा[191] के जाल टूट गये
हयात अपनी उम्मीदों पे शर्मसार सी है
चमन में जश्न–ए–वरुद–ए–बहार[192] हो भी चुका
मगर निगाह–ए–गुल–ओ–लाला[193] सोगवार सी है

फ़ज़ा में गर्म बगूलों का रक्स जारी है
उफ़ुक़ पे ख़ून की मीना छलक रही है
कहाँ का महर–ए–मुनव्वर[194] कहाँ की तनवीरें[195]
कि बाम–ओ–दर[196] पे सियाही झलक रही है अभी

फ़ज़ाएँ सोच रही हैं कि इब्न–ए–आदम[197] ने
ख़िरद गँवा के जुनूँ आज़माँ के क्या पाया
वही शिकस्त–ए–तमन्ना वही ग़म–ए–अय्याम[198]
निगार–ए–ज़ीस्त[199] ने सब कुछ लुटा के क्या पाया

भटक के रह गयीं नज़रें ख़ला की वुसअत में
हरीम–ए–शाहिद–ए–राना[200] का कुछ पता न मिला
तवील राहगुज़र ख़त्म हो गयी लेकिन
हनूज़ अपनी मसाफ़त[201] का मुंतहा[202] न मिला

सफ़र–नसीब रफ़ीक़ो क़दम बढ़ाये चलो
पुराने राह–नुमा[203] लौट के न देखेंगे
तुलू–ए–सुबह[204] से तारों की मौत होती है
शबों के राज–दुलारे इधर न देखेंगे

दबी-कुचली हुई जनता और क्रान्तिकारी बदलाव

दबे–कुचले मज़दूरों और किसानों के पक्ष में आवाज़ बुलन्द करना और दबे–कुचले मज़दूर और किसानों से प्रत्यक्ष संवाद करना प्रगतिशील

191. कल आने वाली जन्नत का भरम, 192. बहार के आने का जश्न, 193. गुलाब और गुले लाला की आँख, 194. चमकता सूरज, 195. उजाले, 196. छत और दरवाज़े, 197. आदम की औलाद, 198. दुखित दिन, 199. जीवन की रंगारंगी, 200. एक ख़ूबसूरत घर जिसकी तलाश थी, 201. सफ़र, 202. आख़री सीमा, 203. मार्गदर्शक, 204. सुबह के आने पर।

लेखक आन्दोलन का अहम मक़सद था। ये शायर निरंकुश विदेशी हुकूमत के सताये हुए लोगों के ज़ख़्मों पर मरहम लगाने के लिए नहीं लिख रहे थे बल्कि उनका उद्देश्य उन दबे–कुचलों को एक इंक़लाब के लिए एकजुट करना था। वे अतीत की काली यादों से मुक्त एक क्रान्तिकारी राजनीतिक और सामाजिक बदलाव के पक्षधर थे। साहिर की शायरी का भी यही लेखकीय उद्देश्य था। इस हिस्से में उनकी जिन नज़्मों का ज़िक्र किया गया है उनके ज़रिये उन्होंने कामगारों और मेहनतकशों की तकलीफ़ों की आवाज़ बनने की कोशिश की है। उनकी नज़्में मेहनतकशों की ज़िन्दगी में नयी सुबह आने का भरोसा देती हैं, जब उनको किसी भी ज़ुल्मो–सितम से पूरी तरह से निजात मिल जायेगी।

मेरे गीत

इस नज़्म में शायर अपनी तमाम निजी बातों को दरकिनार करते हुए जनता के मुद्दों से सीधे रू–ब–रू होता है। ऐसा नहीं कि जीवन के लिए प्रेम की ज़रूरत नहीं है और न ही ऐसा है कि कुदरत की ख़ूबसूरती उसे नहीं लुभाती। लेकिन ज़िन्दगी में इनसे बड़ी भी ज़रूरतें हैं जिनसे आम जनता का सीधा ताल्लुक़ है। दुनिया भर में दहशतगर्दी और जंग का माहौल है। हर ओर भूखे किसानों का हुजूम है। औरत की अस्मत के साथ खिलवाड़ किया जा रहा है। नौजवान अपने भविष्य को लेकर हताश और नाउम्मीद हो चुके हैं। ग़रीबों और अमीरों के बीच बढ़ते फ़ासले के साथ यह समस्या भी रोज़–बरोज़ बढ़ती जाती है : "कोई ख़ज़ाने पर क़ब्ज़ा जमाये बैठा है तो किसी के जिस्म पर चीथड़े हैं।" ऐसी स्थिति में एक शायर को किस विषय पर लिखना चाहिए? क्या उसे उस मुहब्बत पर लिखना चाहिए जिसे पाने का ख़्वाब वह देखता है, या उसे कुदरत के ख़ूबसूरत नज़ारों पर लिखना चाहिए? या फिर किसी दूसरे मसले पर? इस नज़्म को पढ़ने वालों को महसूस होता है कि जैसे बारिश की हल्की फुहारों में भीगता हुआ वह नज़्म के आख़िर तक पहुँचते–पहुँचते मूसलाधार बरसात में घिर गया हो।

मिरे सरकश[205] तराने सुन के दुनिया ये समझती है
कि शायद मेरे दिल को इश्क़ के नग़्मों से नफ़रत है

---

205. विद्रोही।

मुझे हंगामा–ए–जंग ओ जदल में कैफ़ मिलता है
मिरी फ़ितरत को खूँ–रेज़ी के अफ़साने से रग़बत[206] है

मिरी दुनिया में कुछ वक़अत नहीं है रक्स–ओ–नग़्मा की
मिरा महबूब नग़्मा शोर–ए आहंग–ए बग़ावत है

मगर ऐ काश देखें वो मिरी पुर–सोज़ रातों को
मैं जब तारों पे नज़रें गाड़ कर आँसू बहाता हूँ

तसव्वुर बन के भूली वारदातें याद आती हैं
तो सोज़–ओ–दर्द की शिद्दत से पहरों तिलमिलाता हूँ

कोई ख़्वाबों में ख़्वाबीदा उमंगों को जगाती है
तो अपनी ज़िन्दगी को मौत के पहलू में पाता हूँ

मैं शायर हूँ मुझे फ़ितरत[207] के नज़्ज़ारों से उल्फ़त है
मिरा दिल दुश्मन–ए नग़्मा–सराई[208] हो नहीं सकता

मुझे इन्सानियत का दर्द भी बख़्शा है कुदरत ने
मिरा मक़सद फ़क़त शोला–नवाई हो नहीं सकता

जवाँ हूँ मैं जवानी लग्ज़िशों का एक तूफ़ाँ है
मिरी बातों में रंग–ए–परसाई[209] हो नहीं सकता

मिरी सरकश तरानों की हक़ीक़त है तो इतनी है
कि जब मैं देखता हूँ भूक के मारे किसानों को

ग़रीबों मुफ़लिसों को बे–कसों को बे–सहारों को
सिसकती नाज़नीनों को तड़पते नौ–जवानों को

---

206. रुचि, 207. प्रकृति, 208. गाने का दुश्मन, 209. रंगों का संयमी।

हुकूमत के तशद्दुद को इमारत के तकब्बुर[210] को
किसी के चीथड़ों को और शहंशाही ख़ज़ानों को

तो दिल ताब–ए नशात–ए बज़्म–ए–इशरत[211] ला नहीं सकता
मैं चाहूँ भी तो ख़्वाब–आवर तराने[212] गा नहीं सकता

मुझे सोचने दो

यह नज़्म "व्यर्थ में से कोई अर्थ" निकालने की एक कोशिश है। ज़िन्दगी में इतनी तल्ख़ी घुल चुकी है कि उसका ज़ायका ज़हर सरीखा हो गया है। आख़िर ऐसा क्या ग़लत हो गया है? शायर यही सोचता रहता है लेकिन किसी नतीजे पर नहीं पहुँचता। अलबत्ता वह इस नतीजे पर ज़रूर पहुँचता है कि इस मसले से जूझने वाला वह अकेला आदमी नहीं है, बल्कि यह पूरी दुनिया की जद्दोजहद है। हर तरफ़ भुखमरी और ख़ौफ़ का मंज़र है। चारों तरफ़ लोग भूखे और प्यासे हैं। दुनिया के चप्पे–चप्पे पर अँधेरा पसरा है। यह सब देख कर कोई भी हताशा और ग़ुस्से से भर सकता है। साहिर जैसा तरक़्क़ीपसन्द शायर भी यही सोचता है। पूँजीवाद ही वह वजह है जिसने ग़रीबों से उनका सब कुछ छीन कर अमीरों के सुपुर्द कर दिया है। किसान इतनी मेहनत करने के बावजूद ख़ुद को भूखा रखने के लिए मजबूर है। धुआँ उगलते कारख़ानों में मज़दूर अपना ख़ून–पसीना बहाते हैं फिर भी ग़रीबी में ज़िन्दगी गुज़ारते हैं। दूसरी तरफ़ शहरों में दौलतमन्द लोग एक अलग ज़िन्दगी जीते हैं। उनकी ज़िन्दगियों में शानोशौक़त है, ग़रीब उसके बारे में सपने में भी नहीं सोच सकते हैं। यह फ़र्क़ आख़िर क्यों है? शायर को यह सवाल बार–बार परेशान करता है। वह उस ईश्वर तक को कठघरे में खड़ा करता है जिसे आम लोग पूजते हैं। नज़्म में जिसकी शुरुआत निजी नाकामियों से होती है वह आख़िर तक पहुँचते–पहुँचते एक राजनीतिक और आर्थिक बयान में तब्दील हो जाती है। सोवियत संघ के सिद्धान्त पर तरक़्क़ीपसन्द अवाम ने जिस आर्थिक सुरक्षा का सपना देखा था वह इतिहास के मलबों के नीचे दफ़न हो चुका है। दूसरी तरफ़ पूँजीवाद के पास आर्थिक ग़ैरबराबरी

---

210. अभिमान, 211. किसी महफ़िल में जाकर आनन्द लेने की शक्ति, 212. जिनको सुन कर सपनों से भरी नींद आ जाये।

के मर्ज़ का कोई इलाज नज़र नहीं आ रहा है। इस तरह देखा जाये तो साहिर की नज़्म आज भी उतनी ही मौज़ूँ है।

मेरी नाकाम मोहब्बत की कहानी मत छेड़
अपनी मायूस उमंगों का फ़साना न सुना

ज़िन्दगी तल्ख़ सही ज़हर सही सम ही सही
दर्द–ओ–आज़ार[213] सही जब्र सही ग़म ही सही

लेकिन इस दर्द–ओ–ग़म–ओ–जब्र की वुसअत को तो देख
ज़ुल्म की छाँव में दम तोड़ती ख़िल्क़त को तो देख

अपनी मायूस उमंगों का फ़साना न सुना
अपनी नाकाम मोहब्बत की कहानी मत छेड़

जल्सा–गाहों में ये दहशत–ज़दा सहमे अम्बोह[214]
रहगुज़ारों पे फ़लाकत–ज़दा[215] लोगों के गिरोह

भूक और प्यास से पज़–मुर्दा[216] सियह–फ़ाम ज़मीं
तीरा–ओ–तार मकाँ मुफ़लिस और बीमार मकीं[217]

नौ–ए–इन्साँ में ये सरमाया–ओ–मेहनत का तज़ाद[218]
अम्न–ओ–तहज़ीब के परचम तले क़ौमों का फ़साद

हर तरफ़ आतिश–ओ–आहन[219] का ये सैलाब–ए–अज़ीम
नित–नये तर्ज़ पे होती हुई दुनिया तक़सीम

लहलहाते हुए खेतों पे जवानी का समाँ
और दहक़ाने के छप्पर में न बत्ती न धुआँ

---

213. रोग, 214. भीड़, 215. भूखे, 216. मुरझाई हुई, 217. मकानों में रहने वाले, 218. लड़ाई–झगड़ा, 219. लोहा।

ये फ़लक–बोस मिलें दिलकश ओ सीमीं[220] बाज़ार
ये ग़लाज़त[221] पे झपटते हुए भूके नादार

दूर साहिल पे वो शफ़्फ़ाफ़ मकानों की क़तार
सरसराते हुए पर्दों में सिमटते गुलज़ार

दर–ओ–दीवार पे अनवार[222] का सैलाब–ए–रवाँ
जैसे इक शायर–ए–मदहोश के ख़्वाबों का जहाँ

ये सभी क्यूँ है ये क्या है मुझे सोचने दे
कौन इन्साँ का ख़ुदा मुझे कुछ सोचने दे

अपनी मायूस उमंगों का फ़साना न सुना
मेरी नाकाम मोहब्बत की कहानी मत छेड़

सुबहे नौ-रोज़

एक अमीर और एक ग़रीब की ज़िन्दगियाँ बिल्कुल अलग होती हैं। और, यह कोई नयी बात नहीं है। लेकिन साहिर अमीरी और ग़रीबी के बीच की इस लकीर को एक ख़ास नज़रिये से देखते हैं। यह नज़रिया उनके रोज़मर्रे से जुड़ा है। मसलन ग़रीबों की ज़िन्दगी में उत्सव और त्योहारों की कोई ख़ास अहमियत नहीं होती है। उनके लिए होली और दीवाली जैसे त्योहार ही बड़े त्योहार माने जाते हैं जबकि अमीर लोग जश्न मनाने का छोटा–से–छोटा मौक़ा भी हाथ से नहीं जाने देते हैं। वे नये साल के आने जैसी ख़ुशियाँ भी बड़े धूमधाम से मनाते हैं। ग़रीबों के लिए सभी दिन कमोबेश एक जैसे होते हैं क्योंकि वे हर एक रोज़ अपना अस्तित्व बचाये रखने की जद्दोजहद से जूझते रहते हैं। शायर अपनी नज़्म में एक तस्वीर का खाका खींचने की कोशिश करता है। यह खाका तकलीफ़देह और समाज के लिए शर्मिन्दगी की वजह दोनों है। नये साल का जश्न मनाया जा रहा है। राहों को ख़ूबसूरती से सजाया गया है। लोगबाग तोहफ़े दे रहे और ले रहे हैं लेकिन ग़रीबों के लिए यह दिन भी दूसरे दिनों के जैसा है।

220. चाँदी से सफ़ेद, 221. गन्दगी, 222. प्रकाशपूँजी।

एक किसान की जवान बेटी एक आलीशान बँगले से बाहर निकलती दिख रही है। वह अपने जोड़ों को सहला रही है क्योंकि किसी की हवस की प्यास बुझाने के लिए महज़ चन्द सिक्कों के एवज़ में उसने अभी–अभी अपने जिस्म का सौदा किया है। सड़क पर भूखे बच्चे मोटरगाड़ियों के इर्दगिर्द खेल रहे हैं। नये साल की पहली सुबह एक उदासी का नज़ारा पेश करती है जिसकी जड़ें आर्थिक असमानता की मिट्टी में पनपी हैं।

फूट पड़ीं मशरिक़ से किरनें
हाल बना माज़ी का फ़साना
गूँजा मुस्तक़बिल का तराना
भेजे हैं अहबाब ने तोहफ़े
अटे पड़े हैं मेज़ के कोने
दुल्हन बनी हुई हैं राहें
जश्न मनाओ साल–ए–नौ के
निकली है बँगले के दर से
इक मुफ़लिस दहक़ान की बेटी
अफ़्सुर्दा मुरझाई हुई सी
जिस्म के दुखते जोड़ दबाती
आँचल से सीने को छुपाती
मुट्ठी में इक नोट दबाये
जश्न मनाओ साल–ए–नौ के
भूके ज़र्द गदागर बच्चे
कार के पीछे भाग रहे हैं
वक़्त के पहले जाग उठे हैं
पीप भरी आँखें सहलाते
सर के फोड़ों को खुजलाते
वो देखो कुछ और भी निकले
जश्न मनाओ साल–ए–नौ के

लम्हा-ए-ग़नीमत

यह पश्चिमी गोलार्द्ध में परेशान करने वाली कुछ सियासी घटनाओं को रेखांकित करने के उद्देश्य से लिखी गयी एक छोटी–सी नज़्म है।

साम्राज्यवादी ताक़तों और फ़ासीवादियों के बीच जंग छिड़ी हुई है जिसकी वजह से दोनों तरफ़ भारी तबाही हुई है। इसी बीच साम्राज्यवादी खेमे में एक तीव्र वैचारिक विभाजन भी दिख रहा है। "पुराने जुआघरों में लोग आपस में बहसों में मुब्तिला हैं। लोहे की भारी बेड़ियों में अब जंग लगने लगी है। आज़ादी की साँस लो, यह एक यादगार लम्हा है।" शायर का सन्देश बहुत सीधा–सादा है : दबे–कुचलों की ज़्यादा फ़िक्र मत करो क्योंकि ज़ुल्म ढाने वालों को ख़ुद अपने किये की सज़ा मिल रही है। तुम सबके लिए यही सबसे बड़ी राहत की ख़बर है।

मुस्कुरा ऐ ज़मीन तीरा ओ तार[223]
सर उठा के दबी हुई मख़्लूक़[224]
देख वो मग़रिबी उफ़ुक़ के क़रीब
आँधियाँ पेच–ओ–ताब[225] खाने लगीं
और पुराने क़िमार[226] ख़ाने में
कोहना[227] शातिर[228] बहम उलझने लगे
कोई तेरी तरफ़ नहीं निगराँ
ये गिराँ–बार सर्द ज़ंजीरें
ज़ंग–ख़ुर्दा हैं आह नीहिस ही सही
आज मौक़ा है टूट सकती हैं
फ़ुर्सत–ए यक–नफ़स[229] ग़नीमत[230] जान
सर उठा ऐ दबी हुई मख़्लूक़

मेरे गीत तुम्हारे हैं

यह एक मेहनतकशों के आन्दोलन को समर्पित की गयी नज़्म है। शायर उन दिनों को पीछे छोड़ चुका जब वह सिर्फ़ मोहब्बत और मोहब्बत की आज़माइशों के गीत लिखा करता था। अब उसके सामने एकदम नयी चुनौतियाँ हैं। मेहनतकश और कामगार सिर्फ़ अपने बूते पर पूँजीवाद के ख़िलाफ़ अपनी लड़ाई नहीं लड़ सकते हैं। उनको इस संघर्ष में एक साथी की ज़रूरत है–एक ऐसे गीतकार की ज़रूरत है जो उनको आगे बढ़ने

---

223. अन्धकार, 224. सृष्टि, 225. गड़बड़, 226. जुआ, 227. पुराने, 228. शतरंज के खिलाड़ी, 229. साँस की ख़ातिर, 230. वरदान।

का हौसला दे सके। शायर ख़ुद को और अपनी नज़्मों को ख़ुशी–ख़ुशी इस मक़सद के लिए उनके सुपुर्द कर देना चाहता है।

अब तक मेरे गीतों में उम्मीद थी पसपाई[231] भी
मौत के क़दमों की आहट भी जीवन की अँगड़ाई भी
मुस्तक़बिल की किरनें भी थीं हाल की बोझल ज़ुल्मत भी
तूफ़ानों का शोर भी था और ख़्वाबों की शहनाई भी

आज से मैं अपने गीतों में आतिश–पारे भर दूँगा
मद्धम लचकीली तानों में जीवट धारे भर दूँगा
जीवन के अँधियारे पथ पर मिशअल लेकर निकलूँगा
धरती के फैले आँचल में सुर्ख़ सितारे भर दूँगा

आज से ऐ मज़दूर किसानो मेरे गीत तुम्हारे हैं
फ़ाक़ा–कश इन्सानों मेरे जोग–बहाग तुम्हारे हैं
जब तक तुम भूके नंगे ये नग़्मे ख़ामोश न होंगे
जब तक बे–आराम हो तुम ये नग़्मे राहत–कोष[232] न होंगे

मुझको इसका रंज नहीं है लोग मुझे फ़नकार न मानें
फ़िक्र–ओ–फ़न के ताजिर मेरे शेरों को अशआर न मानें
मेरा फ़न मेरी उम्मीदें आज से तुमको अर्पन हैं
आज से मेरे गीत तुम्हारे दुख और सुख का दर्पन हैं

तुम से कुव्वत ले कर अब मैं तुम को राह दिखाऊँगा
तुम परचम लहराना साथी मैं बरबत पर गाऊँगा
आज से मेरे फ़न का मक़सद ज़ंजीरें पिघलाना है
आज मैं शबनम के बदले अंगारे बरसाऊँगा

मगर ज़ुल्म के ख़िलाफ़

यह नज़्म ज़ुल्म से लड़ने के सबसे कारगर तरीक़े को खोजने की कोशिश करती है। चूँकि गाँधी यह मानते थे कि हिंसा का उत्तर अहिंसा से देना

---

231. हार, 232. सुखदायी।

ही मुनासिब है लिहाज़ा ज़ुल्म करने वालों से जंग करना गाँधीवाद के ख़िलाफ़ है। लेकिन चूँकि साहिर जैसे तरक़्क़ीपसन्द शायर साम्यवाद में गहरा विश्वास रखते थे इसलिए उनकी नज़्में अक्सर ख़ून के बदले ख़ून और गोली के बदले गोली के तरीक़े की वकालत करती थीं। लेकिन साहिर की नज़्म में जंग का मक़सद एकदम अलग था। यह सिर्फ़ आज़ादी के लिए लड़ी जाने वाली जंग नहीं थी बल्कि पूँजीवाद से की जाने वाली जंग थी, इसलिए लेनिन, माओ और कास्त्रो जैसे साम्यवादी नेताओं ने हिंसा को ज़ायज ठहराया था।

हम अम्न चाहते हैं मगर ज़ुल्म के ख़िलाफ़
गर जंग लाज़िमी है तो फिर जंग ही सही
ज़ालिम को जो न रोके वो शामिल है ज़ुल्म में
क़ातिल को जो न टोके वो क़ातिल के साथ है

हम सर–ब–कफ़[233] उठे हैं कि हक़[234] फ़तह–याब हो
कह दो उसे जो लश्कर–ए–बातिल[235] के साथ है
उस ढंग पर है ज़ोर तो ये ढंग ही सही
ज़ालिम की कोई ज़ात न मज़हब न कोई क़ौम

ज़ालिम के लब पे ज़िक्र भी इनका गुनाह है
फलती नहीं है शाख–ए–सितम इस ज़मीन पर
तारीख़ जानती है ज़माना गवाह है
कुछ कोर–बतिनों[236] की नज़र तंग ही सही

ये ज़र की जंग है न ज़मीनों की जंग है
ये जंग है बक़ा के उसूलों के वास्ते
जो ख़ून हमने नज्र दिया है ज़मीन को
वो ख़ून है गुलाब के फूलों के वास्ते

फूटेगी सुबह–ए–अम्न लहू–रंग ही सही

---

233. मरने के लिए तैयार, 234. ख़ुदा, सच्चाई, 235. झूठ की फ़ौज, 236. जाहिल लोग।

ख़ून फिर ख़ून है

एक मरा हुआ लुमुम्बा एक जीवित लुमुम्बा से कहीं अधिक ताक़तवर होता है।

जवाहरलाल नेहरू

पैट्रिक लुमुम्बा 1960 में आज़ाद हुए अफ्रीकी देश कांगो के पहले चुने गये प्रधानमन्त्री थे। लेकिन उनके प्रधानमन्त्री बनने के तत्काल बाद कांगो में पूर्व औपनिवेशिक देश बेल्जियम द्वारा तख्तापलट किया गया। इस घटना के बाद ही पुराने शीतशत्रु संयुक्त राज्य और सोवियत संघ खुल्लमखुल्ला आमने–सामने आ गये। जब लुमुम्बा ने इस संकट की घड़ी में सोवियत संघ से मदद की गुहार लगाई पश्चिम के घोर समर्थक सेना प्रमुख जनरल मोबुटू ने उन्हें क़ैद कर लिया और बाद में युवा प्रधानमन्त्री को एक फिरंगी दस्ते द्वारा मौत की सज़ा दे दी गयी। दुनिया भर में इस कायरतापूर्ण घटना की कड़े शब्दों में निन्दा की गयी।

संयोग की बात है, उन्हीं दिनों दिल्ली में अन्तरराष्ट्रीय शान्ति पर एक कॉन्फ्रेंस का आयोजन हो रहा था। अली सरदार जाफरी, सज्जाद ज़हीर, ख्वाज़ा अहमद अब्बास, जाँ निसार अख़्तर और साहिर जैसे अनेक शायर और लेखक उस कॉन्फ्रेंस में शिरकत कर रहे थे। कार्यक्रम में एक शाम मुशायरे का भी आयोजन रखा गया था। जाफरी ने साहिर से गुज़ारिश की कि वे मौक़े की नज़ाकत को समझते हुए लुमुम्बा की हत्या पर एक नज़्म लिखें। साहिर ने जवाब दिया कि उन्होंने इस दृष्टिकोण से कभी सोचा ही नहीं था। जाफरी हार मानने के लिए हरगिज़ तैयार नहीं थे। वे साहिर के लिए एक चिकेन सैंडविच, एक बोतल बियर और सिगरेट की एक डिब्बी लेकर आये और साहिर को एक कमरे में बन्द करते हुए कहा, "कमरे का दरवाज़ा अब चार घण्टे बाद खुलेगा। उम्मीद है, तब तक तुम नज़्म के साथ तैयार मिलोगे।" यह योजना काम कर गयी। साहिर नयी नज़्म के साथ तैयार थे और वह उनकी लिखी हुई बेहतरीन इन्क़लाबी नज़्मों में एक मानी जाती है। *(वर्मा एंड आबिद 2014 : 212)*

ज़ुल्म करने के पास मज़लूमों का ख़ून पीने के कई तरीक़े होते हैं–वह किसी पर भी सितम ढा सकता है, किसी का भी क़त्ल कर सकता या फिर

किसी के भी जिस्म के टुकड़े कर सकता है। लेकिन जो भी इस ज़ुल्म के शिकार होते हैं उनका लहू कभी बेकार नहीं जाता है। यह बेशक जम सकता है, इसका आकार भी बदल सकता है लेकिन शोषक की कायरता के सबूत के तौर पर यह हमेशा मौजूद रहता है। मज़लूम की देह से बहता हुआ लहू आख़िरकार उस औज़ार में तब्दील हो जाता है जो एक दिन शोषक के पतन का ज़िम्मेदार बन जाता है। यह बार–बार और बुलन्द आवाज़ में पढ़ी जाने वाली नज़्मों में शुमार है।

ज़ुल्म फिर ज़ुल्म है बढ़ता है तो मिट जाता है
ख़ून फिर ख़ून है टपकेगा तो जम जायेगा

ख़ाक–ए सहरा[237] पे जमे या कफ़–ए[238] क़ातिल पे जमे
फ़र्क़–ए इन्साफ़[239] पे या पा–ए सलासिल[240] पे जमे
तेग–ए बे–दाद[241] पे या लाशा–ए बिस्मिल[242] पे जमे
ख़ून फिर ख़ून है टपकेगा तो जम जायेगा

लाख बैठे कोई छुप–छुप के कमीं–गाहों[243] में
ख़ून ख़ुद देता जल्लादों के मस्कन[244] का सुराग़
साजिशें लाख उड़ाती रहें ज़ुल्मत की नकाब
ले के हर बूँद निकलती है हथेली पे चराग़

ज़ुल्म की क़िस्मत–ए नाकारा ओ रुस्वा से कहो
जब्र की हिकमत–ए परकार[245] की लैला से कहो
महमिल–ए मजलिसे अक़्वाम[246] की लैला से कहो
ख़ून दीवाना है दामन पे लपक सकता है
शोला–ए तुंद है ख़िर्मन[247] पे लपक सकता है

तुमने जिस ख़ून को मक़तल में दबाना चाहा
आज वो कूचा–ओ–बाज़ार में आ निकला है

---

237. रेगिस्तान की मिट्टी पर, 238. हाथ, 239. इन्साफ़ के लिए, 240. पाँव की ज़ंजीर, 241. ज़ुल्म की तलवार पर, 242. मरे हुए की लाश पर, 243. छुपने की जगह, 244. घर, 245. दिव–सूचक बुद्धि, 246. जहाँ सब देश मिल–जुलकर बातचीत करते हैं, 247. फ़सल।

कहीं शोला कहीं नारा कहीं पत्थर बन कर
ख़ून चलता है तो रुकता नहीं संगीनों से
सर उठाता है तो दबता नहीं आईनों से

ज़ुल्म की बात ही क्या ज़ुल्म की औकात ही क्या
ज़ुल्म बस ज़ुल्म है आगाज़ से अंजाम तलक
ख़ून फिर ख़ून है सौ शक्ल बदल सकता है
ऐसी शक्लें कि मिटाओ तो मिटाये न बने
ऐसे शोले कि बुझाओ तो बुझाये न बने
ऐसे नारे कि दबाओ तो दबाये न बने

आवाज़-ए-आदम

यह एक विशुद्ध प्रगतिशील नज़्म है जो श्रमिक–वर्ग की मेहनत का गुणगान करती है और उनके पुरुषार्थ, उत्पादन और निर्माण में उसकी भूमिका और श्रम के प्रति उसके समर्पण–भाव की तारीफ़ में लिखी गयी है। लेकिन बदक़िस्मती से इस पूँजीवादी व्यवस्था में उनकी आवाज़ कुचल दी जाती है। उन्हें उनका वाज़िब हक देने से इनकार कर दिया जाता है। पुरानी व्यवस्था की विदाई और इंक़लाब का परचम लहराने के साथ ही आम जनता की आवाज़ अधिक बुलन्द और साफ़ सुनाई देने लगेगी।

दबेगी कब तलक आवाज़–ए–आदम हम भी देखेंगे
रुकेंगे कब तलक जज़्बात–ए–बरहम[248] हम भी देखेंगे
चलो यूँ ही सही ये जौर–ए–पैहम हम भी देखेंगे

दर–ए–ज़िन्दां से देखें या उरूज–ए–दार[249] से देंखे
तुम्हें रुस्वा सर–ए–बाज़ार–ए–आलम हम भी देखेंगे
ज़रा दम लो मआल–ए–शौकत–ए–जम[250] हम भी देखेंगे

---

248. बिखरे हुए, 249. वह जगह जहाँ फाँसी दी जाती है, 250. बादशाह जमशेद की शान की ओर इशारा।

ये जोम–ए–कुव्वत–ए–फौलाद–ओ–आहन[251] देख लो तुम भी
ब–फ़ैज़–ए जज़्बा–ए–ईमान–ए–मोहकम[252] हम भी देखेंगे
जबीन–ए–कज–कुलाही[253] ख़ाक पर ख़म हम भी देखेंगे

मुकाफ़त–ए[254]–अमल तारीख़–ए–इन्साँ की रिवायत है
करोगे कब तलक नावक[255] फ़राहम हम भी देखेंगे
कहाँ तक है तुम्हारे ज़ुल्म में दम हम भी देखेंगे

ये हंगाम–ए–विदा–ए–शब है ज़ुल्मत के फ़रज़न्दों
सहर के दोश पर गुलनार[256] परचम हम भी देखेंगे
तुम्हें भी देखना होगा ये आलम हम भी देखेंगे

सामन्तवादी व्यवस्था

साहिर एक ज़मींदार परिवार में जन्मे थे। लेकिन उनके बचपन में ही उनकी अम्मी उन्हें परिवार से दूर ले गयी थीं। शायद इसीलिए उनको ज़मींदारों के ख़ानदान के तौर–तरीक़ों का कोई तजुर्बा नहीं था। अलबत्ता अपनी अम्मी और दोस्तों की ज़ुबानी उन्होंने ज़मींदारों की ऐय्याशियों के क़िस्से ज़रूर सुन रखे थे। वे अच्छी तरह यह जानते थे कि ज़मींदार लोग अपनी हवस को मिटाने की गरज़ से ग़रीब किसानों की औरतों और बेटियों को अपनी निजी मिल्कियत की तरह इस्तेमाल किया करते थे। साहिर जानते थे कि उनकी अम्मी से शादी करने के पहले भी उनके बाप ने दस शादियाँ की थीं। इस खण्ड में वे नज़्में शामिल हैं जो उस सामन्ती व्यवस्था की त्रासद और घिनौनी तस्वीर पेश करती हैं, संयोगवश आज़ादी के बाद अनेक भूमि सुधार क़ानूनों के बाद जिसका अवसान हो गया।

सरज़मीन-ए-यास

यह दुःख, स्मृति, निराशा और अवसाद की नज़्म है। जिस निराशा के साथ यह नज़्म शुरू होती है, उस निराशा की परछाईं पूरी नज़्म पर आख़िर तक दिखती है। यह बिछुड़े हुए दोस्तों की याद और निराशा की नज़्म है। इन दोस्तों में वे भी शामिल हैं जिन्हें मौत ने छीन लिया है। इन स्मृतियों

---

251. लोहे की ताक़त, 252. अपने ईमान को सामने रखते हुए, 253. थोड़ी टेढ़ी टोपी या पगड़ी पहनने वाला आदमी, 254. काम करने का वेतन, 255. तीर, 256. अनार।

में साहिर के बचपन का मोहल्ला, उनके कॉलेज के दिन और उन दिनों की वीनस सरीखी वे ख़ूबसूरत लड़कियाँ शामिल हैं जिनसे उन्होंने कभी मोहब्बत की थी। ये स्मृतियाँ उनके दिल में एक टीस सी चुभती हैं और उनकी आँखों से ख़ून के आँसू बन कर बहती हैं। आख़िरी हिस्से में शायर नज़्म को एक नाटकीय मोड़ देता है और गाँव के किसानों की उन जवान बेटियों की तरफ़ हमारा ध्यान ले जाता है जिनको अपनी ग़रीबी के कारण ज़िन्दगी में बहुत सारे समझौते करने पड़े होंगे। इस मोड़ के बाद नज़्म में व्यक्त पीड़ा शायर की निजी नहीं रह जाती है बल्कि एक सार्वजनिक दुःख और पीड़ा में तब्दील हो जाती है। यह अपने ही लोगों के दिये हुए दुःख और पीड़ाएँ हैं। जब शायर ऐसी किसी जवान लड़की को सड़कों पर भटकता हुआ देखता है तो उसका सर शर्म से झुक जाता है। जिसे वह सिर्फ़ अपनी तकलीफ़ समझता था, दरअसल उसके पीछे समाज और सियासत की गहरी साजिश है। साहिर अपनी नज़्मों में कहन में इस बदलाव के तकनीक के उस्ताद माने जाते हैं और वे इस हुनर को ऐसी महारत के साथ अंजाम देते हैं कि पढ़ने वाला उन नज़्मों से जज़्बाती तौर पर जुड़ा हुआ महसूस करने लगता है।

जीने से दिल बेज़ार है
हर साँस इक आज़ार है

कितनी हजीं है ज़िन्दगी
अंदोह–गीं[257] है ज़िन्दगी

वो बज़्म–ए–अहबाब–ए–वतन
वो हम–नवा यान–सुख़न[258]

आते हैं जिस दम याद अब
करते हैं दिल नाशाद अब

गुज़रीं हुई रंगीनियाँ
खोयी हुई दिलचस्पियाँ

257. दुःखित, 258. एक जैसे शे'र कहने वाले शायर।

पहरों रुलाती हैं मुझे
अक्सर सताती हैं मुझे

वो ज़मज़मे वो चहचहे
वो रूह–अफ़ज़ा क़हक़हे

जब दिल को मौत आयी न थी
यूँ बे–हिसी छायी न थी

कॉलेज की रंगीं वादियाँ
वो दिलनशीं आबादियाँ

वो नाज़नीनान–ए–वतन[259]
ज़ोहरा–जबीनान–ए–वतन[260]

जिनसे इकरंगी क़बा[261]
आतिश–नफ़स[262] आतिश–नवा[263]

कर के मोहब्बत आश्ना
रंग–ए–अक़ीदत आश्ना

मेरे दिल–ए–नाकाम को
खूँ–गश्ता–ए आलाम को[264]

दाग़–ए–जुदाई दे गयी
सारी ख़ुदाई ले गयी

उन साअतों[265] की याद में
उन राहतों की याद में

---

259. देश की नाज़ुक–अन्दाज़ ख़ूबसूरती, 260. वीनस जैसी ख़ूबसूरत लड़कियाँ, 261. लिबास, 262. साँसों में गर्मी, 263. आवाज़ में गर्मी, 264. मुसीबतों में घिरे हुए, 265. समय।

मग्मूम सा रहता मैं
ग़म की कसक सहता हूँ मैं

सुनता हूँ जब अहबाब से
क़िस्से गम़–ए–अय्याम के

बेताब हो जाता हूँ मैं
आहों में खो जाता हूँ मैं

फिर वो अज़ीज़ ओ अक़रिबा[266]
जो तोड़ कर अहद–ए–वफ़ा

अहबाब से मुँह मोड़ कर
दुनिया से रिश्ता तोड़ कर

हद्द–ए–उफ़ुक़[267] से उस तरफ़
रंग–ए–शफ़क़[268] से उस तरफ़

इक वादी–ए–ख़ामोश की
इक आलम–ए–बेहोश की

गहराइयों में सो गये
तारीकियों में खो गये

उनका तस्सवुर न–गहाँ
लेता है दिल में चुटकियाँ

और ख़ूँ रुलाता है मुझे
बे–कल बनाता है मुझे

---

266. दोस्त, यार, सम्बन्धी, 267. जहाँ धरती और आकाश का मिलन हो उस सीमा तक, 268. इन्द्रधनुष के रंग।

वो गाँव की हम–जोलियाँ
मफ़लूक दहकाँ–ज़ादीयाँ[269]

जो दस्त–ए–फ़र्त–ए–यास[270] से
और यूरिश–ए–अफ़लास[271] से

इस्मत लुटा कर रह गयी
ख़ुद को गँवा कर रह गयी

ग़मगीं जवानी बन गयी
रुस्वा कहानी बन गयी

उनसे कभी गलियों में अब
होता हूँ मैं दो–चार जब

नज़रें झुका लेता हूँ मैं
ख़ुद को छुपा लेता हूँ मैं

कितनी हज़ीं हैं ज़िन्दगी
अंदोह–गीं है ज़िन्दगी

जागीर

अगर हम किसी ऐसी नज़्म की तलाश में हैं जिसका ताल्लुक़ साहिर की पारिवारिक पृष्ठभूमि से है तो हमें जागीर ज़रूर पढ़नी चाहिए। जैसा कि हम जानते हैं, साहिर के पिता एक जागीरदार थे जिन्हें ब्रितानी हुकूमत के लिए वफ़ादारी के एवज़ में ज़मीन का एक बड़ा टुकड़ा बतौर जागीर मिला था। जागीरों से उनको हर एक साल अच्छी–ख़ासी आमदनी होती थी लिहाज़ा जागीरदार अपनी ज़िन्दगियाँ ऐयाशी और शानोशौक़त के साथ गुज़ारते थे। साहिर की माँ से शादी करने से पहले उन्होंने भी तक़रीबन दस शादियाँ की थीं। जागीरदारों के यहाँ खेती करने वाले छोटे

269. ग़रीब किसानों की बेटियाँ, 270. अपने मायूस हाथों, 271. ग़रीबी में जकड़ी हुई।

किसानों की हैसियत एक ग़ुलाम से ज़्यादा नहीं होती थी। उनके कहीं भी आने–जाने पर बन्दिश थी और उनको जो आमदनी होती थी उससे उनका गुज़ारा बमुश्किल हो पाता था। ऐसी स्थिति में उनकी बीवी–बेटियों का दैहिक शोषण एक सामान्य बात थी। इस नज़्म को पढ़ते हुए हम एक जागीरदार के बेटे की निगाह से दुनिया को देखते हैं, और हमें यह बात भी समझ में आती है कि साहिर अपने पिता से इतनी ज़्यादा नफ़रत क्यों करते थे।

फिर उसी वादी–ए–शादाब[272] में लौट आया हूँ
जिनमें पिन्हाँ मिरे ख़्वाबों की तरब–गाहें[273] हैं
मेरे अहबाब के सामान–ए–ताय्युश[274] के लिए
शोख़ सीने हैं जवाँ जिस्म हसीं बाँहें हैं

सब्ज़ खेतों में ये दुबकी हुई दो शीज़ाएँ
इनकी शिरयानों में[275] किस किस का लहू जारी है
किस में जुरअत[276] है कि इस राज़ की तशहीर करे
सब के लब पर मेरी हैबत[277] का फ़ुसूँ तारी है

हाए वो गर्म ओ दिल–आवेज़ उबलते सीने
जिन से हम सतवत–ए–आबा[278] का सिला लेते हैं
जाने उन मरमरीं जिस्मों को ये मरियल दहक़ाँ
कैसे इन तीरा घरोंदों में जनम देते हैं

ये लहकते हुए पौदे ये दमकते हुए खेत
पहले अज्दाद[279] की जागीर थे अब मेरे हैं
ये चारा–गाह ये रेवड़ ये मवेशी ये किसान
सब के सब मेरे हैं सब मेरे हैं सब मेरे हैं

इनकी मिहनत भी मिरी हासिल–ए–मेहनत भी मिरा
इनके बाज़ू भी मिरे कुव्वत–ए–बाज़ू भी मिरा

---

272. नौजवानी की वादी, 273. ख़ुशी के ठिकाने, 274. ऐशपरस्ती का सामान, 275. रगों, 276. हिम्मत, 277. आतंक, 278. अपने पुरखों के बड़े होने का, 279. पुरखों।

मैं ख़ुदाबन्द[280] हूँ उस वुसअत–ए बे–पायाँ[281] का
मौज–ए–आरिज़[282] भी मिरी निकहत–ए–गेसू[283] भी मिरी

मैं उस अज़्दाद का बेटा हूँ जिन्होंने पैहम
अजनबी क़ौम के साये की हिमायत की है
उज़्र की साअत–ए–नापाक[284] से ले कर अब तक
हर कड़े वक़्त में सरकार की ख़िदमत की है

ख़ाक पर रेंगने वाले ये फ़सुर्दा ढाँचे
इनकी नज़रें कभी तलवार बनी हैं न बनीं
इनकी ग़ैरत पे हर इक हाथ झपट सकता है
इनके अबरू की कमानें न तनी हैं न तनीं

हाए ये शाम ये झरने ये शफ़क़ की लाली
मैं इन आसूदा[285] फ़ज़ाओं में ज़रा झूम न लूँ
वो दबे पाँव इधर कौन चली आती है
बढ़ के उस शोख़ के तर्शे हुए लब चूम न लूँ

शहज़ादे

बड़े ज़मींदार, ब्रितानी हुकूमत के प्रति अपनी वफ़ादारी और ग़रीब–भूमिहीन किसानों पर उनके ज़ुल्मो–सितम–यह नज़्म किसी भी नज़र से *जागीर* से ज़्यादा अलग नहीं है। यह ऐयाशी और शानोशौक़त के साथ ज़िन्दगी बसर करने वाले अमीर तबकों पर एक तीखा प्रहार है। समाज के इस कुलीन तबके को जन्म देने और फलने–फूलने में ब्रितानी राज का हाथ था और उनके ख़िलाफ़ उभरता हुआ इंक़लाब इस तबके के ख़ात्मे के लिए कृतसंकल्प था। शायर उसे आगाह करता है कि दुनिया बहुत तेज़ी से बदल रही है और शोषक वर्ग इस बदलाव से अपरिचित हैं। वह उनसे कहता है : "तुम देर बहुत देर तलक सोये रहो"।

---

280. मालिक, 281. इस सारे आकार का, 282. गालों की बहार, 283. बालों की हवा, 284. शुरू से आख़िर तक, 285. सन्तुष्ट।

ज़ेहन में अज़्मत–ए–अज़्दाद[286] के क़िस्से ले कर
अपने तारीक घरोंदों के ख़ला में खो जाओ
मरमरीं ख़्वाबों की परियों से लिपट कर सो जाओ
अब्र पारों पे चलो, चाँद सितारों में उड़ो
यही अज़्दाद से वर्से में मिला है तुम को

दूर मग़रिब की फ़ज़ाओं में दहकती हुई आग
अहल–ए–सरमाया की आवेज़िश–ए–बाहम[287] न सही
अहल–ए–सरमाया–ओ–मेहनत ही सही

दूर मग़रिब में है मशरिक़ की फ़ज़ा में तो नहीं
तुम को मग़रिब के बखेड़ों से भला क्या लेना

तीरगी ख़त्म हुई सुर्ख़ शुआएँ फैलीं
दूर मग़रिब में फ़ज़ाओं के तराने गूँजे
फ़तह–ए–ज़म्हूर[288] के इन्साफ़ के आज़ादी के
साहिल–ए–शर्क़[289] पे गैसों का धुआँ छाने लगा
आग बरसाने लगे अजनबी तोपों के दहन
ख़्वाब–गाहों की छतें गिरने लगीं

अपने बिस्तर से उठो
नये आक़ाओं[290] की ताज़ीम[291] करो
और फिर अपने घरोंदों के ख़लाओं में खो जाओ
तुम देर बहुत देर तलक सोये रहो

औरतों का शोषण

साहिर की अम्मी को ज़िन्दगी में जो कुछ भी देखना पड़ा, उस नज़रिये से इस नतीजे पर आराम से पहुँचा जा सकता है कि भारतीय समाज में

286. अपने पुरखों के बड़ेपन, 287. आपसी लड़ाई, 288. लोकतन्त्र की जीत, 289. पूरबी किनारे पर, 290. मालिकों, 291. सम्मान।

एक जवान औरत के साथ कैसा बर्ताव किया जाता है। साहिर ने अपने लेखन–कौशल को औरतों के साथ हुई ज़्यादतियों और ज़ुल्म के ख़िलाफ़ एक जागरूकता पैदा करने के लिए बड़े कारगर तरीक़े से इस्तेमाल किया। मर्दों ने ही औरतों के लिए सामाजिक नियम बनाये और उन्हें उन नियमों को मानने के लिए मजबूर किया। अपनी मनमानी प्रवृत्तियों को दृढ़ बनाने के लिए उन्होंने धार्मिक रूढ़ियों तक का भी सहारा लिया। अभी भी अपने विरुद्ध रचे गये अन्यायपूर्ण समाज और धार्मिक व्यवस्थाओं को अपना दुर्भाग्य मान कर स्वीकार करने के सिवा औरतों के पास कोई अन्य विकल्प नहीं है। क़ानून और ज़मीन उनके अधिकारों का दावा तो करते हैं लेकिन व्यवहार में उनके शोषण का कोई समाधान उनके पास भी नहीं है।

औरत ने जन्म दिया मर्दों को

इस नज़्म को गुरुदत्त ने अपनी फ़िल्म *प्यासा* में गाया था। अपने अर्थगर्भिता के कारण इसने पूरे देश की संवेदना को गहरे रूप में छुआ। आज पचास साल बाद स्थितियाँ बहुत बदल चुकी हैं। अब औरतों को पढ़ाया–लिखाया जा रहा है और वे अपने लिए रोज़गार भी तलाशने में कामयाब हो रही हैं। लेकिन अब भी शहरी इलाक़ों में जिस्मफ़रोशी को पूरी तरह ख़त्म किये जाने, बराबर काम के बदले बराबर भुगतान को सुनिश्चित करने और ग्रामीण क्षेत्रों में औरतों की शिक्षा का प्रसार करने जैसे बड़े और ज़रूरी काम किये जाने शेष हैं। उम्मीद है कि आने वाला कल औरतों की तरक़्क़ी के नये दरवाज़े खोलेगा लेकिन इस नाज़ुक मसले की यथास्थिति को तोड़ने का कुछ श्रेय साहिर को ज़रूर दिया जाना चाहिए।

औरत ने जनम दिया मर्दों को मर्दों ने उसे बाज़ार दिया
जब जी चाहा मसला कुचला जब जी चाहा दुत्कार दिया

तुलती है कहीं दीनारों से बिकती है कहीं बाजा़रों में
नंगी नचवाई जाती है अय्याशों के दरबारों में
ये वो बे–इज़्ज़त चीज़ जो बँट जाती है इज़्ज़तदारों में

औरत ने जनम दिया मर्दों को मर्दों ने उसे बाज़ार दिया

मर्दों के लिए हर ज़ुल्म रवा औरत के लिए रोना भी ख़ता
मर्दों के लिए हर ऐश का हक़ औरत के लिए जीना भी सज़ा
मर्दों के लिए लाखों सेजें, औरत के लिए बस एक चिता

औरत ने जनम दिया मर्दों को मर्दों ने उसे बाज़ार दिया

जिन सीनों ने इनको दूध दिया उन सीनों को *व्यापार* किया
जिस कोख में इनका जिस्म ढला उस कोख का कारोबार किया
जिस तन से उगे कोंपल बन कर उस तन को ज़लील–ओ–ख़्वार किया

संसार की हर इक बे–शर्मी गुर्बत की गोद में पलती है
चकलों ही में आ कर रुकती है फ़ाक़ों से जो राह निकलती है
मर्दों की हवस है जो अक्सर औरत के पाप में ढलती है

औरत ने जनम दिया मर्दों को मर्दों ने उसे बाज़ार दिया

औरत संसार की क़िस्मत है फिर भी तक़दीर की हेटी है
अवतार पयम्बर जन्नती है फिर भी शैतान की बेटी है
ये वो बद–क़िस्मत माँ है जो बेटों की सेज़ पे लेटी है

औरत ने जनम दिया मर्दों को मर्दों ने उसे बाज़ार दिया

चकले

यह नज़्म भी *प्यासा* में फ़िल्मायी गयी है और आम लोगों के ज़ेहन पर इसका गहरा असर पड़ा। यहाँ तक कि प्रधानमन्त्री नेहरू ने भी यह कहा कि इस नज़्म और सिनेमा में उसके फ़िल्मांकन ने उनको बहुत प्रभावित किया। यह औरत की ज़िन्दगी के सियाह पहलू को रेखांकित करती हुई नज़्म है। शायर अपने साथ पढ़ने वालों के भी नीमरौशनी में डूबी और बदबुओं में नहाई तंग गलियों में लिए जाता है जिनमें ज़िन्दा जिस्मों के गोश्त ख़रीदे–बेचे जाते हैं। कमरे के भीतर के जिस दृश्य का वर्णन किया गया है वह बिल्कुल वास्तविक प्रतीत होता है। फूलों का गजरा लपेटी हुई कलाइयाँ, हँसने की आवाज़ें, बलगम और पान की

पीकों के छींटे, तबलों की थाप और छातियों को पकड़ने की ख़्वाहिशों में आगे बढ़ी हुई हथेलियाँ—इन दृश्यों के कोलाज पढ़ने वालों को मानवीय पीड़ा की उस दुनिया में ले जाते हैं जहाँ इन्सानियत बेबस दिखती है। उन औरतों के अपने हालात से बच निकलने का कोई रास्ता मौजूद नहीं है। इस नज़्म में जिस टेक *सना—ख़्वान—ए—तक्दीस—ए—मशरिक़ कहाँ है* का इस्तेमाल हुआ है। धर्म और नैतिकता के उन ठेकेदारों पर सीधा हमला करते जो औरतों और लड़कियों की तकलीफ़ों की तरफ़ से न सिर्फ़ अपनी नज़रें फेर लेते हैं बल्कि उनकी अस्मत और इज़्ज़त पर तोहमत लगाने से भी बाज नहीं आते। शायर उन पर लानत भेजने में कोई कसर नहीं उठा रखता है। अपनी इन्हीं नज़्मों की वजह से साहिर को औरतों के हक़ में खड़े चुनिन्दा प्रतिनिधि शायरों में गिना जाता है। साहिर को इस बात का भी भरोसा है कि औरतें अगर चाहें तो इस ज़ुल्म से आज़ाद होकर अपनी ज़िन्दगी बसर कर सकती हैं।

ये कूचे ये नीलाम घर दिलकशी के
ये लुटते हुए कारवाँ ज़िन्दगी के

कहाँ हैं कहाँ हैं मुहाफ़िज़ ख़ुदी के
सना—ख़्वान—ए—तक्दीस—ए—मशरिक़ कहाँ हैं[292]

ये पुर—पेच गलियाँ ये बे—ख़्वाब बाज़ार
ये गुमनाम राही ये सिक्कों की झंकार

ये इस्मत के सौदे ये सौदों पर तकरार
सना—ख़्वान—ए—तक्दीस—ए—मशरिक़ कहाँ हैं

तअफ्फुन[293] से पुर नीम—रौशन ये गलियाँ
ये मसली हुई अधखिली ज़र्द कलियाँ

---

292. पूरब की सभ्यता के रक्षक कहाँ हैं?, 293. गन्दगी।

ये बिकती हुई खोखली रंग–रलियाँ
सना–ख़्वान–ए–तक्दीस–ए–मशरिक़ कहाँ हैं

वो उजले दरीचों में पायल की छनछन
तनफ्फुस[294] की उलझन पे तबले की धनधन

ये बे–रूह कमरों में खाँसी की ठनठन
सना–ख़्वान–ए–तक्दीस–ए–मशरिक़ कहाँ हैं

ये गूँजे हुए क़हक़हे रास्तों पर
ये चारों तरफ़ भीड़ सी खिड़कियों पर

ये फूलों के गजरे ये पीकों के छींटे
ये बाक नज़रें ये गुस्ताख़ फ़िक़रे

ये ढलके बदन और ये मदक़ूक़[295] चेहरे
सना–ख़्वान–ए–तक्दीस–ए–मशरिक़ कहाँ हैं

ये भूकी निगाहें हसीनों की जानिब
ये बढ़ते हुए हाथ सीनों की जानिब

लपकते हुए पाँव ज़ीनों की जानिब
सना–ख़्वान–ए–तक्दीस–ए–मशरिक़ कहाँ हैं

यहाँ पीर भी आ चुके हैं जवाँ भी
तनौ–मंद बेटे भी अब्बा मियाँ भी

ये बीवी भी है और बहन भी माँ भी
सना–ख़्वान–ए–तक्दीस–ए–मशरिक़ कहाँ हैं

---

294. साँस का रोग, 295. तपेदिक के रोगी।

मदद चाहती है ये हव्वा की बेटी
यशोदा की हम–जिंस राधा की बेटी

पयम्बर की उम्मत जुलेखा की बेटी
सना–ख़्वान–ए–तक्दीस–ए–मशरिक़ कहाँ हैं

बुलाओ खुदायान–दीं[296] को बुलाओ
ये कूचे ये गलियाँ ये मंज़र दिखाओ

सना–ख़्वान–ए–तक्दीस–ए–मशरिक़ को लाओ
सना–ख़्वान–ए–तक्दीस–ए–मशरिक़ कहाँ हैं

लोग औरत को फ़क़त जिस्म समझ लेते हैं

ज़्यादातर मर्द औरत को सिर्फ़ जिस्म समझते हैं और उनके लिए औरत फ़क़त उनकी हवस पूरी करने का एक ज़रिया है। लेकिन जिस्म से परे भी औरत का अपना एक वजूद है। उसके भीतर एक रूह भी है। उसमें भी ज़िन्दगी में बहुत कुछ करने की क़ाबिलियत होती है। मर्द की दुनिया उसके बिना अधूरी है और उसकी साझेदारी के बिना कुछ भी कर पाना मुमकिन नहीं है। औरत ने ही मानव सभ्यता की बुनियाद रखी है। साहिर ने यह बात एक औरत की ज़ुबान से बहुत ख़ूबसूरती के साथ रखी है।

लोग औरत को फ़क़त जिस्म समझ लेते हैं
रूह भी होती है उस में ये कहाँ सोचते हैं

रूह क्या होती है इस से उन्हें मतलब ही नहीं
वो तो बस तन के तक़ाज़ों का कहा मानते हैं

रूह क्या होती है इससे उन्हें मतलब ही नहीं
इस हक़ीक़त को न समझते हैं न पहचानते हैं

---

296. दीन ईमान के ख़ुदा।

कितनी सदियों से ये वहशत का चलन जारी है
कितनी सदियों से क़ायम ये गुनाहों का रिवाज

लोग औरत की हर इक चीख़ को नग़मा समझें
वो क़बीलों का ज़माना हो कि शहरों का रिवाज

जब्र से नस्ल बढ़े ज़ुल्म से तन मेल करें
ये अमल हम में है बे–इल्म परिन्दों में नहीं

हम जो इन्सानों की तहज़ीब लिए फिरते हैं
हम सा वहशी कोई जंगल के दरिन्दों में नहीं

इक बुझी रूह लुटे जिस्म के ढाँचे में लिए
सोचती हूँ मैं कहाँ जा के मुक़द्दर फोड़ूँ

नूरजहाँ के मज़ार पर

नूरजहाँ का जन्म अफ़ग़ानिस्तान के एक फ़ारसी जागीरदार के परिवार में हुआ था। उसकी शादी बहुत कम उम्र में हो गयी थी। उसका शौहर बिहार का सूबेदार था जो एक जंग में मारा गया। नूरजहाँ को एक छोटी बेटी थी और उसकी माली हालत भी बहुत अच्छी नहीं थी। बेवा होने के बाद वह आगरा चली आयी और वहाँ शाही महल में एक बाँदी की नौकरी करने लगी। इस बारे में इतिहासकारों के पास अपुष्ट जानकारी है कि बादशाह जहाँगीर शादीशुदा होने के बाद भी उससे प्यार करने लगा या बाद के सालों में उसके आगरा आने के बाद दोनों के बीच रिश्ते बने। सच्चाई जो भी रही हो, बहरहाल जहाँगीर ने नूरजहाँ को अपनी अट्ठारहवीं बेगम बनाने में ज़्यादा वक़्त नहीं गँवाया। इतिहास हमें यह ज़रूर बताता है कि दोनों की शादी बहुत कामयाब रही और नूरजहाँ जब तक ज़िन्दा रही, मुग़लिया सियासत पर उनका अच्छा–ख़ासा असर रहा।

बतौर साहिर को ऐतिहासिक घटनाओं की अधिक जानकारी नहीं थी। उन्होंने नूरजहाँ के माध्यम से सिर्फ़ यह बताने की कोशिश की है कि मुग़लकालीन शाही परिवार के मर्द अपनी हवस बुझाने के लिए औरत

और लड़कियों का किस तरह इस्तेमाल करते थे। नूरजहाँ के प्रति शायर के मन में कोई हमदर्दी नहीं है क्योंकि एक ताक़तवर शहंशाह की बेगम के तौर पर उसने एक शानोशौक़त से भरपूर ज़िन्दगी जी। लेकिन दूसरी औरतें उसकी तरह ख़ुशकिस्मत नहीं थीं क्योंकि वे अपनी ग़रीबी के हाथों मजबूर थीं और एक सामान्य जीवन भी जी सकने के अपने मामूली सपनों से कोसों दूर थीं। यहाँ हम दोबारा देखते हैं कि मज़लूम औरतों के हक़ में आवाज़ उठाने से साहिर कभी पीछे नहीं हटे। इतिहासकार जब इतिहास की घटनाओं के बारे में लिखते हैं तब उनमें सिर्फ़ मर्दों की जीत और हार का ब्यौरा होता है। औरतों की ज़िन्दगी और तकलीफ़ों की उनमें नहीं के बराबर जगह होती है।

पहलू–ए–शाह में ये दुख़्तर–ए–जम्हूर[297] की क़ब्र
कितने गुम–गश्ता फ़सानों का पता देती है
कितने ख़ूँ–रेज़ हकाएक से उठाती है नकाब
कितनी कुचली हुई जानों का पता देती है

कैसे मग़रूर शहंशाहों की तस्कीं के लिए
साल–हाँ–साल हसीनाओं के बाज़ार लगे
कैसे बहकी हुई नज़रों के तअय्युश[298] के लिए
सुर्ख़ महलों में जवाँ जिस्मों के अम्बार लगे

कैसे हर शाख़ से मुँह–बन्द महकती कलियाँ
नोच ली जाती थीं तज़ईन–ए–हरम[299] की ख़ातिर
और मुरझा के भी आज़ाद न हो सकती थीं
ज़िल्ल–ए–सुबहान की उल्फ़त के भरम की ख़ातिर

कैसे इक फ़र्द के होंटों की ज़रा–सी जुम्बिश
सर्द कर सकती थी बे–लौस वफ़ाओं के चराग
लूट सकती थी दमकते हुए हाथों का सुहाग
तोड़ सकती थी मय–ए–इश्क़ से लबरेज़ अयाग[300]

---

297. लोकतन्त्र की बेटी, 298. ऐशपरस्ती, 299. हरम की सजावट के लिए, 300. प्याले।

सहमी सहमी सी फ़ज़ाओं में वीराँ मरक़द[301]
इतना ख़ामोश है फ़रियाद–कुनाँ[302] हो जैसे
सर्द शाख़ों में हवा चीख़ रही हो ऐसे
रूह–ए–तक्दीस[303] वफ़ा मर्सियाँ–ख़्वाँ[304] हो जैसे

तू मिरी जान मुझे हैरत–ओ–हसरत से न देख
हम में कोई भी जहाँ–नूर–ओ–जहाँ–गीर नहीं
तू मुझे छोड़ के ठुकरा के भी जा सकती है
तेरे हाथों में मिरे हाथ हैं ज़ंजीर नहीं

गुज़रा हुआ कल, आज, आने वाला कल

साहिर एक आशावादी शायर थे। हालाँकि उन्होंने अपनी ज़िन्दगी में जैसी ग़रीबी, भूख और हिकारत को देखा–सुना था उसकी वजह उनके मन में एक तीखी तल्ख़ी भी थी, इसके बावजूद वे एक नयी सुबह की उम्मीद से भरे हुए थे। इस अंश में उनकी उम्मीदों से लबरेज़ नज़्मों को शामिल किया गया है, लेकिन अतीत की समस्याओं और उनके कारणों को लेकर उनके मन में कोई संशय नहीं था। वे जानते थे कि गुज़रा हुआ कल इन्सानी ख़ून और क़त्लों से और हमारा आज चुनौतियों से भरा है लेकिन हमारा आने वाला कल पुर–रौशन होगा। हमारी तकलीफ़ें जल्दी ही ख़त्म हो जायेंगी। एक धर्मनिरपेक्ष और लोकतान्त्रिक समाज की कोख में हमारे लिए एक बेहतर भविष्य होगा।

फिर वो ही कुंज-ए-क़फ़स

यह नज़्म ख़ुद में एक जीती–जागती राजनीतिक दस्तावेज़ है। 1940 का दशक है और यूरोप में जंग छिड़ चुकी है। बंगाल में भीषण अकाल पड़ गया है जिसमें हज़ारों लोग रोज़ मारे जा रहे हैं। इसका बुरा असर जंग–ए–आज़ादी पर पड़ा है और उसकी रफ़्तार थोड़ी सुस्त हो गयी है। नेताओं में भी वैचारिक मतभेद पैदा हो चुका है और उन्होंने अपने लिए अलग–अलग विकल्प चुन लिए हैं। मुल्क के बाँटे जाने की माँग की जा

---

301. क़ब्र, 302. फ़रियादी, 303. पवित्रता, 304. शोकगीत।

रही है और इस माँग के पक्ष में लोग पहले से तेज़ी से गोलबन्द होने लगे हैं। चारों ओर अनिश्चितता और संशय का माहौल है।

चन्द लम्हों के लिए शोर उठा डूब गया
कोहना ज़ंजीर–ए–ग़ुलामी[305] की गिरह कट न सकी
फिर वही सैल–ए–बला[306] है वही दाम–ए–अमवाज[307]
ना–ख़ुदाओं[308] में सफ़ीने की जगह बँट न सकी

टूटते देख के देरीना तअत्तुल[309] का फ़ुसूँ
नब्ज़–ए–उम्मीद–ए–वतन उभरी मगर डूब गयी
पेशवाओं की निगाहों में तज़ब्जुब[310] पाकर
टूटती रात के साये में सहर डूब गयी

मेरे महबूब वतन मेरे मुक़द्दर के ख़ुदा
दस्त–ए–अग्यार[311] में क़िस्मत की इनाँ[312] छोड़ गये
अपनी यक–तरफ़ा सियासत के तक़ाज़ों के तुफ़ैल
एक बार और तुझे नौहा–कुनाँ[313] छोड़ गये

फिर वही गोशा–ए–ज़िन्दाँ है वही तारीकी
फिर वही कोहना सलासिल वही ख़ूनीं झंकार
फिर वही भूक से इन्साँ की सतीज़ा–कारी[314]
फिर वही माओं के नौहे वही बच्चों की पुकार
तेरे रहबर तुझे मरने के लिए छोड़ चले
अर्ज़–ए–बंगाल! उन्हें डूबती साँसों से पुकार

बोल! चटगाँव की मज़लूम ख़मोशी कुछ बोल
बोल ऐ पीप से रिसते हुए सीनों की बहार
भूक और क़हत के तूफ़ान बढ़े आते हैं
बोल ऐ इस्मत–ओ–इफ़्फ़त[315] के जनाज़ों की क़तार

305. गुलामी की पुरानी ज़ंजीर, 306. मुसीबतों का सैलाब, 307. भँवर, चक्कर, 308. नाव खेने वाले, 309. गतिरोध, 310. सन्देह, 311. दूसरों के हाथों, 312. घोड़े की लगाम, 313. सोगवार, 314. कही–सुनी, 315. शुद्धता का गुण।

रोक उन टूटते क़दमों को उन्हें पूछ ज़रा
पूछ ऐ भूक से दम तोड़ते ढाँचों की क़तार
ज़िन्दगी जब्र के साँचों में ढलेगी कब तक
इन फ़ज़ाओं में अभी मौत पलेगी कब तक

आज

यह कामगारों के लिए लिखी गयी और उनको ही समर्पित नज़्म है। यह बहुत–कुछ *मेरे गीत तुम्हारे हैं* की तरह की नज़्म है जिसे हम यहाँ पहले भी पढ़ चुके हैं। इसके आख़िर में शायर यह सपना देखता है कि देश को विदेशी हुकूमत से आज़ादी मिल चुकी है और एक आज़ाद मुल्क के खेतों में 'सोने की फ़सल' लहलहा रही है। ऐसे में शायर वही कहता है जो वह हमेशा से कहता आया है। "मैं तुम्हारा नग़मानिगार हूँ और मेरी हर साँस तुम्हारे लिए है/जब जब मैं वापस लौटूँगा तब तब तुम्हारे लिए नये गीत लेकर आऊँगा।"

साथियो! मैंने बरसों तुम्हारे लिए
चाँद तारों बहारों के सपने बुने
हुस्न और इश्क़ के गीत गाता रहा
आरज़ूओं के ऐवाँ सजाता रहा
मैं तुम्हारा मुग़न्नी[316] तुम्हारे लिए
जब भी आया नये गीत लाता रहा
आज लेकिन मेरे दामन–ए–चाक में
गर्द–ए–राह–ए–सफ़र के सिवा कुछ नहीं
मेरे बरतन के सीने में नग़मों का दम घुट गया
तानें चीख़ों के अम्बार में दब गयी हैं
और गीतों के सफ़र हिचकियाँ बन गये हैं
मैं तुम्हारा मुग़न्नी हूँ नग़मा नहीं हूँ
और नग़मे की तख़्लीक़[317] का साज़–ओ–सामाँ
साथियो! आज तुमने भस्म कर दिया है
और मैं अपना टूटा हुआ साज़ थामे
सर्द लाशों के अम्बार को तक रहा हूँ

---

316. गीतकार, 317. उत्पन्न करना।

मेरे चारों तरफ़ मौत की वहशतें नाचती हैं
और इन्साँ की हैवानियत जाग उठी है
बरबरियत के ख़ूँ–ख़ार इफ़रीत[318]
अपने नापाक जबड़ों को खोले
ख़ून पी पी के गुर्रा रहे हैं

बच्चे माँओं की गोदों में सहमे हुए हैं
इस्मतें सर–बरहना परेशान हैं
हर तरफ़ शोर–ए आह ओ बुका है
और मैं इस तबाही के तूफ़ान में
आग और ख़ून के हैजान[319] में
सर–निगूँ और शिकस्ता मकानों के मलबे से पुर रास्तों पर
अपने नग़्मों की झोली पसारे
दर–ब–दर फिर रहा हूँ
मुझ को अम्न और तहज़ीब की भीक दो
मेरे गीतों की लय मेरा सफ़र मेरी नय
मेरे मजरूह होंटों को फिर सौंप दो
साथियो! मैंने बरसों तुम्हारे लिए
इंक़लाब और बग़ावत के नग़्मे अलापे
अजनबी राज के ज़ुल्म की छाँव में
सरफ़रोशी के ख़्वाबीदा जज़्बे उभारे
और उस सुबह की राह देखी
जिस में इस मुल्क की रूह आज़ाद हो
आज ज़ंजीर–ए महकूमियत[320] कट चुकी है
और इस मुल्क के बहर–ओ–बारबाम–ओ–दर
अजनबी क़ौम के ज़ुल्मत–अफ़्शाँ फरेरे की मनहूस छाँव से आज़ाद हैं
खेत सोना उगलने को बेचैन हैं
वादियाँ लहलहाने को बेताब हैं
कोहसारों के सीने में है जान है
संग[321] और ख़िश्त[322] बे–ख़्वाब व बेदार हैं

---

318. दरिन्दे, 319. गड़बड़ी, 320. ग़ुलामी, 321. पत्थर, 322. ईंट।

उनकी आँखों में तामीर के ख़्वाब हैं
उनके ख़्वाबों को तकमील का रूप दो
मुल्क की वादियाँ घाटियाँ खेतियाँ
औरतें बच्चियाँ
हाथ फैलाये हुए खैरात की मुंतज़िर हैं
इनको अम्न और तहज़ीब की भीक दो
माँओं उनके होंटों की शादाबियाँ
नन्हे बच्चों को उनकी ख़ुशी बख़्श दो
मुल्क की रूह को उनकी ज़िन्दगी बख़्श दो
मुझको मेरा हुनर मेरी लय बख़्श दो
आज सारी फ़ज़ा है भिकारी
और मैं इस भिकारी फ़ज़ा में
अपने नग़्मों की झोली पसारे
दर–ब–दर फिर रहा हूँ
मुझको फिर मेरा खोया हुआ साज़ दो
मैं तुम्हारा मुग़न्नी तुम्हारे लिए
जब भी आया नये गीत लाता रहूँगा

क्या गुज़री

भारत का बँटवारा इतिहास की एक भयंकर त्रासदी थी। विदेशी हुकूमत ने दोनों मुल्कों के बीच एक ऐसी मनमानी विभाजन रेखा खींच दी जो पहले कभी अस्तित्व में थी ही नहीं। नतीजतन मज़हबी दंगों में हुए भयानक ख़ून–ख़राबे में लाखों निर्दोष लोगों को अपनी जान गँवानी पड़ी। साहिर उस वक़्त लाहौर जाने के सिलसिले में दिल्ली में थे और उन्होंने दोनों पक्षों के बीच होने वाले इस रक्तपात को अपनी आँखों से देखा था। ग़ज़ल के रूप में लिखी गयी इस नज़्म में आम लोगों की तकलीफ़ों और उनके बेकसूर मारे जाने की दुखद घटनाओं के बारे में लिखा गया है। हालाँकि साहिर की यह ग़ज़ल अमृता प्रीतम की नज़्म 'वारिस शाह' की बराबरी नहीं कर सकती है जो मिथकीय प्रतीकों में लिखी होने के बावजूद पढ़ने वालों की रूह को गहराई से झकझोरने में सफल रही है।

तरब–ज़ारों[323] पे क्या बीती सनम–ख़ानों[324] पे क्या गुज़री
दिल–ए–ज़िन्दा तिरे मरहूम अरमानों पे क्या गुज़री

ज़मीं ने ख़ून उगला आसमाँ ने आग बरसाई
जब इन्सानों के दिल बदले तो इन्सानों पे क्या गुज़री

हमें ये फ़िक्र उन की अंजुमन किस हाल में होगी
उन्हें ये ग़म कि उन से छुट के दीवानों पे क्या गुज़री

मिरा इल्हाद[325] तो ख़ैर एक ला'नत था सो है अब तक
मगर इस आलम–ए–वहशत में ईमानों पे क्या गुज़री

ये मंज़र कौन सा मंज़र है पहचाना नहीं जाता
सियह–ख़ानों[326] से कुछ पूछो शबिस्तानों पे क्या गुज़री

चलो वो कुफ़्र के घर से सलामत आ गये लेकिन
ख़ुदा की मुम्लिकत[327] में सोख़्ता–जानों[328] पे क्या गुज़री

बहुत घुटन है

विभाजन पर लिखी गयी साहिर की दूसरी ग़ज़ल है।

बहुत घुटन है कोई सूरत–ए–बयाँ निकले
अगर सदा न उठे कम से कम फुग़ाँ निकले

फ़क़ीर–ए–शहर के तन पर लिबास बाक़ी है
अमीर–ए–शहर के अरमाँ अभी कहाँ निकले

हक़ीक़तें हैं सलामत तो ख़्वाब बहुतेरे
उदास क्यूँ हो जो कुछ ख़्वाब बराएँगा निकले

---

323. गाने बजाने का स्थान, 324. मन्दिरों के बुत, 325. नास्तिकवाद, 326. उजड़े मकान, 327. ख़ुदा के कारिया का क्षेत्र, 328. दिलजलों।

वो फ़लसफ़े जो हर इक आस्ताँ[329] के दुश्मन थे
अमल में आये तो ख़ुद वक़्फ़–ए[330]–आस्ताँ निकले

इधर भी ख़ाक़ उड़ी है उधर भी ज़ख़्म पड़े
जिधर से हो के बहारों के कारवाँ निकले

सितम के दौर में अहल–ए–दिल ही काम आये
ज़बाँ पे नाज़ था जिनको वो बे–ज़बाँ निकले

धरती की सुलगती छाती से

यह बात पक्के तौर पर नहीं कही जा सकती है कि साहिर ने यह नज़्म कब लिखी थी। लेकिन ऐसा माना जाता है कि यह विभाजन और महात्मा गाँधी की हत्या के बाद लिखी गयी है। *जिस राम के नाम पर ख़ून बहे उस राम की इज़्ज़त क्या होगी* जैसी पंक्ति इस अनुमान को पुष्ट करती है।

धरती की सुलगती छाती से बेचैन शरारे पूछते हैं
तुम लोग जिसे अपना न सके वो ख़ून के धारे पूछते हैं
सड़कों की ज़बाँ चिल्लाती है सागर के किनारे पूछते हैं
ये किस का लहू है कौन मरा ऐ रहबर–ए–मुलक[331] ओ क़ौम बता
ये जलते हुए घर किसके हैं ये कटते हुए तन किसके हैं
तक़सीम के अन्दर तूफ़ाँ में लुटते हुए गुलशन किस के हैं
बद–बख़्त–फ़ज़ाएँ किस की हैं बरबाद नशेमन[332] किस के हैं

कुछ हम भी सुनें हम को भी सुना

किस काम के हैं ये दीन–धर्म जो शर्म का दामन चाक करें
किस तरह के हैं ये देश–भगत जो बसते घरों को ख़ाक करें
ये रूहें कैसी रूहें हैं जो धरती को नापाक करें

---

329. दहलीज़, चौखट के साथी, 330. चौखट के साथी, 331. देश के नेता, 332. घोंसले।

आँखें तो उठा नज़रें तो मिला

जिस राम के नाम पे ख़ून बहे उस राम की इज़्ज़त क्या होगी
जिस दीन के हाथों लाज लुटे उस दीन की क़ीमत क्या होगी
इन्सान की इस ज़िल्लत के परे शैतान की ज़िल्लत क्या होगी

ये वेद हटा कुरआन उठा
ये किस का कहो है कौन मिरा
ऐ रहबर–ए–मुलक ओ क़ौम बता

छब्बीस जनवरी

हर एक साल की छब्बीस जनवरी दुनिया के सभी भारतीयों के लिए राष्ट्रीय उल्लास का दिन है। इसी दिन हमारे देश ने विदेशी ग़ुलामी से आज़ाद होकर एक गणतन्त्र और दुनिया के सबसे बड़े लोकतन्त्र बनने का गौरव हासिल किया था। कुछ अच्छे नतीजों के बावजूद साहिर जैसे इंक़लाबी शायर देश के मौजूदा हालात से बहुत ख़ुश नहीं थे। आम जनता की ग़रीबी और तकलीफ़ें अभी भी एक कड़वी सच्चाई थी। आर्थिक आत्मनिर्भरता और पूँजी का बराबर बँटवारा प्रगतिशील शायरों और कवियों के लिए हमेशा से एक बड़ा मुद्दा रहा। आज़ादी हासिल कर लेने के बाद उन सभी रचनाकारों ने अपनी एक–एक पंक्ति आम जनता की ख़ुशहाली की उम्मीद में लिखी। साहिर ने ऐसी नज़्में साठ के दशक में लिखनी शुरू की थीं जब राष्ट्रीय हित का मसला शायरी की धुरी से अपनी जगह धीरे–धीरे खोने लगा था। भारत और चीन के युद्ध से हमारे राष्ट्रीय गौरव को गहरा आघात पहुँचा था क्योंकि हम विदेशी हमलों से अपनी भूमि को बचा पाने में असफल रहे थे। चीन से युद्ध के बाद ही कभी समाजवादी भारत का प्रतीक रहे प्रधानमन्त्री नेहरू का देहावसान हो गया। रही–सही कसर 1965 के भारत–पाकिस्तान युद्ध ने पूरी कर दी। देश की राजनीति की हालत भी अच्छी नहीं थी। कांग्रेस पार्टी अन्दरूनी कलह से ग्रसित थी और श्रीमती इन्दिरा गाँधी को ख़ुद को पार्टी के एक धड़े के सर्वमान्य नेता के रूप में स्थापित करने में ख़ासी मशक्कत करनी पड़ रही थी। पचास के दशक में जो आर्थिक प्रगति शुरू हुई थी उसकी रफ़्तार अब धीमी पड़ने लगी थी और ग़रीबी की समस्या मुँह बाये दोबारा खड़ी हो चुकी थी।

इस नज़्म की शुरुआत ही साहिर ने एक सपने की नाकामी के ज़िक्र से की है—एक ऐसा सपना जो भारत की आम जनता का सपना था। पूँजी में बढ़ोतरी ज़रूर हुई लेकिन इसका बहुत बड़ा हिस्सा वैसे लोगों के पास चला गया था जो पहले से ही अमीर थे। राजनीतिज्ञों में भी एक नया वर्ग अस्तित्व में आ चुका था जो जिसके लिए आज़ादी की लड़ाई में शहीदों की कुर्बानियों का कोई महत्त्व नहीं था। इस वर्ग का एकमात्र लक्ष्य अपने आपको सुविधासम्पन्न और समृद्ध बनाना था। धार्मिक आस्थाओं में आकंठ डूबे इस देश के लिए धर्म स्वयं में एक असाध्य रोग था। *"मज़हब का रोग आज भी क्यूँ ला–इलाज है।"* देश में हर तरफ़ साम्प्रदायिक और दूसरी फ़सादें भड़की हुई थीं। नतीजा यह था कि "हर एक गली में आग धधक रही थी और हर शहर क़त्लगाह बना हुआ था।" इस अराजक स्थिति के लिए शायर हर एक आदमी यहाँ तक कि ख़ुद को भी ज़िम्मेदार मानता है। इस नज़्म को लिखने के तक़रीबन सत्तर साल बाद आज भी हम शायर की इन चिन्ताओं में ख़ुद को शामिल पाते हैं। देश ने बहुत तरक़्क़ी कर ली है लेकिन ग़रीबी जैसी बुनियादी समस्याएँ अभी भी वैसे ही बनी हुई हैं। भयानक ग़रीबी में ज़िन्दगी बसर करने वाले लोगों की तादाद अब भी करोड़ों में है। दूसरी तरफ़ पैसे वाले लोग और अमीर होते जा रहे हैं। धर्म ने लोगों को बाँटने का काम पहले की तरह जारी रखा हुआ है। इस माहौल के लिए सिर्फ़ राजनेता अकेले ज़िम्मेदार नहीं हैं बल्कि हमें ख़ुद से भी यह सवाल करना चाहिए : क्या आज के दिन कोई ऐसा शायर या कवि हमारे बीच उपस्थित है जो ऐसी नज़्में लिखता है?

आओ कि आज ग़ौर करें इस सवाल पर
देखे थे हम ने वो हसीं ख़्वाब क्या हुए

दौलत बढ़ी तो मुल्क में अफ़्लास क्यूँ बढ़ा
ख़ुश–हाली–ए अवाम के अस्बाब क्या हुए

जो अपने साथ साथ चले कू–ए दार[333] तक
वो दोस्त वो रफ़ीक़ वो अहबाब क्या हुए

333. वो गली जहाँ फाँसी दी जाती है।

क्या मोल लग रहा है शहीदों के ख़ून का
मरते थे जिन पे हम वो सज़ा–याब[334] क्या हुए

बे–कस बरहनगी[335] को कफ़न तक नहीं नसीब
वो वा'दा–हा–ए अतलस ओ किम–ख़्वाब[336] क्या हुए

जम्हूरियत–नवाज़ बशर–दोस्त अम्न–ख़्वाब[337]
ख़ुद को जो ख़ुद दिए थे वो अलक़ाब[338] क्या हुए

मज़हब का रोग आज भी क्यूँ ला–इलाज है
वो नुस्ख़ा–हा–ए–नादिर–ओ–नायाब[339] क्या हुए

हर कूचा शोला–ज़ार है हर शहर क़त्ल–गाह
यक–जहती–ए–हयात[340] के आदाब क्या हुए

सेहरा–ए–तीरगी में भटकती है ज़िन्दगी
उभरे थे जो उफ़ुक़ पे वो महताब[341] क्या हुए

मुजरिम हूँ मैं अगर तो गुनहगार तुम भी हो
ऐ रह बरना–ए–क़ौम ख़ता–कार[342] तुम भी हो

मेरे वतन

साहिर को भारत से प्रेम था लेकिन तर्कहीन देशभक्ति में उनका विश्वास नहीं था। उनकी दृढ़ मान्यता थी जाति और साम्प्रदायिक विभाजन को त्यागे बिना एक देश के रूप में भारत की तरक़्क़ी कभी नहीं हो सकती है। राजनीतिक नेताओं को लोगों के बीच मज़हब की दीवार खड़ी करना हर हाल में बन्द करना होगा। देशभक्ति के नग़्मों का यह मतलब कभी नहीं होता कि केवल राष्ट्रीय गौरव का महिमामण्डन किया जाये, बल्कि इसका

---

334. जिनको सज़ा मिली, 335. नंगापन, 336. जिनको साटन और रेशम का वचन दिया गया, 337. लोकतन्त्र और अम्न में विश्वास रखने वाले, 338. उपाधियाँ, 339. बहुत मुश्किल से मिलने वाली दवा, 340. मिलजुल के रहने के, 341. चाँद, 342. देश के नेताओं।

लक्ष्य परिवर्तन की आवश्यकता की ओर संकेत करना भी है। नागरिकों और राजनेताओं के आत्म–निरीक्षण के बिना कोई देश अपने लक्ष्य को हासिल नहीं कर सकता।

अपने अन्दर ज़रा झाँक मेरे वतन
अपने ऐबों को मत ढाँक मेरे वतन

तेरा इतिहास है ख़ूँ में लिथड़ा हुआ
तू अभी तक है दुनिया में बिछड़ा हुआ

तूने अपनों को अपना न माना कभी
तूने इन्साँ को इन्साँ न जाना कभी

तेरे धर्मों ने ज़ातों की तक़सीम की
तेरी रस्मों ने नफ़रत की ता'लीम दी

वहशतों का चलन तुझ में जारी रहा
क़त्ल ओ ख़ूँ का जुनूँ तुझ पे तारी रहा

अपने अन्दर ज़रा झाँक मेरे वतन

तू द्राविड़ है या आरिया नस्ल है
जो भी है अब इसी ख़ाक की फ़स्ल है

रंग और नस्ल के दायरे से निकल
गिर चुका है बहुत देर अब तो सँभल

तेरे दिल से जो नफ़रत न मिट पायेगी
तेरे घर में ग़ुलामी पलट आयेगी

तेरी बर्बादियों का तुझे वास्ता
ढूँढ़ अपने लिए अब नया रास्ता

अपने अन्दर ज़रा झाँक मेरे वतन
अपने ऐबों को मत ढाँक मेरे वतन

दीवारों का जंगल

पिछली नज़्म में साहिर ने अपने प्यारे वतन से अपनी राह बदल देने की गुज़ारिश की है, लेकिन उसमें रहने वाले लोगों के बग़ैर उस वतन की क्या अहमियत? अगर लोग नहीं बदलेंगे तो वतन कैसे बदलेगा? साहिर ने इस नज़्म में इसी उलझन को सुलझाने की कोशिश की है।

दीवारों का जंगल जिस का आबादी है नाम
बाहर से चुप चुप लगता है अन्दर से कोहराम

दीवारों के इस जंगल में भटक रहे इन्सान
अपने अपने उलझे दामन झटक रहे इन्सान

अपनी बीती छोड़ के आये कौन किसी के काम
बाहर से चुप चुप लगता है अन्दर से कोहराम

सीने ख़ाली आँखें सूनी चेहरे पे हैरानी
जितने घने हंगामे उस में उतनी घनी वीरानी

रातें क़ातिल सुब्हें मुजरिम मुल्ज़िम है हर शाम
बाहर से चुप चुप लगता है अन्दर से कोहराम

हाल न पूछें दर्द न बाँटें उस जंगल के लोग
अपना अपना सुख है सब का अपना अपना सोग

कोई नहीं जो हाथ बढ़ा कर गिरतों को ले थाम
बाहर से चुप चुप लगता है अन्दर से कोहराम

बेबस को दोषी ठहराये उस जंगल का न्याय
सच की लाश पे कोई न रोये झूट को सीस नवाये

पत्थर की उन दीवारों में पत्थर हो गये राम
बाहर से चुप चुप लगता है अन्दर से कोहराम

लहू नज़र दे रही है हयात

नीचे आज़ादी के बाद लिखी गयी एक और नज़्म है जो देश की विषादपूर्ण स्थिति को दर्शाती है। आज़ादी तो ज़रूर हासिल हुई लेकिन उसके बाद चीज़ें उस तरह से नहीं बदल सकीं जैसी कि हम उम्मीद कर रहे थे। इसका दोष किस पर है?

मिरे जहाँ में समन–ज़ार[343] ढूँढ़ने वाले
यहाँ बहार नहीं अतिशीं बगूले हैं

धनक के रंग नहीं सुरमई[344] फ़ज़ाओं में
उफ़ुक़ से ता–बा–उफ़ुक़ फाँसियों के झूले हैं

फिर एक मंज़िल–ए–ख़ूँ–बार की तरफ़ हैं रवाँ
वो रहनुमा जो कई बार राह भूल भूले हैं

बुलन्द दा–वा–जम्हूरियत के पर्दे में
फ़रोग़–ए–मजलिस–ओ–ज़िन्दा[345] हैं ताज़ियाने हैं

ब–नाम–ए–अम्न हैं जंग–ओ–जदल के मंसूबे
ब–शोर–ए–अद्ल[346] तफ़ावुत[347] के कार–ख़ाने हैं

दिलों पे ख़ौफ़ के पहरे लबों पे कुफ़्ल[348] सुकूत
सुरों पे गर्म सलाख़ों के शामियाने हैं

मगर हटे हैं कहीं जब्र और तशद्दुद मिटे
वो फ़लसफ़े कि जिला दे गये दिमाग़ों को

343. चमेली का फूल, 344. काला और सफ़ेद, 345. क़ैदखाने, 346. इन्साफ़ के नाम पर, 347. एक–दूसरे को जुदा करने के लिए, 348. ताले।

कोई सिपाह–ए–सितम[349] पेशा चूर कर न सकी
बशर की जागी रूह के अयागों[350] को

क़दम क़दम पे लहू नज़र दे रही है हयात
सिपाहियों से उलझते हुए चराग़ों को

रवाँ है क़ाफ़िला–ए–इर्तिक़ा–ए इन्सानी[351]
निज़ाम–ए–आतिश–ओ–आहन[352] का दिल हिलाये हुए

बग़ावतों के दुहल बज रहे हैं चार तरफ़
निकल रहे हैं जवाँ मिशअलें जलाये हुए

तमाम अर्ज़–ए जहाँ खोलता समुन्दर है
तमाम कोह[353] ओ बयाबाँ हैं तिलमिलाये हुए

मिरी सदा को दबाना तो ख़ैर मुमकिन है
मगर हयात की ललकार को कौन रोकेगा

फ़सील–ए[354] आतिश ओ आहन बहुत बुलन्द सही
बदलते वक़्त की रफ़्तार कौन रोकेगा

नये ख़याल की पर्वाज रोकने वालो
नये अवाम की तलवार कौन रोकेगा

पनाह लेता है मजलिसों में तीरा[355] निज़ाम
वहीं से सुब्ह के लश्कर निकलने वाले हैं

उभर रहे हैं फ़ज़ाओं में अहमरीं[356] परचम
किनारे मश्रिक ओ मग़रिब के मिलने वाले हैं

---

349. ज़ुल्म, 350. दागों, 351. इन्सानी विकास का, 352. आग और लोहे से बना हुआ निज़ाम, 353. पहाड़, 354. दीवार, 355. काला, 356. लाल।

हज़ार बर्क गिरे लाख आँधियाँ उठें
वो फूल खिल के रहेंगे जो खिलने वाले हैं

आओ कि कोई ख़्वाब बुनें

यह भी एक बेहतर भविष्य की उम्मीदों से भरी हुई एक प्रगतिशील नज़्म है। आमतौर पर यह माना जाता है कवि या शायर सपनों के सौदागर होते हैं। वे भविष्य को दूसरे लोगों से भिन्न दृष्टि से देखते हैं। साहिर भी इस सच को स्वीकार करते हैं कि अपनी ज़िन्दगी के शुरुआती साल उन्होंने अपने सपनों के सहारे ही गुज़ारे थे। उनमें उनकी प्रेमिका की ख़ूबसूरत यादें, अपने हुनर में ज़्यादा–से–ज़्यादा महारत हासिल करना और हिन्दुस्तान को एक बेहतर मुल्क बनाना जैसे ख़्वाब शामिल थे। और, जब–जब उनके ख़्वाब टूटे उन्हें गहरी मायूसी ने घेर लिया। यही वजह है कि सुन्दर भविष्य के सपने देखना जितना मुश्किल काम है, उतना ही ज़रूरी भी। यह नज़्म हमारे दिलोदिमाग़ में धीरे–धीरे उतरती है और हमारी ज़िन्दगी में एक नया जोश और नयी उम्मीद भरती है।

आओ कि कोई ख़्वाब बुनें कल के वास्ते
वरना ये रात आज के संगीन दौर की
डस लेगी जान–ओ–दिल को कुछ ऐसे कि जान–ओ–दिल
ता–उम्र फिर न कोई हसीं ख़्वाब बुन सकें

गो हम से भागती रही ये तेज़–गाम उम्र
ख़्वाबों के आसरे पे कटी है तमाम उम्र

ज़ुल्फ़ों के ख़्वाब होंटों के ख़्वाब और बदन के ख़्वाब
मेराज़–ए–फ़न[357] के ख़्वाब कमाल–ए–सुख़न[358] के ख़्वाब
तहज़ीब–ए ज़िन्दगी के फ़रोग़–ए–वतन[359] के ख़्वाब
ज़िन्दा के ख़्वाब कूचा–ए दार ओ–रसन के ख़्वाब

ये ख़्वाब ही तो अपनी जवानी के पास थे
ये ख़्वाब ही तो अपने अमल की असास थे

---

357. कला के ऊपर जाने के, 358. शायरी के कमाल के, 359. देश के विकास के लिए।

ये ख़्वाब मर गये हैं तो बे–रंग है हयात
यूँ है कि जैसे दस्त–ए–तह–ए–संग[360] है हयात

आओ कि कोई ख़्वाब बुनें कल के वास्ते
वर्ना ये रात आज के संगीन दौर की
डस लेगी जान–ओ–दिल को कुछ ऐसे कि जान–ओ–दिल
ता–उम्र फिर से कोई हसीं ख़्वाब बुन सकें

तू हिन्दू बनेगा न मुसलमान बनेगा

विचारों से एक कट्टर धर्मनिरपेक्ष होने के कारण साहिर समाज में धर्म की भूमिका को ले कर बेहद फ़िक्रमन्द थे। सैद्धान्तिक दृष्टि से यूँ तो सभी धर्म हमें प्रेम और सहिष्णुता की शिक्षा देते हैं लेकिन व्यवहार में धर्म उन लोगों के हाथों का खिलौना है जो इसके इस्तेमाल से समाज को बाँटने और इस बँटवारे के माध्यम से अपना स्वार्थ साधने का काम करते हैं। यह नज़्म दरअसल *धूल का फूल* (1959) फ़िल्म के लिए लिखा गया एक गीत है जिसे मोहम्मद रफ़ी ने अपनी जादुई आवाज़ में गाया है। फ़िल्म के रिलीज़ होने के बाद यह गीत बेहद लोकप्रिय हुआ। यह गीत बच्चों को जीवन में धर्म और नैतिकता की बुनियादी राहों पर चलने के लिए प्रेरित करता है। धर्मनिरपेक्षता के ऊँचे आदर्शों को प्रसारित करने के लिए इससे बेहतर कोई दूसरा गीत शायद अब तक नहीं लिखा गया है।

तू हिन्दू बनेगा न मुसलमान बनेगा
इन्सान की औलाद है इन्सान बनेगा

अच्छा है अभी तक तेरा कुछ नाम नहीं है
तुझ को किसी मज़हब से कोई काम नहीं है

जिस इल्म ने इन्सानों को तक़सीम किया है
उस इल्म का तुझ पर कोई इल्ज़ाम नहीं है

---

360. "दस्त–ए–तह–ए–संग" का बिम्ब सबसे पहले मिर्ज़ा ग़ालिब ने इस्तेमाल किया था लेकिन इस बिम्ब का सबसे असरदार प्रयोग फ़ैज़ अहमद फ़ैज़ ने किया था। अपने एक कविता संग्रह का शीर्षक भी उन्होंने इसी दृश्य–बिम्ब के नाम पर रखा है।

तू बदले हुए वक़्त की पहचान बनेगा
इन्सान की औलाद है इन्सान बनेगा

मालिक ने हर इन्सान को इन्सान बनाया
हम ने उसे हिन्दू या मुसलमान बनाया

कुदरत ने तो बख़्शी थी हमें एक ही धरती
हम ने कहीं भारत कहीं ईरान बनाया

जो तोड़ दे हर बन्द वो तूफ़ान बनेगा
इन्सान की औलाद है इन्सान बनेगा

नफ़रत जो सिखाये वो धरम तेरा नहीं है
इंसाँ को जो रौंदे वो क़दम तेरा नहीं है

कुरआन न हो जिस में वो मन्दिर नहीं तेरा
गीता न हो जिस में वो हरम तेरा नहीं है

तू अम्न का और सुल्ह का अरमान बनेगा
इन्सान की औलाद है इन्सान बनेगा

रहनुमा

अल्लामा इक़बाल साहिर के महबूब शायर थे, हालाँकि इक़बाल के धार्मिक दृष्टिकोण से उनकी गहरी असहमति थी। साहिर की नज़र में इक़बाल एक वास्तविक रहनुमा या पथ–अन्वेषक और उर्दू के अग्रणी शायर थे। अपने समकालिकों, विशेष रूप से फ़ैज़ अहमद फ़ैज़ के लिए भी साहिर के मन में सम्मान का एक गहरा बोध था। इस अध्याय में साहिर की वे तीन नज़्में शामिल की गयी हैं जिसे उन्होंने उन शख़्सियतों पर लिखा है जिनसे वे अलग–अलग वजहों से बेहद प्रभावित रहे थे। इनको पढ़ते हुए हम यह साफ़–साफ़ महसूस करते हैं कि ये नज़्में उन शख़्सियतों को एकदम अलहदा अन्दाज़ में पेश करती हैं जिन पर उन्होंने ये नज़्में लिखी हैं। मिसाल के तौर पर नेताओं के साथ उनके आदर्श नहीं मरते (नेहरू);

आप किसी शायर की इज़्ज़त तब तक नहीं कर सकते हैं जब तक आप उस भाषा को सम्मान देना न सीख जायें जिसमें वह शायर लिखता था (ग़ालिब); कई बार वक़्त विरासत को पूरी तरह बदल देता है (लेनिन)।

जवाहरलाल नेहरू

अपनी उम्र के दूसरे नौजवानों की तरह साहिर ने भी एक प्रतिबद्ध वामपन्थी या कम्युनिस्ट की तरह अपनी ज़िन्दगी की शुरुआत की थी। ज़ाहिरन उस वक़्त भारत पर विदेशी हुकूमत थी। शुरुआत से ही उनकी शायरी पूँजीवाद के ख़िलाफ़ थी। लेकिन आज़ादी के बाद यह बात साफ़ हो गयी कि भारत की कम्युनिस्ट पार्टी इतनी समर्थ नहीं थी कि अकेले दम पर राष्ट्रीय स्तर की सरकार बना सके। दूसरी तरफ़ प्रधानमन्त्री नेहरू की अगुआई में भारत की आर्थिक प्रगति के लिए समाजवाद की राह चुनने का निर्णय लिया। अन्तरराष्ट्रीय स्तर पर भी नेहरू की छवि एक विश्वनेता की थी। वैचारिक दृष्टि से वे अमरीका विरोधी और सोवियत समर्थक माने जाते थे। लिहाज़ा साहिर ने महसूस किया कि भूमि सुधार, ट्रेड यूनियन के अधिकार और सार्वजनिक क्षेत्र के निर्माण की तरह ही कांग्रेस आर्थिक मसले पर भी कम्युनिस्ट पार्टी की तुलना में अधिक ठोस पहल करने में समर्थ होगी।

अपने दूसरे प्रगतिशील साथियों की तरह साहिर कभी भी भारत की कम्युनिस्ट पार्टी के औपचारिक सदस्य नहीं रहे। इसलिए अपनी राजनीतिक निष्ठा बदलना उनके लिए बहुत कठिन नहीं था। वे अपनी नज़्मों में जिन उम्मीदों और बदलावों के सपने देखते थे, उनको पूरा करने की अपेक्षा उन्हें नेहरू से थी। इसलिए भी साहिर नेहरू के अनन्य प्रशंसकों में एक थे। जब नेहरू का अवसान हुआ तो यह साहिर के लिए उनकी मृत्यु एक निजी क्षति थी। बहरहाल, अलग–अलग कारणों से यह एक अनोखी नज़्म है। पहली बात तो यह अनुभूति के स्तर पर अभूतपूर्व रचनात्मक गम्भीरता के साथ लिखी गयी है और इसकी उत्कटता को नज़्म की एक–एक पंक्ति में महसूस किया जा सकता है। दूसरी बात कि यह नज़्म मृत्यु की चिरन्तनता पर एक तात्विक अन्वेषण के रूप में आरम्भ होती है। यह इस विषय पर नहीं लिखी गयी है कि मृत्यु क्या कर सकती है बल्कि इस विषय पर लिखी गयी है कि मृत्यु क्या नहीं कर सकती है।

तीसरी बात यह है कि अपने कथ्य में नज़्म एक राजनेता के तौर पर नेहरू की उपलब्धियों को एक सशक्त काव्यात्मक भाषा में अभिव्यक्त करती है। यूँ तो नेहरू के देहावसान पर अनेक नज़्म और कविताएँ लिखी गयी हैं लेकिन अपनी अनुस्यूत भावनात्मक गहनता के कारण यह उन सब में विशिष्ट है।

जिस्म की मौत कोई मौत नहीं होती है
जिस्म मिट जाने से इन्सान नहीं मर जाते
धड़कनें रुकने से अरमान नहीं मर जाते
साँस थम जाने से ऐलान नहीं मर जाते
होंट जम जाने से फ़रमान नहीं मर जाते
जिस्म की मौत कोई मौत नहीं होती है

वो जो हर दीन में मुंकिर था हर इक धर्म से दूर
फिर भी हर दीन हर धर्म का ग़म–ख़्वार रहा

सारी क़ौमों के गुनाहों का कड़ा बोझ लिए
उम्र–भर सूरत–ए–ईसा जो सर–ए–दार रहा

जिसने इन्सानों की तक़सीम के सदमे झेले
फिर भी इन्साँ की उख़ुव्वत[361] का परस्तार रहा

जिसकी नज़रों में था इक आलमी तहज़ीब का ख़्वाब
जिसका हर साँस नये अहद का मे'मार[362] रहा

जिसने ज़रदार–ए–मईशत[363] को गवारा न किया
जिसको आईन–ए–मुसावात[364] पे इसरार रहा

उसके फ़रमानों की ऐलानों की ताज़ीम करो
राख तक़सीम की अरमान भी तक़सीम करो

---

361. भाईचारा, 362. बनाने वाला, 363. पूँजीवाद, 364. क़ानून की नज़रों में।

मौत और ज़ीस्त के संगम पे परेशाँ क्यूँ हो
उसका बख़्शा हुआ सह–रंग–ए अलम[365] ले के चलो

जो तुम्हें जादा–ए–मंज़िल का पता देता है
अपनी पेशानी पर वो नक़्श–ए–क़दम ले के चलो

दामन–ए–वक़्त पे अब ख़ून के छींटे न पड़ें
एक मरकज़ की तरफ़ दैर–ओ–हरम[366] ले के चलो

हम मिटा डालेंगे सरमाया–ओ–मेहनत का तज़ाद[367]
ये अक़ीदा ये इरादा ये क़सम ले के चलो

वो जो हमराज़ रहा हाज़िर–ओ–मुस्तक़बिल[368] का
उसके ख़्वाबों की ख़ुशी रूह का ग़म ले के चलो

जिस्म की मौत कोई मौत नहीं होती है
जिस्म मिट जाने से इन्सान नहीं मर जाते
धड़कनें रुकने से अरमान नहीं मर जाते
साँस थम जाने से ऐलान नहीं मर जाते
होंट जम जाने से फ़रमान नहीं मर जाते
जिस्म की मौत कोई मौत नहीं होती है

जश्न-ए-ग़ालिब

भारत की राजनीतिक संस्कृति की एक रोचक विशिष्टता रही है कि हर काल में यहाँ नेताओं की सरपरस्ती में कवियों, विचारकों और धार्मिक नेताओं जैसी राष्ट्रीय हस्तियों के प्रशंसकों का एक वर्ग एक समय–विशेष के लिए अवश्य उपस्थित रहा है। जब उन प्रशंसकों का जुनून शान्त हो जाता है तो स्थितियाँ दोबारा यथावत हो जाती हैं। लोग फिर से अपने रोज़मर्रे में लौट जाते हैं और एक तात्कालिक उफान के बाद उस व्यक्ति को फिर से भुला दिया जाता है। वर्ष 1969 को उर्दू के महानतम शायर

365. तिरंगा, 366. मन्दिर और मस्जिद, 367. शत्रुता, 368. वर्तमान और भविष्य।

की सौवीं बरसी के तौर पर मनाया गया। इस मौक़े पर साहिर ने फ़रवरी 1969 में *जश्न–ए–ग़ालिब* लिखने जैसा अहम काम किया। एक ऐसा शायर जिसे पूरी तरह से भुला दिया जा चुका था, वह रातोरात प्रदर्शनियों, राष्ट्रीय सेमिनारों, प्रकाशकों वग़ैरह की आँखों का तारा बन गया था। ग़ालिब साहिर के भी पसन्दीदा शायर थे लेकिन उनकी शख़्सियत और शायरी को दिखावट की चीज़ बनाने से उनको ऐतराज़ था। उनको यह पूरा तमाशा ही विरोधाभास और आडम्बरों से भरा हुआ प्रतीत हुआ। एक तरफ़ उर्दू के महानतम शायर को श्रद्धांजलि देने के लिए पूरे देश में समारोह आयोजित किये जा रहे थे और दूसरी तरफ़ वे जिस भाषा में लिखते थे उसे षड्यन्त्र और राजद्रोह की भाषा बता कर लोकविमर्श और देश की शिक्षा–प्रणाली से निष्कृत करने के प्रयास किये जा रहे थे।

इक्कीस बरस गुज़रे आज़ादी–ए–कामिल को
तब जा के कहीं हम को 'ग़ालिब' का ख़याल आया
तुर्बत[369] है कहाँ उसकी मस्कन[370] था कहाँ उसका
अब अपने सुख़न–परवर ज़हनों में सवाल आया

सौ साल से जो तुर्बत चादर को तरसती थी
अब उस पे अक़ीदत के फूलों की नुमाइश है
उर्दू के तअ'ल्लुक़ से कुछ भेद नहीं खुलता
ये जश्न ये हंगामा ख़िदमत है कि साज़िश है

जिन शहरों में गूँजी थी ग़ालिब की नवा[371] बरसों
उन शहरों में अब उर्दू बेनाम–ओ–निशाँ ठहरी
आज़ादी–ए–कामिल का ऐलान हुआ जिससे
मा'तूब[372] ज़बाँ ठहरी गद्दार ज़बाँ ठहरी

जिस अहद–ए–सियासत ने ये ज़िन्दा ज़बाँ कुचली
उस अहद–ए–सियासत को मरहूम का ग़म क्यूँ है
'ग़ालिब' जिसे कहते हैं उर्दू ही का शायर था
उर्दू पे सितम ढा कर 'ग़ालिब' पे करम क्यूँ है

---

369. क़ब्र, 370. घर, 371. स्वर, 372. कोपभाजन।

ये जश्न ये हंगामे दिलचस्प खिलौने हैं
कुछ लोगों की कोशिश है कुछ लोग बहल जायें
जो वादा–ए–फ़र्दा[373] पर अब टल नहीं सकते हैं
मुमकिन है कि कुछ अर्सा इस जश्न पे टल जायें

ये जश्न मुबारक़ हो पर ये भी सदाक़त है
हम लोग हक़ीक़त के एहसास से आरी हैं
'गाँधी' हो कि 'ग़ालिब' हो इन्साफ़ की नज़रों में
हम दोनों के क़ातिल हैं दोनों के पुजारी हैं

क्या जाने तिरी उम्मत

यह ग़ज़ल अप्रैल 1970 में लेनिन के जन्म की सौवीं सालगिरह के मौक़े पर लिखी गयी थी। 1970 के दशक की शुरुआत में ही कम्युनिस्ट आन्दोलन में बड़ी दरार पैदा हो चुकी थी। सोवियत संघ और चीन ने अपना–अपना रास्ता अलग कर लिया था। माओ के सांस्कृतिक आन्दोलन का लक्ष्य अपनी ताक़त को मज़बूत करना था। दूसरी तरफ़ सोवियत संघ ने स्वीकार किया कि स्टालिन के कार्यकाल में रूस में बड़े पैमाने पर मानवाधिकारों का उल्लंघन और जनता का क़त्लेआम हुआ था। तटस्थ सूत्र बताते थे कि अपनी जनता के साथ की गयी क्रूरता के मामले में लेनिन भी स्टालिन से अलग नहीं थे। प्रगतिवादियों के लिए ये नयी स्थितियाँ परेशान करने वाली थीं क्योंकि उनकी दृष्टि में सोवियत संघ श्रमशील और मज़दूर वर्ग के लिए एक आदर्श देश था। पूँजीवादी समाज के विपरीत रूस में उनके अधिकार अधिक सुरक्षित माने जाते थे। ऐसे में एकीकृत वामपन्थी व्यवस्था को अपतनशील मानने वाले वामपन्थी नेता और कार्यकर्ता हतप्रभ और बहुत निराश थे। वे नयी स्थितियों के साथ सामंजस्य बिठाने की कोशिश कर रहे थे।

साहिर भी इन्हीं हालात से जूझ रहे थे और यह नज़्म भी सम्भवतः इसी मनःस्थिति में लिखी गयी है। उनको इसका क्षोभ था कि राजनीतिक परिदृश्य पर रोज़ नयी–नयी व्याख्याओं के साथ नये–नये विचारक उपस्थित हो रहे हैं और बुनियादी सिद्धान्तों को सुविधानुसार परिवर्तित

---

373. कल का वा'दा।

किया जा रहा है। ग़ज़ल का आख़िरी शे'र क़ाबिलेग़ौर है। मार्क्सवादी विचारधारा के आगमन से पहले पूँजीवादी व्यवस्था से संघर्ष करते हुए मज़दूर और किसान आपस में बँटे हुए थे। समाजवादी विचारों ने उनको एक साथ लाने का काम किया। लेकिन अब वहाँ भी आपसी विभाजन स्पष्ट दिखने लगा था और इस विभाजन ने जनान्दोलनों को भारी नुक़सान पहुँचाया।

क्या जाने तिरी उम्मत[374] किस हाल को पहुँचेगी
बढ़ती चली जाती है तादाद इमामों[375] की

हर गोशा–ए–मगरिब में हर ख़ित्ता–ए–मशरिक़ में
तशरीह दिगर–गूँ[376] है अब तेरे पयामों की

वो लोग जिन्हें कल तक दावा था रिफ़ाक़त[377] का
तज़लील[378] पे उतरे हैं अपनों ही के नामों की

बिगड़े हुए तेवर हैं नौ–उम्र सियासत के
बिफरी हुई साँसें हैं नौ–मश्क़[379] निज़ामों की

तबकों से निकल कर हम फ़िर्कों में न बँट जायें
बन कर न बिगड़ जाये तक़दीर ग़ुलामों की

374. किसी सिद्धान्त का पीछा करना, 375. धार्मिक नेता, 376. तेज़ मशहूरी, 377. दोस्ती का, 378. अपमान, 379. नये।

2
कविताएँ
जंग और अम्न

गुज़िश्ता जंग में घर ही जले मगर इस बार
अजब नहीं कि ये तनहाइयाँ भी जल जायें
गुज़िश्ता जंग में पैकर जले मगर इस बार
अजब नहीं कि परछाइयाँ भी जल जायें
तसव्वुरात की परछाइयाँ उभरती हैं

'परछाइयाँ'

अच्छे पड़ोसी वे हैं जो आपस में मिल–जुल कर रहते हैं। लेकिन यह मेल–जोल उन देशों के लिए कहीं अधिक ज़रूरी है जिनके बाशिन्दे एक ही इतिहास और एक संस्कृति के साझीदार हैं। दुर्भाग्य की बात है कि भारत और पाकिस्तान के बीच टकराव और युद्ध का इतिहास रहा है। दोनों मुल्कों के बीच 1965 में हुई जंग उन लेखकों और बुद्धिजीवियों के लिए एक गहरा आघात थी जिन्होंने ऐसी किसी घटना की कभी कल्पना भी नहीं की थी। साहिर की यह नज़्म ताशकन्द समझौते की पहली सालगिरह पर प्रसारित की गयी थी। समझौते के बाद दोनों देशों के बीच शान्ति स्थापित हो चुकी थी लेकिन बदकि़स्मती से यह शान्ति लम्बे वक़्त तक क़ायम नहीं रह पायी और बंगलादेश के स्वतन्त्रता संग्राम ने एक बार फिर से दोनों देशों को युद्ध में झोंक दिया।

ऐ शरीफ़ इन्सानो!

इस नज़्म के दो हिस्से हैं। पहले हिस्से में शायर युद्ध की बुराइयों की

तरफ़ इशारा करता दिखता है। वह ज़ोर डाल कर यह कहता है कि युद्ध अपने आप में नुक़सानदेह रास्ता है, वह किसी दूसरी मुश्किल का हल कैसे हो सकता है? नज़्म का दूसरा हिस्सा युद्ध की वकालत करता है बशर्ते यह युद्ध ग़रीबी, भूख और पूँजीवाद के कारण पैदा हुई आर्थिक असमानताओं के विरुद्ध लड़ा जा रहा हो। बेशक यह नज़्म एक वामपन्थी दृष्टिकोण से लिखी गयी हो लेकिन इसमें जो मुद्दे उठाये गये हैं वे आज भी समय के इम्तहान पर खरे उतरते हैं। भारत और पाकिस्तान के बीच एक और जंग पिछली के मुक़ाबले ज़्यादा ख़ौफ़नाक होगी जबकि भूख और ग़रीबी के ख़िलाफ़ जारी जंग अभी ख़त्म नहीं हुई है। देश के कई इलाक़ों में किसान अभी भी अपनी आजीविका के लिए संघर्ष कर रहे हैं। ग्रामीण क्षेत्रों के स्कूल मूलभूत सुविधाओं से वंचित हैं। आर्थिक प्रगति ने शहरों के सामने प्रदूषण जैसी कई नयी चुनौतियाँ खड़ी कर दी हैं जिनका हल खोजे जाने की तत्काल ज़रूरत है। इसलिए शायर के नज़रिये से देखा जाये तो आम लोगों के हित में अभी एक लम्बी लड़ाई लड़ी जानी है और हमारा पूरा ध्यान उसी लड़ाई पर होना चाहिए।

1

ख़ून अपना हो या पराया हो
नस्ल–ए–आदम का ख़ून है आख़िर
जंग मशरिक़ में हो या मग़रिब में
अम्न–ए–आलम का ख़ून है आख़िर

बम घरों पर गिरें कि सरहद पर
रूह–ए–तामीर[1] ज़ख़्म खाती है
खेत अपने जलें कि औरों के
ज़ीस्त फ़ाक़ों से तिलमिलाती है
टैंक आगे बढ़ें कि पीछे हटें
कोख धरती की बाँझ होती है
फ़तह का जश्न हो कि हार का सोग
ज़िन्दगी मय्यतों[2] पे रोती है

---

1. विकास, 2. जनाज़ों।

जंग तो ख़ुद ही एक मसअला है
जंग क्या मसअलों का हल देगी
आग और ख़ून आज बख़्शेगी
भूक और एहतियाज़[3] कल देगी

इसलिए ऐ शरीफ़ इन्सानो
जंग टलती रहे तो बेहतर है
आप और हम सभी के आँगन में
शम्अ' जलती रहे तो बेहतर है

2

बरतरी के सुबूत की ख़ातिर
ख़ूँ बहाना ही क्या ज़रूरी है
घर की तारीकियाँ मिटाने को
घर जलाना ही क्या ज़रूरी है
जंग के और भी तो मैदाँ हैं
सिर्फ़ मैदान–ए–किश्त–ओ–ख़ूँ[4] ही नहीं
हासिल–ए–ज़िन्दगी ख़िरद[5] ही नहीं
हासिल–ए–ज़िन्दगी जुनूँ[6] ही नहीं

आओ इस तीरा–बख़्त[7] दुनिया में
फ़िक्र की रौशनी को आम करें
अम्न को जी से तक़्वियत[8] पहुँचे
ऐसी जंगों का एहतिमाम करें

जंग वहशत से बरबरिय्यत से
अम्न तहज़ीब–ओ–इतिर्क़ा[9] के लिए

---

3. अप्राप्त, 4. मौत और ख़ून, 5. अक़्ल, 6. मस्ती, 7. बदक़िस्मत, 8. शक्ति, बल, 9. तरक़्क़ी।

जंग मर्ग–आफ़रीं[10] सियासत से
अम्न इन्सान की बक़ा[11] के लिए
जंग इफ़्लास और ग़ुलामी से
अम्न बेहतर निज़ाम की ख़ातिर
जंग भटकी हुई क़यादत[12] से
अम्न बे–बस अवाम की ख़ातिर
जंग सरमाये के तसल्लुत[13] से
अम्न जम्हूर[14] की ख़ुशी के लिए
जंग जंगों के फ़लसफ़े के ख़िलाफ़
अम्न पुर–अम्न ज़िन्दगी के लिए

ख़ुदा-ए-बर्तर तिरी ज़मीं पर

जंग के ख़िलाफ़ साहिर की यह दूसरी नज़्म है जो शायद 1965 में भारत और पाकिस्तान के युद्ध के बाद लिखी गयी थी।

ख़ुदा–ए–बर्तर तिरी ज़मीं पर ज़मीं की ख़ातिर ये जंग क्यूँ है
हर एक फ़तह–ओ ज़फ़र[15] के दामन पे ख़ून–ए इन्सान का रंग क्यूँ है

ज़मीं भी तेरी है हम भी तेरे ये मिल्कियत का सवाल क्या है
ये क़त्ल ओ ख़ूँ का रिवाज क्यूँ है ये रस्मो–ए जंग ओ जिदाल[16] क्या है

जिन्हें तलब है जहान भर की उन्हीं का दिल इतना तंग क्यूँ है
ख़ुदा–ए–बर्तर तेरी ज़मीं पर ज़मीं की ख़ातिर ये जंग क्यूँ है

ग़रीब माँओं शरीफ़ बहनों को अम्न–ओ–इज़्ज़त की ज़िन्दगी दे
जिन्हें अता की है तूने ताक़त उन्हें हिदायत की रौशनी दे

सुरों में किब्र ओ गुरूर[17] क्यूँ है दिलों के शीशे ये रंग क्यूँ है
ख़ुदा–ए–बर्तर तेरी ज़मीं पर ज़मीं की ख़ातिर ये जंग क्यूँ है

---

10. मौत देने वाली, 11. अस्तित्व, 12. नेतागिरी, 13. क़ब्ज़ा दखल, 14. लोकतन्त्र, 15. जीत का जश्न, 16. जंग का मैदान, 17. बड़ापन और घमण्ड।

परछाइयाँ

परछाइयाँ लाहौर के एक प्रकाशक ने 1955 में एक पुस्तिका के तौर पर प्रकाशित की थी। इसके पूर्वकथन में साहिर ने लिखा था :

> "*परछाइयाँ* मेरी पहली लम्बी नज़्म है। यह नज़्म शान्ति और हमारी सभ्यता की हिफ़ाज़त में जो आन्दोलन जारी है उसी का एक हिस्सा है। मैं यह समझता हूँ कि हर नयी नस्ल पर अपने पुरखों से मिली ज़मीन की रक्षा करने की ज़िम्मेदारी है। उन्हें अपनी विरासत को समृद्ध करने और उसे और ख़ूबसूरत बनाने की ज़रूरत है। मेरी नज़्म भी इसी ज़िम्मेदारी को पूरा करने की कोशिश करती है।" *(साहिर 1955 : 6–7)*

शायर अली सरदार जाफरी ने इस पुस्तिका की प्रस्तावना लिखी थी और उन्होंने जिन महत्त्वपूर्ण बिन्दुओं की तरफ़ संकेत किया है उसका सार यहाँ प्रस्तुत किया जा रहा है।

> "यह नज़्म दो कारणों से महत्त्वपूर्ण है। पहला, यह नज़्म एक ऐसे मुद्दे को उठाती है जिसका गहरा सम्बन्ध हमारी समस्त मनुष्य प्रजाति से है। पूरे विश्व में शान्ति की स्थापना के लिए आज हर एक देश, जाति, नस्ल, वर्ग और विचारशील व्यक्ति प्रयासरत है। दुनिया की तक़रीबन आधी आबादी ने शान्ति के लिए अपनी प्रतिबद्धता ज़ाहिर की है। इस नज़्म के ज़रिये साहिर लुधियानवी ने भी शान्ति के लिए इस आन्दोलन को अपना समर्थन देने की पहल की है। दूसरा कारण यह है कि साहिर ने अपनी बात को एक कहानी की तरह पेश किया है जिसके कारण स्थिति की जटिलता को समझ पाना आसान हो गया है। हमारे वक़्त की बहुत–सी बेहतरीन नज़्में भी अपने उद्देश्य में नाकाम रहीं क्योंकि वे एक औसत पाठक के ज़ेहन पर अपना असर नहीं छोड़ सकीं। लेकिन साहिर की *परछाइयाँ* अपनी रोचक कथ्यात्मकता और सहज काव्यात्मक अभिव्यक्ति के कारण पाठकों के एक बड़े समूह तक पहुँच पाने में सफल होगी। नज़्म में नब्बे फ़ीसदी से ज़्यादा ऐसे शब्द प्रयोग किये गये हैं जिन्हें हम अपने रोज़मर्रा की बातचीत में बोलते हैं। साहिर ने अपनी नज़्म को क्लासिकी बनाने की महत्त्वाकांक्षा में अपनी नज़्म को बोझिल बनाने से

गुरेज़ किया है। उनकी कामयाबी हमारे दौर की तल्ख़ सच्चाइयों से प्रत्यक्ष संवाद करने में है...। उनकी शायरी की तकनीक भी बिल्कुल अलहदा है और अभी तक उर्दू के किसी शायर ने इसका इस्तेमाल नहीं किया है। जितना अधिक मैं इसके बारे में सोचता हूँ उतनी अधिक मेरी मान्यता दृढ़ होती जाती है कि फ़िल्मों से जुड़ाव के कारण ही साहिर ने यह क़ाबिलियत हासिल की है। जब हम उनकी नज़्मों को पढ़ते हैं तो ऐसा महसूस होता है गोया कोई दृश्य देख रहे हों। सिनेमा में छायांकन की तकनीक से परिचित कोई शायर ही अपनी नज़्मों में यह असर पैदा कर सकता है।" *(साहिर 1955 : 9–11)*

प्रगतिशील लेखक संघ के संस्थापकों में सज्जाद ज़हीर ने एक मुशायरे में साहिर को *परछाइयाँ* नज़्म को पढ़ते हुए सुना था। उन्होंने लिखा है :

"मैंने एक मुशायरे में साहिर की नज़्म सुनी। मुझे बहुत हैरत हुई क्योंकि मुशायरे में आमतौर पर ऐसी ग़ज़लें पढ़ी जाती हैं जो समझने में आसान हों और सुनने वालों से सीधा ताल्लुक़ बना लेती हों। साहिर ने साहसिक क़दम उठाया। वह जाड़े की एक सर्द रात थी। मुशायरे के दौरान एक ऐसा भी समय आया जब श्रोता उठ कर जाने की सोचने लगे थे। लेकिन उन्होंने जाना स्थगित कर दिया। साहिर ने तब तक नज़्म का पहला ही बन्द पढ़ा था जब मुझे यह महसूस हुआ कि वे सुनने वालों को एक जादुई दुनिया में लिए जा रहे हैं। वे हमारे साथ उन दो प्रेमियों की परेशानियाँ साझा कर रहे थे जिनकी मासूम ज़िन्दगियाँ दुनिया में छिड़े युद्ध की बलि चढ़ गयी थीं...। ठीक उसी वक़्त मुझे अहसास हुआ कि अपनी नज़्म के ज़रिये साहिर शायरी की सबसे ऊँची और ख़ौफ़नाक बुलन्दियों पर पहुँच चुके थे। एक शायर अपने देश के उन लाखों लोगों की आवाज़ बन चुका था जो अम्न की आबोहवा में अपनी ज़िन्दगियाँ बसर करना चाहते थे। इस नज़्म में एक अद्भुत चमक और प्रतिभा दिखती है जो खालिस हिन्दुस्तानी है। ज़रा उमस वाले बारिश के दिनों में चम्पा के फूलों से लदी झाड़ियों से आती ख़ुशबू की कल्पना कीजिए। लेकिन उस सर्वव्यापी गन्ध के आकर्षण के बारे में भी

सोच कर देखिए जो बगीचे की चारदीवारी को पार कर दूर–दूर तक जाती है।" *(ज़हीर 1985 : 341–342)*

उर्दू के कई शायरों ने लम्बी नज़्में लिखी हैं लेकिन अपने संवेदनात्मक आवेग और युद्ध विरोधी सन्देश के कारण कोई भी दूसरी नज़्म *परछाइयाँ* का मुक़ाबला कर पाने में सफल नहीं हुई। साहिर अपना पूरा ध्यान मुख्य मुद्दे पर केन्द्रित करते हैं जो कि वैश्विक शान्ति है। युद्ध की तैयारी और उसके ख़ौफ़ के बरअक्स दो साधारण ज़िन्दगियों और प्रेमियों की उलझनें नज़्म पढ़ने वालों को व्यापक रूप से उद्वेलित करती हैं। शायर पढ़ने वालों को इस दुविधा में भटकता हुआ छोड़ देता है कि नज़्म में जो ब्यौरा है वह क्या सचमुच घटित हो चुका है, या फिर हमने अगर सावधानी नहीं बरती तो ऐसा वाक़या कभी भी गुज़र सकता है। अंग्रेज़ी साहित्य से परिचित पाठकों को यह नज़्म बरबस टी. एस. इलियट की मशहूर कविता *दी वेस्ट लैंड* की याद दिलाती है। 64 पन्नों की यह कविता 1922 में प्रकाशित हुई थी। यूरोप के सभी लोगों के ज़ेहन में प्रथम विश्वयुद्ध की ख़ौफ़नाक यादें अब भी ताज़ा थीं। यह कविता पाँच खण्डों में लिखी गयी है–*डिसइल्यूज़न एंड डिसपेयर, गेम प्लेयिंग बाय सम करेक्टर्स, डेथ एंड सेल्फ़–डिनायल, लिरिकल पिटीशन और एन इमेज ऑफ़ जजमेंट*। अगर हम इलियट की कविता और साहिर की नज़्म को एक साथ पढ़ें तो हमारे ज़ेहन में कुछ एक जैसे बिम्ब और दृश्य बिल्कुल सिनेमा की तरह गुज़रते हुए हमें हैरत में डाल देते हैं। *दी वेस्ट लैंड* संस्कृत के मन्त्र *शान्ति, शान्ति, शान्ति* के अनुस्यूत सन्देश के साथ समाप्त होती है। दूसरी तरफ़ साहिर किसी धार्मिक और नैतिक तर्क का सहारा नहीं लेते हैं। वे सिर्फ़ "अगर" और "तब" जैसी जिज्ञासाओं और अन्तर्द्वन्द्वों का समाधान तलाशने का प्रयास करते हैं।

गुज़िश्ता जंग में घर ही जले मगर इस बार
अजब नहीं कि ये तनहाई भी जल जायें
गुज़िश्ता जंग में पैकर जले मगर इस बार
अजब नहीं कि ये परछाइयाँ भी जल जायें
तसव्वुरात की परछाइयाँ उभरती हैं

इस नज़्म में प्रस्तुत परिदृश्य–युद्धोन्माद में पागल दुनिया, विदेशी धरती पर युद्ध करने के लिए फ़ौज में जबरन बहाल किये गये भारतीय

सिपाही, युद्ध और शान्ति दोनों का फ़ैसला करने वाली विदेशी ताक़त वग़ैरह–ये तमाम स्थितियाँ इसका सबूत हैं कि यह नज़्म 1955 में नहीं बल्कि 1944 या 1945 के आसपास लिखी गयी थी। उन दिनों साहिर लाहौर में रहा करते थे। एक अन्य उल्लेख के अनुसार यह नज़्म पहली बार उर्दू पत्रिका *चट्टान* में प्रकाशित हुई थी जिसके सम्पादक शोरिश कश्मीरी साहिर के क़रीबी दोस्त थे। बहरहाल यह नज़्म जब भी लिखी और प्रकाशित हुई हो, यह तय है कि अपने तरह की अनोखी नज़्म होने की वजह से यह उर्दू साहित्य में हमेशा याद रखी जायेगी।

समाज पर युद्ध के विध्वंसक प्रभाव को रेखांकित कर युद्ध पर कविताएँ लिखना प्रगतिशील कवियों और शायरों का पसन्दीदा विषय था। लेकिन दो इन्सानों के आपसी, और शायद रोमानी रिश्तों की पृष्ठभूमि में युद्ध की भयावहता को चित्रित करना वास्तव में थोड़ा भिन्न और विशिष्ट था। अब तक सिर्फ़ दो प्रगतिशील शायरों–साहिर और फ़ैज़ ने वैश्विक और व्यक्तिगत दोनों विषयों के सम्मिश्रण का सफल प्रयास किया। जब जोश मलीहाबादी जैसे शायर इंक़लाब और जंग की बात करते हैं तो उनकी शायरी में भी एक कोलाहल सुनाई देता है। जोश की शायरी नारों और उक्तियों से भरी प्रतीत होती है जबकि साहिर और फ़ैज़ की शायरी पढ़ने वालों के अन्तःकरण से गहरा सम्बन्ध स्थापित करती है–एक ऐसी शायरी जिनमें रेशम जैसा नर्म रोमान और गहरी संवेदनात्मक अर्थवत्ता दोनों समाहित हों। दोनों शायरों की और अन्य विशिष्टता यह है कि उनकी ग़ज़लें और नज़्में अपने अन्दर की अनोखी लयात्मकता के कारण पहचानी जा सकती हैं; शब्दों का एक–एक विलक्षण ध्वन्यात्मक प्रवाह जिनके कारण उन्हें सुरों में आसानी से ढाला जा सके। साहिर की शायरी मुर्दों के लिए भले ही एक शोकगीत हो लेकिन ज़िन्दा इन्सान के लिए एक कामना और चाहत है।

जवान रात के सीने पे दूधिया आँचल
मचल रहा है किसी ख़्वाब–ए–मरमरी[18] की तरह
हसीन फूल, हसीं पत्तियाँ, हसीं शाखें
लचक रही हैं किसी जिस्में–नाज़नीं की तरह

---

18. सफ़ेद।

फ़ज़ा में घुल गये हैं उफ़क़ के नर्म ख़तूत
ज़मीं हसीन है, ख़्वाबों की सरज़मीं की तरह

तसव्वुरात[19] की परछाइयाँ उभरती हैं
कभी गुमान की सूरत कभी यक़ीं की तरह
वे पेड़ जिनके तले हम पनाह लेते थे
खड़े हैं आज भी साकित किसी अमीं[20] की तरह
इन्हीं के साये में फिर आज दो धड़कते दिल
ख़ामोश होंठों से कुछ कहने–सुनने आये हैं
न जाने किस कशाकश[21] से कितनी काविश से
ये सोते–जागते लम्हे चुरा के लाये हैं

यही फ़ज़ा यही रुत यही ज़माना था
यहीं से हमने मुहब्बत की इब्दिता की थी
धड़कते दिल से लरज़ती हुई निगाहों से
हज़ूर–ए–ग़ैब में नन्ही सी इल्तिज़ा की थी
कि आरज़ू के कँवल खिल के फूल हो जायें
दिलो–नज़र की दुआएँ कुबूल हो जायें

तसव्वुरात की परछाइयाँ उभरती हैं
तुम आ रही हो ज़माने की आँख से बच कर
नज़र झुकाये हुए और बदन चुराये हुए
ख़ुद अपने क़दमों की आहट से झेंपती, डरती,
ख़ुद अपने साये की जुम्बिश से ख़ौफ़ खाये हुए
तसव्वुरात की परछाइयाँ उभरती हैं

रवाँ है छोटी–सी कश्ती हवाओं के रुख़ पर
नदी के साज़ से मल्लाह गीत गाता है
तुम्हारा जिस्म हर इक लहर के झकोले से

19. सोच, ख़याल, 20. ईमानदार व्यक्ति, 21. संघर्ष।

मेरी खुली हुई बाँहों में झूल जाता है
तसव्वुरात की परछाइयाँ उभरती हैं

मैं फूल टाँक रहा हूँ तुम्हारे जूड़े में
तुम्हारी आँख मसर्रत से झुकती जाती है
न जाने आज मैं क्या बात कहने वाला हूँ
ज़बान ख़ुश्क है आवाज़ रुकती जाती है
तसव्वुरात की परछाइयाँ उभरती हैं

मेरे गले में तेरी गुदाज़[22] बाँहें हैं
तुम्हारे होंठों पे मेरे लबों के साये हैं
मुझे यक़ीं है कि हम अब कभी न बिछड़ेंगे
तुम्हें गुमाँ है हम मिल के भी पराये हैं
तसव्वुरात की परछाइयाँ उभरती हैं

मेरे पलँग पर बिखरी हुई किताबों को
अदा–ए अज्ज़ो–क़रम[23] से उठा रही हो तुम
सुहाग रात जो ढोलक पर गाये जाते हैं
दबे सुरों में वही गीत गा रही हो तुम
तसव्वुरात की परछाइयाँ उभरती हैं

वो लम्हे कितने दिलकश थे वो घड़ियाँ कितनी प्यारी थीं
वो सेहरे कितने नाज़ुक थे वो लड़ियाँ कितनी प्यारी थीं
बस्ती की हर एक शादाब गली ख़्वाबों का जज़ीरा थी गोया
हर मौजे–नफ़स[24], हर मौजे सबा[25] नग़्मों का जज़ीरा थी गोया

नागाह लहकते खेतों से टापों की सदायें आने लगीं
बारूद की बोझल बू लेकर पच्छम की हवायें आने लगीं
ता'मीर के रौशन चेहरे पर तख़रीब[26] का बादल फैल गया
हर गाँव में वहशत नाच उठी हर शहर में जंगल फैल गया

---

22. नरम–ओ–नाज़ुक, 23. नम्रता, 24. साँसों की धारा, 25. हवा की धारा, 26. तबाही, बर्बादी।

मग़रिब मुहज़्ज़ब मुल्कों से कुछ खाकी वर्दी–पोश आये
इठलाते हुए मग़रूर आये लहराते हुए मदहोश आये
ख़ामोश ज़मीं के सीने में खैमों की तानावें गड़ने लगीं
मक्खन–सी मुलायम राहों पर बूटों की खराशें पड़ने लगीं
फ़ौजों के भयानक बैंड तले चर्खों की सदायें डूब गयीं
जीपों की सुलगती धूप तले फूलों की क़बायें डूब गयीं

इनसान की क़ीमत गिरने लगी अजनास के भाव चढ़ने लगे
चौपाल की रौनक घटने लगी भरती के दफ़ातर बढ़ने लगे
बस्ती के सजीले शोख़ जवाँ बन–बन के सिपाही जाने लगे
जिस राह से कम ही लौट सके उस राह पे राही जाने लगे
इन जाने वाले दस्तों में ग़ैरत भी गयी बरनाई भी
माँओं के जवाँ बेटे भी गये बहनों के चहेते भाई भी

बस्ती पे उदासी छाने लगी मेलों की बहारें ख़त्म हुईं
आमों की लचकती शाख़ों से झूलों की क़तारें ख़त्म हुईं
धूल उड़ने लगी बाजा़रों में भूख उगने लगी खलियानों में
हर चीज़ दुकानों से उठ कर रूपोश हुई तहखानों में
बदहाल घरों की बदहाली बढ़ते–बढ़ते जंजाल बनी
महँगाई बढ़ कर काल बनी सारी बस्ती कंगाल बनी
चरवाहियाँ रस्ता भूल गयीं पनहारियाँ पनघट छोड़ गयीं
कितनी ही कँवारी अबलाएँ माँ–बाप की चौखट छोड़ गयीं

इफ़्लास–ज़दा[27] दहकानों के हल–बैल बिके खलियान बिके
जीने की तमन्ना के हाथों जीने ही के सब सामान बिके
कुछ भी न रहा जब बिकने को जिस्मों की तिजारत होने लगी
ख़ल्वत में भी जो ममनूअ थी वो जल्वत में जसारत होने लगी

तसव्वुरात की परछाइयाँ उभरती हैं
तुम आ रही हो सरे–आम बाल बिखराये हुए

27. ग़रीबी के मारे हुए।

हज़ार गोना मलामत का भार उठाये हुए
हवस–परस्त निगाहों की चीरा–दस्ती से
बदन की झेंपती उरयानियाँ छिपाये हुए
तसव्वुरात की परछाइयाँ उभरती हैं

मैं शहर जाके हर इक दर को देख आया हूँ
किसी जगह मेरी मेहनत का मोल मिल न सका
सितमगरों के सियासी किमारख़ानों[28] में
अलम–नसीब[29] फ़रासत[30] का मोल मिल न सका
तसव्वुरात की परछाइयाँ उभरती हैं

तुम्हारे घर में क़यामत का शोर बरपा है
महाजे–जंग से हरकारा तार लाया है
कि जिसका ज़िक्र तुम्हें ज़िन्दगी से प्यारा था
वो भाई नर्ग़ा–ए दुश्मन में काम आया है
तसव्वुरात की परछाइयाँ उभरती हैं

हर एक गाम पे बदनामियों का जमघट है
हर एक मोड़ पर रुसवाइयों के मेले हैं
न दोस्ती न तकल्लुफ न दिलबरी न ख़ुलूस
किसी का कोई नहीं आज सब अकेले हैं
तसव्वुरात की परछाइयाँ उभरती हैं

वो रहगुज़र जो मेरे दिल की तरह सूनी है
न जाने तुम को कहाँ लेके जाने वाली है
तुम्हें ख़रीद रहे हैं ज़मीर के क़ातिल
उफ़क़ पे ख़ूने–तमन्नाए[31] दिल की लाली है
तसव्वुरात की परछाइयाँ उभरती हैं

---

28. जुआघर, 29 ग़म से भरी हुई, 30. बुद्धि, 31. दिल की आशाओं का ख़ून।

सूरज की लहू में लिथड़ी हुई वो शाम है अब तक याद है मुझे
चाहत के सुनहरे ख़्वाबों का अंजाम है अब तक याद है मुझे
उस शाम मुझे मालूम हुआ खेतों की तरह इस दुनिया में
सहमी हुई दोशीज़ाओं की मुसकान भी बेची जाती है
उस शाम मुझे मालूम हुआ इस कार गहे–ज़रदारी[32] में
दो भोली–भाली रूहों की पहचान भी बेची जाती है

उस शाम मुझे मालूम हुआ जिस बाप की खेती छिन जाये
ममता के सुनहरे ख़्वाबों की अनमोल निशानी बिकती है
उस शाम मुझे मालूम हुआ जब भाई जंग में काम आये
सरमाये के क़हवाखाने[33] में बहनों की जवानी बिकती है

सूरज के लहू में लिथड़ी हुई वह शाम है अब तक याद मुझे
चाहत के सुनहरे ख़्वाबों का अंजाम है अब तक याद मुझे

तुम आज हज़ारों मील यहाँ से दूर कहीं तनहाई में
या बज़्मे–तरब आराई में
मेरे सपने बुनती होगी बैठी आग़ोश परायी में

और मैं सीने में ग़म लेकर दिन–रात मशक्कत[34] करता हूँ
जीने की ख़ातिर मरता हूँ
अपने फ़न को रुसवा कर के अगियार का दामन भरता हूँ

मजबूर हूँ मैं, मजबूर हो तुम मजबूर ये दुनिया सारी है
तन का दुःख मन पर भारी है
इस दौर में जीने की क़ीमत या दारो–रसन[35] या ख़्वारी है

मैं दारो–रसन तक जा न सका तुम जहद[36] की हद तक आ न सकीं
चाहा तो मगर अपना न सकीं
हम तुम दो ऐसी रूहें हैं जो मंज़िलें–तस्कीं पा न सकीं

---

32. सरमायादारी व्यवस्था, 33. खाने–पीने का स्थान, 34. मेहनत, 35. फाँसी का फन्दा, 36. कोशिश।

जीने को जिये जाते हैं मगर साँसों में चितायें जलती हैं
ख़ामोश वफ़ाएँ जलती हैं
संगीन–हक़ायक़–ज़ारों में ख़्वाबों की रिदाएँ[37] जलती हैं

और आज इन पेड़ों के नीचे फिर दो साये लहराये हैं
फिर दो दिल मिलने आये हैं
फिर मौत की आँधी उठी है फिर जंग के बादल छाये हैं

मैं सोच रहा हूँ इनका भी अपनी ही तरह अंजाम न हो
इनका भी जुनूँ बदनाम न हो
इनके भी मुक़द्दर में लिक्खी इक ख़ून में लिथड़ी शाम न हो

सूरज के लहू में लिथड़ी हुई वो शाम है अब तक याद मुझे
चाहत के सुनहरे ख़्वाबों का अंजाम है अब तक याद मुझे

हमारा प्यार हवादिस[38] की ताब ला न सका
मगर इन्हें तो मुरादों की रात मिल जाये
इन्हें तो कश्मकशे–मर्गे–बेअमाही मिली
इन्हें तो झूमती गाती हयात मिल जाये

बहुत दिनों से है यह मश्ग़ला[39] सियासत का
कि जवान हों बच्चे तो क़त्ल हो जायें
बहुत दिनों से है यह ख़ब्त हुक्मरानों का
कि दूर–दूर के मुल्कों में क़हत बोल

बहुत दिनों से जवानी के ख़्वाब वीराँ हैं
बहुत दिनों से मुहब्बत पनाह ढूँढ़ती है
बहुत दिनों से सितम–दीद शाहराहों में
निगारे–ज़ीस्त की इस्मत पनाह ढूँढ़ती है

37. ढाँकने वाला कपड़ा, 38. हादसा, 39. एक प्रिय विषय।

चलो कि आज सभी पायमाल रूहों से
कहें कि अपने हर–इक ज़ख़्म को ज़बाँ कर लें
हमारा राज़ हमारा नहीं सभी का है
चलो सारे ज़माने को राज़दाँ कर लें

चलो कि चल के सियासी मुक़ामिरों[40] से कहें
कि हम को जंगो–जदल के चलन से नफ़रत है
जिसे लहू के सिवा कोई रंग न रास आये
हमें हयात के उस पैरहन से नफ़रत है

कहो कि अब कोई क़ातिल अगर इधर आया
तो हर क़दम पे ज़मीं तंग होती जायेगी
हर एक मौजे हवा रुख़ से बदल के झपटेगी
हर एक शाख़ रगे–संग होती जायेगी

उठो कि आज हर इक जंग जू से यह कह दें
कि हम को काम की ख़ातिर कलों[41] की हाजत है
हमें किसी की ज़मीं छीनने का शौक़ नहीं
हमें तो अपनी ज़मीं पर हलों की हाजत है

कहो कि अब कोई ताजिर इधर का रुख़ न करे
अब इस जा कोई कँवारी न बेची जायेगी
ये खेत जाग पड़े उठ खड़ी हुईं फ़सलें
अब इस जगह कोई क्यारी न बेची जायेगी

ये सरज़मीन है गौतम की और नानक की
इस अर्ज़े–पाक पे वहशी न चल सकेंगे कभी
हमारा ख़ून अमानत है नस्ले–नौ के लिए
हमारे ख़ून पे लश्कर न पल सकेंगे कभी

---

40. जुए के खेल में प्रतिद्वन्द्वी, 41. औज़ार।

कहो कि आज भी हम सब अगर ख़ामोश रहे
तो इस दमकते हुए ख़ाकदाँ[42] की ख़ैर नहीं
जुनूँ की ढाली हुई ऐटमी बालाओं से
ज़मीं की ख़ैर नहीं आसमाँ की ख़ैर नहीं

गुज़िश्ता[43] जंग में घर ही जले मगर इस बार
अजब नहीं कि तनहाइयाँ भी जल जायें
गुज़िश्ता जंग में पैकर जले मगर इस बार
अजब नहीं कि ये परछाइयाँ भी जल जायें
तसव्वुरात की परछाइयाँ उभरती हैं

---

42. धरती, 43. आख़री।

3

हर धुन सुरीली

ग़ज़लें और गीत

ये वादियाँ ये फ़ज़ाएँ बुला रही हैं तुम्हें
ख़मोशियों की सदाएँ बुला रही हैं तुम्हें

दिल्ली में दो सालों तक एक साहित्यिक पत्रिका *शाहराह* का सम्पादन करने के बाद 1950 के आरम्भ में साहिर मुम्बई चले आये। शुरू के कुछ साल तो उनको अच्छा–ख़ासा संघर्ष करना पड़ा लेकिन फिर धीरे–धीरे फ़िल्मों के एक अच्छे गीतकार के रूप में उन्होंने ख़ुद को स्थापित कर लिया। उनके अच्छे दोस्त और उपन्यासकार कृशन चन्दर ने फ़िल्मी दुनिया से उनका परिचय कराने में महत्त्वपूर्ण भूमिका निभाई। कृशन चन्दर का उल्लेख करना यहाँ इसलिए भी ज़रूरी है कि वह दरअसल साहिर की दूसरी मुम्बई यात्रा थी। वे पहली बार मुम्बई 1946 में गये थे लेकिन कई कारणों से उनकी वह यात्रा सफल नहीं हो सकी। आज़ादी और विभाजन के बाद की अराजकता और ख़ूनख़राबा भी उनमें अहम कारण थे।

साहिर यह हमेशा मानते रहे कि फ़िल्मी दुनिया में होने की वजह से वे एक बेहतर शायर हो पाये क्योंकि फ़िल्मों के माहौल ने उनकी रचनात्मकता को माँजने में बड़ी भूमिका निभाई। यह बदलाव आसान नहीं था। फ़िल्मी गीतकारों के हाथ फ़िल्मों की कहानी और परिवेश से बँधे होते हैं। साथ ही उनको संगीतकार की अपेक्षाओं के हिसाब से गीत लिखने होते हैं। उनको शब्दों को एक गीत के रूप में ढालना पड़ता है ताकि उसे गायक साज़िन्दों की बनायी धुन पर गा सके। लेकिन साहिर ने इन बन्दिशों को कई तरह से तोड़ने का काम किया। सबसे पहले तो उन्होंने

फ़िल्म जगत को *तल्ख़ियाँ* जैसी अपनी बेहतरीन और अनमोल शायरी से परिचित कराया। दूसरी बात कि फ़िल्मों के लिए गीत लिखते हुए उन्होंने कभी भी अपनी साहित्यिक रुचियों से समझौता नहीं किया। फ़िल्म लेखक इब्राहीम जलीस साहिर की इस विशेषता की पुष्टि इन शब्दों में करते हैं :

> "फ़िल्मी दुनिया में संगीतकारों की हैसियत को एक गीतकार से ऊँचा समझने की परम्परा रही है। रिलीज करने के लिए फ़िल्म ख़रीदने से पहले वितरक भी इस जानकारी से सन्तुष्ट होना चाहते हैं, 'संगीत किसने दिया है? नौशाद, एस. डी. बर्मन, शंकर–जयकिशन? किसने?' किसी वितरक ने आज तक गीतकार का नाम नहीं पूछा। लेकिन साहिर और मजरूह ने इस परम्परा को बदलने का काम किया। वे जब गीत लिखते थे तो संगीतकार के बारे में कोई नहीं पूछता था।" *(जलीस 1910 : 55)*

जाँ निसार अख़्तर, जो ख़ुद भी फ़िल्मों के लिए लिखते थे, ने फ़िल्मी गानों का स्तर सुधारने में साहिर के अवदान को इन शब्दों में व्यक्त किया है :

> "इसमें कोई दो मत नहीं है कि सामाजिक और राजनीतिक जागरूकता को अपने लेखन में केन्द्रीय स्थान देकर साहिर ने फ़िल्मी गानों में एक चमत्कार उत्पन्न करने का काम किया। यह एक अलग तरह की चुनौती थी जिसके लिए ख़ासी हिम्मत की ज़रूरत थी। अपने समय के दूसरे गीतकारों की तरह उन्होंने पारम्परिक फ़िल्मी गानों के सतही भँवर से ख़ुद को बचाये रखा। उन्होंने सौन्दर्य, अनुभूति और बोधगम्यता तीनों को एक साथ इस तरह प्रस्तुत किया कि प्रेमियों के मिलन की ख़ुशी और बिछोह की पीड़ा एकाकार हो गयी। फ़िल्मों के लिए लिखते हुए साहिर ने न तो ख़ुद को नीचे गिरने दिया और न प्रगतिशील आन्दोलन के बुनियादी उसूलों के साथ फ़रेब ही किया। उन्होंने हमेशा अपनी शायरी में उन्हीं लोगों की नुमाइन्दगी की जो उनसे अपने गीतों के ज़रिये समाज में बदलाव की उम्मीद रखते थे। उनके गीत उस शायर के गीत थे जो अपनी ज़िम्मेदारियों को बख़ूबी जानता था, और उनकी इस उपलब्धि के लिए मैं उन्हें दिली मुबारक़बाद देता हूँ।" *(अख़्तर 1985 : 393–398)*

साहिर नज़्मों के शायर थे। बहुत कम उम्र में उन्होंने इस विधा में महारत हासिल कर ली थी। उनकी शुरुआती नज़्मों को पढ़ने पर स्पष्ट होता है कि शायरी की बारीक़ी उन्हें बहुत स्वाभाविक रूप से हासिल हुई थी। उनकी शायरी में शब्दों का प्रवाह इस तरह दिखता है मानो फव्वारे से पानी फूट रहा हो और उनकी नज़्मों में वैचारिकता भी प्रयोगात्मक स्मितियों और बिम्बों के साथ उपस्थित होती है। जहाँ तक गीतात्मकता के स्तर का प्रश्न है तो साहिर की सभी नज़्मों में ग़ज़ल का पाठकीय आस्वाद मिलता है। उनमें *काफ़िया* और *रदीफ़* का इस्तेमाल बहुलता में मिलता है, और ये दोनों ही ग़ज़ल विधा दो प्रमुख ज़रूरतें हैं। इसलिए जब साहिर ने जब–जब अपनी शायरी को ग़ज़ल या गीत के रूप में ढाला तब उन्हें विशेष परेशानियों का सामना नहीं करना पड़ा। फ़िल्मों में उनके सुविधापूर्वक गीत लेखन की असल वजह भी यही थी।

लोग यह मानते हैं कि नज़्म लिखने वाले शायर अक्सर कामयाब ग़ज़लगो नहीं होते हैं। नज़्म लिखने वाले शायर एक बहुत बड़े फ़लक का इस्तेमाल करते हैं और उनको प्रयोग करने के लिए पर्याप्त आज़ादी मिली होती है। नज़्में छन्दों से मुक्त होकर, या अलग–अलग छन्दों के साथ भी लिखी जा सकती हैं। विश्वप्रसिद्ध अंग्रेज़ी कवि और समालोचक एलेक्जेंडर पोप ने *एन एसे ऑन क्रिटिसिज़्म* में लिखा है :

> "लेखन में सच्ची सहजता संयोग से नहीं, कला से आती है जैसे नृत्य जानने वाले किसी व्यक्ति के लिए कोई आसान भंगिमा हो।"
> *(मेरी ओलिवर द्वारा उद्धृत, 1998)*

नृत्य के कुछ नियम–क़ायदे होते हैं लेकिन कुशल नर्तक तत्क्षण प्रयोग करने की कला में निष्णात होते हैं। नज़्म लिखने वाले शायरों को भी यही आज़ादी हासिल होती है और साहिर ने अपने लेखन में इसका व्यापक प्रमाण दिया है।

इसके विपरीत ग़ज़ल एक ऐसी विधा है जो कुछ नियम–क़ायदे से बँधी होती है। शायर को जो भी बात कहनी होती है, वह सिर्फ़ दो पंक्तियों में ही कहनी होती है। दोनों पंक्तियों में अच्छी तुकबन्दी और एक सघन वैचारिकता होनी चाहिए। ग़ज़ल लेखन एक ऐसी कला है जिसमें कड़े रियाज़ और नियमित अभ्यास की ज़रूरत होती है। उर्दू के समालोचक मजनून गोरखपुरी ने साहिर की नज़्मों और ग़ज़लों का सम्यक विश्लेषण करते हुए लिखा है :

"शायरी का हुनर साहिर को कुदरतन हासिल था, और यह हुनर उनकी नज़्मों और ग़ज़लों में समान कलात्मकता के साथ मौजूद था। वे आन्तरिक अनुभूति के साथ बाह्य प्रभावों का चमत्कारिक मेल कराने में कुशल थे और यह संगम उनके लेखन में आद्योपान्त दिखता है। नज़्म हो अथवा ग़ज़ल, साहिर ने अपनी शायरी में हमेशा ग़ज़लियत (एक पद की रचना के क्रम में उसकी पारम्परिक गीतात्मकता को बचाये रखने की कला) या तगज्जुल (छन्दरचना की कला) के वैशिष्ट्य और सौन्दर्य को बचाये रखा।" *(गोरखपुरी 1969 : 15)*

इस अध्याय में हम साहिर की ग़ज़लों का व्यापक चयन देखेंगे। इन में से कई ग़ज़लें उन्होंने फ़िल्मों के लिए लिखी हैं। ज़्यादातर ग़ज़लों का संगीत एस. डी. बर्मन जैसे विरल संगीतकारों ने दिया था और उनको गाने वाले मोहम्मद रफ़ी, तलत महमूद, लता मंगेशकर और आशा भोंसले जैसे निर्विकल्प गायक थे। साहिर की ग़ज़ल लेखन की एक विशिष्टता जिसे रेखांकित किये जाने की आवश्यकता है, यह है कि उनकी ज़्यादातर ग़ज़लों का कथ्य एक था। वे किसी विशेष दृश्य, विचार, घटना या स्थिति को प्रस्तुत करती हैं। इसीलिए इन ग़ज़लों में एक वैचारिक प्रवाह दिखता है जो पहले शे'र से आख़िरी शे'र तक एक निरन्तरता के साथ उपस्थित रहता है। यह ग़ज़ल विधा के पारम्परिक कसौटी के अनुकूल नहीं, हालाँकि साहिर से पहले हसरत मोहानी और मोमिन जैसे महान शायर इस तरीक़े को कामयाबी के साथ आज़मा चुके थे। साहिर के लिए यह इसलिए भी एक आसान तरीक़ा था क्योंकि वे कुदरती तौर पर एक नज़्म लिखने वाले शायर थे। फ़िल्मों के लिए गीत लिखने की ज़रूरी शर्त भी यही होती है।

अहल-ए-दिल

क्या मैं अकेला इन्सान हूँ या मेरे सिवा दूसरे लोग भी हैं? ज़िन्दगी के हालात से टकराते हुए यह सवाल हमारे ज़ेहन में बार–बार आता है। मेरे दिल में तो दूसरों के लिए मुहब्बत है लेकिन दूसरों के दिलों में क्या है? मैं इस दुनिया से मायूस हूँ लेकिन क्या दूसरे लोग ख़ुश हैं? हम दूसरों से ख़ुद को ऐसे जोड़ने की कोशिश करते हैं जिसे समझ पाना वाक़ई जटिल है। समाज हमसे यही उम्मीदें रखता है कि हम अच्छे विचार और आचरण,

अपनी ख़ुशियाँ और जश्न दूसरों के साथ बाँटें, लेकिन दूसरी ओर वही समाज हमें अपना दुःख और पीड़ा दूसरों से साझा करने से हतोत्साहित करता है। ऐसा शायद समाज के अलिखित नियमों के कारण है क्योंकि सब को अपना सन्ताप दूसरों से बड़ा अनुभव होता है। इन्सान के अन्दर विरक्ति और अवसाद की मनःस्थिति भी सम्भवतः इन्हीं वजहों से जन्म लेती है। साहिर अपनी ग़ज़लों के अन्त में नैतिकता के उन स्वघोषित ध्वजवाहकों पर तल्ख़ हमले करते हैं जो अपने दोमुँहेपन के कारण हमेशा से प्रगतिशील शायरों के निशाने पर रहे हैं। वे लोग जो सिद्धान्तों में नैतिकता की दुहाई देते हैं, वे ही प्रायः अपने व्यावहारिक जीवन में कर्तव्यनिष्ठा पर खरे नहीं उतरते हैं। व्यक्ति अपनी असली अस्मिता और असली प्राथमिकता को प्रकट नहीं करता है, और स्थितियों की जटिलता का मूल कारण भी यही है।

अहल–ए–दिल और भी हैं अहल–ए–वफ़ा और भी हैं
एक हम ही नहीं दुनिया से ख़फ़ा और भी हैं

हम पे ही ख़त्म नहीं मस्लक–ए–शोरीदा–सरी[1]
चाक–ए–दिल और भी हैं चाक–ए–क़बा और भी हैं

क्या हुआ गर मिरे यारों की ज़बानें चुप हैं
मेरे शाहिद[2] मिरे यारों के सिवा और भी हैं

सर सलामत है तो क्या संग–ए–मलामत[3] की कमी
जान बाक़ी है तो पैकान–ए–क़ज़ा[4] और भी हैं

मुंसिफ़–ए–शहर की वहदत[5] पे न हर्फ़ आये
लोग कहते हैं कि अर्बाब–ए–जफ़ा[6] और भी हैं

अच्छा

यह ग़ज़ल जिसे 1965 में मोहम्मद रफ़ी ने फ़िल्म *काजल* के लिए गाया था, हमें सुबह की हवा के झोंकों की तरह तरोताज़ा कर देती है।

---

1. प्यार मुहब्बत का पागलपन, 2. साक्षी, 3. न–पसन्दीदगी, 4. मौत के तीर, 5. एकता, 6. वफ़ा के दुश्मन।

इस ग़ज़ल में कोई भी गुत्थी नहीं है। अगर ज़िन्दगी में कोई ख़ूबसूरत वाक़या होता है तो उसका नतीजा भी बेहतर ही होगा। फिर भी आदमी को इसकी चिन्ता सताती है कि सब कुछ उसके प्रत्यक्ष नियन्त्रण में क्यों नहीं है। कभी–कभी हमें सही और ग़लत के द्वन्द्व से निकल कर ख़ुद को तनावों से मुक्त भी रखने की ज़रूरत है। ग़ज़ल का आख़िरी शे'र लहजे में बरबस उर्दू शायरी की प्रेम कविताओं की याद दिलाता है। प्रेम आदमी को बर्बादी की ओर ले जाता है जिसके कुछ हद तक प्रेम करने वाले ख़ुद भी ज़िम्मेदार होते हैं। बहरहाल शायर इस मसले पर ख़ामोशी इख़्तियार कर लेता और नाटकीय तरीक़े से सारा इल्ज़ाम दूसरी चीज़ों पर डाल देता है। जब हम ग़ज़ल पूरी पढ़ लेते हैं तो हमारे होंठों से बस एक शब्द निकलता है–शानदार!

ये ज़ुल्फ़ अगर खुल के बिखर जाये तो अच्छा
इस रात की तक़दीर सँवर जाये तो अच्छा

जिस तरह से थोड़ी सी तिरे साथ कटी है
बाक़ी भी उसी तरह गुज़र जाये तो अच्छा

दुनिया की निगाहों में भला क्या है बुरा क्या
ये बोझ अगर दिल से उतर जाये तो अच्छा

वैसे तो तुम्हीं ने मुझे बरबाद किया है
इल्ज़ाम किसी और के सर जाये तो अच्छा

ये वादियाँ

यह ग़ज़ल 1963 में प्रदर्शित हुई फ़िल्म *आज और कल* के लिए लिखी गयी थी जिसे मोहम्मद रफ़ी ने ही गाया था। यह ग़ज़ल प्रकृति और रोमांस के विरल संगम का एक शानदार उदाहरण है। ख़ूबसूरत वादियों के बीच खड़ा शायर अपनी प्रेमिका को बुलावा भेज रहा है। आओ, मैं तुम्हें बहुत याद कर रहा हूँ। सिर्फ़ मैं ही नहीं यहाँ की तमाम ख़ूबसूरत चीज़ें तुम्हारा इन्तज़ार कर रही हैं। फूल तुम्हारे सुन्दर होंठों को चूमने के लिए बेताब हैं। बारिश की काली घटाएँ तुम्हारे काले बालों की ख़ुशबुओं की तलबगार हैं।

नदी की लहरें तुम्हारे गुलाबी पाँवों को भिगोना चाहती हैं। क़ुदरत ही नहीं बल्कि मेरा दिल भी मुहब्बत भरे दुनिया के सभी दिलों के साथ सिर्फ़ तुम्हारी राह देख रहा है। ऐसी ग़ज़ल सिर्फ़ साहिर ही लिख सकते हैं!

ये वादियाँ ये फ़ज़ाएँ बुला रही हैं तुम्हें
ख़ामोशियों की सदाएँ बुला रही हैं तुम्हें

तरसते हैं जवाँ फूल होंठ छूने को
मचल मचल के हवाएँ बुला रही हैं तुम्हें

तुम्हारी ज़ुल्फ़ों से ख़ुशबू की भीक लेने को
झुकी झुकी सी घटाएँ बुला रही हैं तुम्हें

हसीन चम्पई फूलों को जब से देखा है
नदी की मस्त अदाएँ बुला रही हैं तुम्हें

मिरा कहा न सुनो उनकी बात तो सुन लो
हर एक दिल की दुआएँ बुला रही हैं तुम्हें

तोड़ लेंगे

यह एक दृष्टि से एक ऐसी ग़ज़ल है जिसमें कोई तथ्य नहीं है। फिर भी इसका हर एक शे'र कल्पनाशीलता की दृष्टि से अनूठा और भिन्न है। इन सभी शे'रों में जो बात सामान्य है वह इसका मिथकीय और इतिहास बोध है जिनको शायर ने किसी भी स्थिति का सामना करने के लिए संकल्प के रूप में प्रस्तुत किया है। क़यामत एक धार्मिक अवधारणा है। कुछ लोगों के लिए एक भयभीत करने वाली कल्पना हो सकती है लेकिन शायर के लिए यह ऐसी बात नहीं है क्योंकि वह बुरी से बुरी परिस्थिति का सामना करने के लिए तैयार है। वह ख़ुद को नये ज़माने का सुकरात कहता है और अपनी शहादत को दुनिया की निगाह में पारदर्शी पेश करना चाहता है। जिस दुनिया में ज़्यादातर लोग अपनी तय ज़िम्मेदारियों से पीछे हट रहे हों उस दुनिया में एक ईमानदार इन्सान का ज़िन्दा रहना बेहद ज़रूरी है। अब दोस्त भी अच्छे दोस्त नहीं रहे और न दुश्मन

ही अच्छे दुश्मन। समाज को राह दिखाने वाले जो लोग शराबियों को सुधारना चाहते हैं वे ख़ुद "बदनामियों की तंग–अँधेरी गलियों" में रहते हैं। ग़ज़ल क्रान्ति के आह्वान के साथ ख़त्म होती है। यह जनता को मौजूदा शासकवर्ग की उपेक्षाओं के ख़िलाफ़ बग़ावत करने के लिए उकसाती है जो धार्मिक व्यवस्थाओं के साथ साँठगाँठ कर के स्थितियों को अपने नियन्त्रण में रखना चाहता है।

तोड़ लेंगे हर इक शय से रिश्ता तोड़ देने की नौबत तो आये
हम क़यामत के ख़ुद मुंतज़िर हैं पर किसी दिन क़यामत तो आये

हम भी सुकरात[7] हैं अहद–नौ के तिश्ना–लब[8] ही न मर जायें यारों
ज़हर हो या मय–ए–आतिशीं[9] हो कोई जाम–ए–शहादत तो आये

एक तहज़ीब है दोस्ती की एक मेयार है दुश्मनी का
दोस्तों ने मुरव्वत[10] न सीखी दुश्मनों को अदावत[11] तो आये

रिंद[12] रस्ते में आँखें बिछायें जो कहे बिन सुने मान जायें
नासेह–ए नेक–तीनत[13] किसी शब सू–ए–कू–ए– मलामत[14] तो आये

इल्म ओ तहज़ीब तारीख़ ओ मंतिक़[15] लोग सोचेंगे इन मसअलों पर
ज़िन्दगी के मशक्क़त–कदे में कोई अहद–ए–फ़राग़त[16] तो आये

काँप उट्ठे कस्र–ए–शाही के गुम्बद थरथराये ज़मीं माबदों[17] की
कूचा–गर्दों की वहशत तो जागे ग़म–ज़र्दों को बग़ावत तो आये

बेहतर है कि मर जायें

इस ग़ज़ल को साहिर ने 1955 में प्रदर्शित होने वाली फ़िल्म *हाउस नं. 44* के एक ख़ास दृश्य के लिए लिखा था और इसे हेमन्त कुमार ने गाया था। यह परित्याग और आत्म–निर्वासन की ग़ज़ल है जिसके ज़रिये शायर

---

7. सुकरात (470–399 ई. पू.), 8. प्यासे, 9. आग उबलती हुई शराब, 10. मुहब्बत, 11. दुश्मनी, 12. शराबी, 13. अच्छी नसीहत देने वाला धार्मिक प्रचारक, 14. गिरावट की गली में, 15. तर्कशास्त्र, 16. कुछ न सोचने का समय, 17. उपासनागृह।

ख़ुद को मौत के सुपुर्द कर देने की कामना करता है। ऐसा नहीं है कि अकेला शायर ही ग़म और मायूसी से घिरा हुआ है, बल्कि पूरा माहौल ग़म में डूबा हुआ है। चारों तरफ़ सिर्फ़ आँसू ही आँसू हैं। सभी तरह के दर्द सहे जा सकते हैं लेकिन प्रेम से रिक्त जीवन को बर्दाश्त कर पाना मुश्किल है। आख़िरी शे'र नीले आसमान के पार बैठे उस अदृश्य परम सत्ता के सामने सवाल खड़े करता है कि दुनिया में हर एक इन्सान के हिस्से में प्यार और ख़ुशियाँ क्यों नही हैं। अगर आपको उदास कर देने वाला संगीत अच्छा लगता है तो आप निश्चित तौर पर इस ग़ज़ल को सुनना पसन्द करेंगे।

तिरी दुनिया में जीने से बेहतर है कि मर जायें
वही आँसू वही आहें वही ग़म हैं जिधर जायें

कोई तो ऐसा घर होता जहाँ से प्यार मिल जाता
वही बेगाने चेहरे हैं जहाँ जायें जिधर जायें

अरे ओ आसमाँ वाले बता इसमें बुरा क्या है
ख़ुशी के चार झोंके गर इधर से गुज़र जायें

तंग आ चुके हैं

इस ग़ज़ल का पहला पाठ सबसे पहले मोहम्मद रफ़ी ने अपनी ज़ोरदार सुरीली आवाज़ में 1957 में आयी फ़िल्म *प्यासा* के लिए किया था। मोहम्मद रफ़ी ने यह ग़ज़ल किसी साज़ के बिना गायी थी। एक साल बाद आशा भोंसले ने फ़िल्म *लाइट हाउस* के लिए यह ग़ज़ल दोबारा गायी थी। दोनों ग़ज़लों में ज़्यादा फ़र्क़ नहीं था। ज़िन्दगी जीने से इनकार कर देना एक साहस से भरा फ़ैसला है। अगर ज़िन्दगी में सब तरफ़ नाकामियाँ ही हों तो ऐसे में कोई क्या करेगा? अगर सामने के तमाम रास्ते बन्द हो चुके हों तब कोई क्या करेगा? अगर किसी की मुहब्बत की कहानी ऐसे मोड़ पर ख़त्म हो चुकी हो कोई इसके बारे में बात भी नहीं करे तो कोई क्या करेगा? हालात एकदम ख़िलाफ़ हों, फिर भी कोई उम्मीद कहीं–न–कहीं ज़रूर बची रहती है। मायूसी में डूबा दिल दोबारा फिर से हँस सकता है। लेकिन यह बात पूरी तरह सच्ची नहीं होती। ज़िन्दगी की यह जद्दोजहद या तो रोज़ चलती रहेगी, या फिर इसको हमेशा के लिए ख़त्म किया जा सकता है।

तंग आ चुके हैं कश्मकश–ए–ज़िन्दगी से हम
ठुकरा न दें जहाँ को कहीं बे–दिली से हम

मायूस–ए–मआल–ए–मोहब्बत न पूछिये
अपनों से पेश आये हैं बेगानगी से हम

लो आज हम ने तोड़ दिया रिश्ता–ए–उम्मीद
लो अब कभी गिला न करेंगे किसी से हम

उभरेंगे एक बार अभी दिल के वलवले
गो दब गये हैं बार–ए गम़–ए–ज़िन्दगी से हम

गर ज़िन्दगी में मिल गये फिर इत्तिफ़ाक़ से
पूछेंगे अपना हाल तिरी बेबसी से हम

अल्लाह–रे फ़रेब–ए–मशिय्यत[18] कि आज तक
दुनिया के ज़ुल्म सहते रहे ख़ामुशी से हम

बात करें

यह ग़ज़ल दो इन्सानों की परस्पर बातचीत को विषय बना कर लिखी गयी है और इसका मतलब है–"आओ बात करें।" हम जानते हैं कि भाषा शब्दों के मेल से बनी है और शब्दों का एक साफ़ और निश्चित अर्थ होता है। यह पारम्परिक सोच है, और हर कोई इस बात से सहमत भी नहीं। फ़ारसी में लिखने वाले मशहूर हिन्दुस्तानी शायर ने एक बार कहा था कि एक अच्छे शे'र का कोई निश्चित अर्थ नहीं होता। दरअसल उनकी बात का अभिप्राय यह है कि अच्छाइयों का कोई एक अर्थ नहीं होता और समय के साथ–साथ उनके अर्थ बदलते रहते हैं। बातों की अच्छाइयाँ ज़िन्दा चीज़ों से तो ताल्लुक़ रखती ही हैं, चीज़ों को ज़िन्दा रखने की कुव्वत भी रखती हैं। हम जो कुछ बोलते हैं उसके साथ भी यही होता है। सज़ा क्या है, और इनाम क्या है? हम अपनी इच्छाओं को कैसे व्यक्त करते हैं?

18. नौकरी, पेशा।

हम परमात्मा के बारे में क्या बात करते हैं? ख़ूबसूरती से हमारा क्या मतलब है और हमें कौन–सी चीज़ ख़ूबसूरत लगती है? ख़ुद को व्यक्त करने के लिए हम जो शब्द चुनते हैं, सम्भव है कि उनको सुनने वालों के लिए उनका कोई और अर्थ हो। या फिर वक़्त के गुज़रने के साथ–साथ उनके मायने भी बदल जायें। जो भी हो, लेकिन बातचीत करने का कोई और विकल्प नहीं है। बातचीत कभी भी रुकनी नहीं चाहिए। जिस पल यह रुक जायेगी, दुनिया उसी पल हमेशा के लिए ठहर जायेगी।

सज़ा का हाल सुनाएँ जज़ा[19] की बात करें
ख़ुदा मिला हो जिन्हें वो ख़ुदा की बात करें

उन्हें पता भी चले और वो ख़फ़ा भी न हों
इस एहतियात से क्या मुद्दआ की बात करें

हमारे अहद की तहज़ीब में क़बा ही नहीं
अगर क़बा हो तो बन्द–ए–क़बा[20] की बात करें

हर एक दौर का मज़हब नया खुदा लाया
करें तो हम भी मगर किस ख़ुदा की बात करें

वफ़ा–शिआर कई हैं कोई हसीं भी तो हो
चलो फिर आज उसी बेवफ़ा की बात करें

संसार की हर शय का

1971 की फ़िल्म *धुन्ध* के लिए लिखी इस ग़ज़ल को महेन्द्र कपूर ने गाया है जो इस दुनिया को एक अलग नज़र से देखने की कोशिश करती है। एक दार्शनिक हुए बिना शायर अन्ततः जिस निष्कर्ष पर पहुँचता है वह और कुछ नहीं बल्कि जीवन का दार्शनिक–सार ही है। वेदान्त के अनुसार संसार "माया" है। महान बौद्ध दार्शनिक नागार्जुन भी कहते हैं कि दुनिया में कोई भी वस्तु स्थायी नहीं है। सृष्टि के क्या नियम हैं, यह पक्के तौर

---

19. प्रतिकार, 20. लिबास।

पर कोई नहीं कह सकता। शायर कहता है, हम एक धुन्ध से आते हैं और फिर दूसरी धुन्ध में खो जाते हैं। इस रहस्य को समझने में अब तक कोई सफल नहीं रहा है। यह सारा खेल किसी माहिर खिलाड़ी का है।

संसार की हर शय का इतना ही फ़साना है
इक धुँद से आना है इक धुँद में जाना है

ये राह कहाँ से है ये राह कहाँ तक है
ये राज़ कोई राही समझा है न जाना है

इक पल की पलक पर है ठहरी हुई ये दुनिया
इक पल के झपकने तक हर खेल सुहाना है

क्या जाने कोई किस पर किस मोड़ पर क्या बीते
इस राह में ऐ राही हर मोड़ बहाना है

हम लोग खिलौना हैं इक ऐसे खिलाड़ी का
जिस को अभी सदियों तक ये खेल रचाना है

नफ़स के लोच में

एक सकारात्मक और रचनात्मक जीवन जीने के लिए ज्ञान का अत्यधिक महत्त्व है। लेकिन ज्ञान हम किसे कहेंगे? तथ्य, अनुमान, विचार, मान्यताएँ और सिद्धान्त सभी मिल कर ज्ञान का निर्माण करते हैं। तब जो अज्ञात है, जो अदृश्य है और जो हमारी चेतना की असंख्य परतों में छुपा हुआ है, वह क्या है? दार्शनिक और मनोविश्लेषक समय–समय पर यह जानने का प्रयास करते रहे हैं। प्लेटो ने उन परछाइयों की बात कही जिन्हें हम मन गुफा के भीतर से देखते हैं। कहने का तात्पर्य यह है कि वास्तविक दुनिया के बारे में हमारी जानकारी कितनी अधूरी है! स्विस मनोविश्लेषक कार्ल जुंग ने लिखा है कि वस्तुतः अवचेतन ही हमारे जीवन को संचालित और नियन्त्रित करता है। बल्कि उनके कथनानुसार हमारे जीवन में व्याप्त मिथकों और आद्यरूपों पर हमारे एकत्रित अवचेतन का व्यापक प्रभाव है। साहिर इस तर्क को काटना चाहते हैं। एक के बाद एक हार का सामना

कर चुके आदमी के लिए जीवन ज़हर का प्याला हो सकता है लेकिन जीवन का सार इतना भर ही नहीं है बल्कि उससे कहीं अधिक है। जीवन अनन्त सम्भावनाओं का नाम है। इसके रहस्यों को समझने के लिए साहस और भावुकता पर नियन्त्रण की आवश्यकता है।

नफ़स[21] के लोच में रम[22] ही नहीं कुछ और भी है
हयात सागर–ए–सम[23] ही नहीं कुछ और भी है

तिरी निगाह मिरे ग़म की पासदार[24] सही
मिरी निगाह में ग़म ही नहीं कुछ और भी है

मिरी नदीम मोहब्बत की रिफ़अ'तों[25] से न गिर
बुलन्द बाम–ए–हरम[26] ही नहीं कुछ और भी है

ये इज़्तिनाब[27] है अक्स–ए–शुऊर–ए–महबूबी[28]
ये एहतियात–ए–सितम ही नहीं कुछ और भी है

इधर भी एक उचटती नज़र की दुनिया में
फ़रोग–ए–महफ़िल–ए–जम[29] ही नहीं कुछ और भी है

नये जहान बसाये हैं फ़िक्र–ए–आदम ने
अब इस ज़मीं पे इरम[30] ही नहीं कुछ और भी है

मिरे शुऊ'र को आवारा कर दिया जिसने
वो मर्ग–ए–शादी–ओ–ग़म ही नहीं कुछ और भी है

मोहब्बत तर्क की मैंने

हम सब की ज़िन्दगियों में बहुत से बदलाव आते हैं। हम किसी की मुहब्बत में पड़ जाते हैं, या किसी की मुहब्बत हमें हमारी मर्ज़ी के ख़िलाफ़

---

21. रूह, 22. उड़ान, 23. ज़हर 24. आदर करना, 25. ऊँचाइयों, 26. का'बा की छत, 27. दूरी, 28. अपनी प्रेमिका की चाहत, 29. बादशाह जमशेद की मजलिस का भडावा, 30. जन्नत के नक़्शे पर बनाया हुआ एक बाघ।

अपनी क़ैद में गिरफ़्तार कर लेती है। लेकिन जब मुहब्बत का कोई मुनासिब जवाब नहीं मिलता, या जब हमारी आवाज़ किसी पत्थर की दीवार से टकरा कर लौट आती है तब राह बदल देना ही ठीक है। प्रेम की आग सब कुछ जला कर राख़ बना देने की क्षमता रखती है। किसी से प्रेम करना एक ऐसी राह पर चलने जैसा है जो हमें एक तकलीफ़देह मौत की तरफ़ ले जाती है। लेकिन एक प्रगतिवादी शायर के रूप में साहिर शायरी की इस परम्परा से ख़ुद को मोड़ लेते हैं। उनकी नज़र में प्रेम में बिछोह कोई अजूबा वाक़या नहीं है। इसका सीधा मतलब है ज़हर का प्याला पीने के बाद भी प्रेमी ज़िन्दा रह सकता है। इस ग़ज़ल को तलत महमूद ने अपनी मखमली आवाज़ में 1952 में प्रदर्शित होने वाली फ़िल्म *दोराहा* के लिए गाया था। वह साहिर के लिए एक मुश्किल भरा दौर था क्योंकि वे फ़िल्म उद्योग में ख़ुद को स्थापित करने के लिए कड़ा संघर्ष कर रहे थे। जब उपन्यासकार कृशन चन्दर ने प्रेम धवन से सिफ़ारिश की तो उन्होंने आश्वस्त किया कि वे संगीतकार अनिल बिस्वास से *तल्ख़ियाँ* में प्रकाशित एक ग़ज़ल को फ़िल्म में शामिल करने की गुज़ारिश करेंगे। प्रेम धवन ख़ुद एक गीतकार होने के साथ–साथ फ़िल्म के मैनेजर भी थे। साहिर के लफ़्ज़ों और तलत की गायिकी ने इसे हिन्दी सिनेमा की एक सदाबहार ग़ज़ल बना दिया।

मोहब्बत तर्क की मैंने गरेबाँ सी लिया मैंने
ज़माने अब तो ख़ुश हो ज़हर ये पी लिया मैंने

अभी ज़िन्दा हूँ लेकिन सोचता रहता हूँ ख़ल्वत[31] में
कि अब तक किस तमन्ना के सहारे जी लिया मैंने

उन्हें अपना नहीं सकता मगर इतना भी क्या कम है
कि कुछ मुद्दत हसीं ख़्वाबों में खो कर जी लिया मैंने

बस अब तो दामन–ए–दिल छोड़ दो बेकार उम्मीदो
बहुत दुख सह लिए मैंने बहुत दिन जी लिया मैंने

31. एकान्त।

मोहब्बत कभी-कभी

यह ग़ज़ल छन्दबद्ध गीत–लेखन की एक शानदार मिसाल है। आपस में गुँथे हुए शब्द अपने प्रवाह में इतने निर्बाध हैं कि वे एक–दूसरे से घुलमिल कर एकसार हो गये हैं। हालाँकि ग़ज़ल का कथ्य अनोखा नहीं है और इसे दूसरे शायरों ने पहले भी आज़माया हुआ है, लेकिन साहिर ने ग़ज़ल में एक ऐसा प्रयोग किया है जो ख़ुद में बिल्कुल नया है। उन्होंने हर शे'र की पहली पंक्ति एक सामान्य ज़िन्दगी से उठाई है मसलन : प्रेम हमें बहुत मुश्किल से और कम मात्रा में हासिल होता है, लोग अक्सर बेगानों सा बरताव करते हैं, फूल रोज़ खिलते हैं, हम पूरी उम्र अकेले नहीं जी सकते हैं, जब हमें ज़रूरत होती है उसी वक़्त दोस्त हमें दगा दे जाते हैं, वग़ैरह। लेकिन शे'र की दूसरी पंक्ति इस तर्क को पूरी दृढ़ता देती सी लगती है। गीत–लेखन के रूमानी जादू को महसूस करने के लिए यह ग़ज़ल ज़रूर पढ़ी जानी चाहिए। हम इस साउंडट्रैक को 1968 की फ़िल्म *आँखें* में लता मंगेशकर की आवाज़ में भी सुन सकते हैं।

मिलती है ज़िन्दगी में मोहब्बत कभी कभी
होती है दिलबरों की इनायत कभी कभी

शरमा के मुँह न फेर नज़र के सवाल पर
लाती है ऐसे मोड़ पे क़िस्मत कभी कभी

खुलते नहीं हैं रोज़ दरीचे बहार के
आती है जान–ए–मन ये क़यामत कभी कभी

तन्हा न कट सकेंगे जवानी के रास्ते
पेश आयेगी किसी की ज़रूरत कभी कभी

फिर खो न जायें हम कहीं दुनिया की भीड़ में
मिलती है पास आने की मोहलत कभी कभी

मैं ज़िन्दा हूँ

यह ग़ज़ल हमें प्रेमी की शिकायतों और प्रेमिका की बेरुखी जैसे पारम्परिक पक्षों से दूर ले जाती है। यहाँ साहिर हमें पूरी तरह से अपने इंक़लाबी

तेवर में दिखते हैं। ज़ुल्म से लड़ना और मौत को गले लगाना दोनों बराबर हैं क्योंकि ज़ुल्म करने वाला हम पर मुक़दमे चला सकता है, हमें जेल की सलाख़ों में बन्द कर सकता है या फिर हमें फाँसी पर टाँग सकता है। शोषक वर्ग ही हमारे लिए क़ानून बनाता है, ज़ाहिरन क़ानून हमेशा उनका ही साथ देता है। ऐसी सूरत में एक क्रान्तिकारी के लिए अपने ज़िन्दा होने–ख़ुद को फाँसी और हर ज़ुल्मोसितम के लिए हाज़िर होने का ऐलान करना बेहद ज़रूरी है। आख़िर में एक इंक़लाबी हार कर भी जीत जाता है और ज़ुल्म की सत्ता अपनी तमाम ताक़त का इस्तेमाल करके भी हार जाती है।

मैं ज़िन्दा हूँ ये मुश्तहर[32] कीजिए
मिरे क़ातिलों को ख़बर कीजिए

ज़मीं सख़्त है आसमाँ दूर है
बसर हो सके तो बसर कीजिए

सितम के बहुत से हैं रद्द–ए–अमल[33]
ज़रूरी नहीं चश्मेतर कीजिए

वही ज़ुल्मबार–ए–दिगर[34] है तो फिर
वही जुर्मबार–ए–दिगर कीजिए

क़फ़स[35] तोड़ना बाद की बात है
अभी ख़्वाहिश–ए–बाल ओ पर कीजिए

लब पे पाबन्दी

यह कई अर्थों में पिछली ही ग़ज़ल की वैचारिक प्रक्रिया को विस्तार देती ग़ज़ल है। जो अन्तर है वह केवल सन्दर्भ का है, और यहाँ सन्दर्भ एक आज़ाद हिन्दुस्तान है। हालाँकि शायर नयी उम्मीदों से लबरेज़ है लेकिन हमारे सियासी रहनुमाओं की जो ज़िम्मेदारियाँ हैं, उन्हें पूरा करने की

---

32. सब को बता दो, 33. प्रतिक्रिया, 34. दूसरी बार, 35. पिंजरा।

कसौटियों पर वे नाकाम दिख रहे हैं। उनके खोखले वा'दों के कारण लोग राष्ट्रप्रेम को भी अब संशय से देखने लगे हैं। और तो और, स्थापित मान्यताओं पर से भी लोगों का विश्वास उठने लगा है। ऐसी स्थिति यह वजह नहीं कि राजनेता अपनी सत्ता और अपना प्रभाव गँवाने लगे हैं बल्कि यह है वे विघटन और द्वेष को बढ़ावा दे रहे हैं। हालाँकि सत्ता सच बोलने की इजाज़त कभी नहीं देती, लेकिन जिनको अपने देश से प्यार है उनको बेख़ौफ़ हो कर अपनी बात कहनी चाहिए।

लब पे पाबन्दी तो है अहसास पर पहरा तो है
फिर भी अहल–ए–दिल को अहवाल–ए–बसर[36] कहना तो है

ख़ून–ए आ'दा[37] न हो ख़ूने शहीदाँ ही से हो
कुछ न कुछ इस दौर में रंग–ए–चमन निखरा तो है

अपनी ग़ैरत बेच डालें अपना मस्लक[38] छोड़ दें
रहनुमाओं में भी कुछ लोगों का ये मंशा तो है

है जिन्हें सब से ज़ियादा दा'वा–ए हुब्बुल–वतन[39]
आज उनकी वज्ह से हुब्ब–ए–वतन रुस्वा तो है

बुझ रहे हैं एक इक कर अकीदों[40] के दिए
इस अँधेरे का भी लेकिन सामना करना तो है

झूट क्यूँ बोलें फ़रोग़–ए–मस्लहत[41] के नाम पर
ज़िन्दगी प्यारी सही लेकिन हमें मरना तो है

न कर सके

इस ग़ज़ल के माध्यम से शायर आत्म–परीक्षण की ओर दोबारा लौटता है और स्थितियों को बहुत निराशाजनक पाता है। उसके सामने नाकामियों और पछतावों का एक लम्बा सिलसिला है। शायर को अपनी पूरी

---

36. दुनिया का हाल, 37. दुश्मनों के ख़ून से, 38. तरीक़ा, 39. देशभक्ति की भावना, 40. आस्था, 41. सुलह सफ़ाई के लिए।

क़ाबिलियत नहीं दिखा पाने का गहरा रंज है क्योंकि उसका आत्म–सम्मान उसे बार–बार समझौता करने से रोकता रहा। शराब का नशा मुहब्बत की नाकामियों को तो भुला सकता है लेकिन ज़िन्दगी की उन दूसरी नाकामियों का इलाज नहीं कर सकता जिनकी फ़ेहरिस्त ख़ासी लम्बी है। जब इन्सान एक दफ़ा ढलान की राह पर चल पड़ता है तो अपनी ही फिसलन पर उसका क़ाबू नहीं रहता। जब धड़कनों के सफ़र बिखरने लगते हैं तो उनका फिर से लय में लौटना बहुत मुश्किल हो जाता है।

खुद्दरियों[42] के ख़ून को अर्ज़ां[43] न कर सके
हम अपने जौहरों को नुमायाँ न कर सके

हो कर ख़राब–ए–मय तिरे ग़म तो भुला दिए
लेकिन ग़म–ए–हयात का दरमाँ[44] न कर सके

टूटा तिलिस्म–ए–अहद–ए–मोहब्बत[45] कुछ इस तरह
फिर आरज़ू की शम्अ फ़िरोज़ाँ न कर सके

हर शय क़रीब आ के कशिश अपनी खो गयी
वो भी इलाज–ए शौक़–ए गुरेजाँ[46] न कर सके

किस दर्जा दिल–शिकन थे मोहब्बत के हादसे
हम ज़िन्दगी में फिर कोई अरमाँ न कर सके

मायूसियों ने छीन लिए दिल के वलवले
वो भी नशात–ए–रूह[47] का सामाँ न कर सके

जुर्म-ए-उल्फ़त

यह एक पठनीय और अच्छी ग़ज़ल है जिसे 1963 में प्रदर्शित हुई फ़िल्म *ताजमहल* में लता मंगेशकर ने गाया था। भावभूमि की दृष्टि से यह उर्दू में लिखी जाने वाली पारम्परिक ग़ज़लों की तरह है। प्रेम करने वाले को

---

42. आत्म गौरव, 43. सस्ता, 44. इलाज, 45. प्यार के वा'दे के टूट जाने का जादू, 46. दूर हटती हुई, 47. रूह की आनन्द प्राप्ति।

इस बात की ज़रा भी फ़िक्र नहीं है कि दूसरे लोग उनके प्रेम को किस नज़रिये से देखते हैं या मुहब्बत करने वालों को समाज क्या सज़ा देगा। बहरहाल मुहब्बत करने वाले इन बातों की कब परवाह करते हैं? उन पर तो अपने वायदों को निभाने का जुनून सवार होता है। प्रेम के प्रतिकार में उनको केवल प्रेम चाहिए, और कुछ नहीं। दौलत किसी भी रूप में प्रेम का विकल्प हरगिज़ नहीं हो सकती है। अपने वक्तव्य के रूप में प्रेमी कहता है : "हम ने अपना दिल दे दिया है / और प्रेम के हलफ़नामे पर अपना दस्तख़त कर दिया है / अब तुम चाहो तो शौक़ से हमें सज़ा दे सकते हो / ऐसी कोई भी सज़ा जिसके हम हक़दार हैं।"

जुर्म–ए–उल्फ़त पे हमें लोग सज़ा देते हैं
कैसे नादान हैं शो'लों को हवा देते हैं

हम से दीवाने कहीं तर्क–ए–वफ़ा करते हैं
जान जाये कि रहे बात निभा देते हैं

आप दौलत के तराज़ू में दिलों को तौलें
हम मोहब्बत से मोहब्बत का सिला देते हैं

तख़्त क्या चीज़ और लाल–ओ–जवाहर क्या हैं
इश्क़ वाले तो ख़ुदाई भी लुटा देते हैं

हमने दिल दे भी दिया अहद–ए–वफ़ा ले भी लिया
आप अब शौक़ से दे लें जो सज़ा देते हैं

दास्तान-ए-शौक़

हालाँकि यह ग़ज़ल पूरी तरह से विषय–केन्द्रित नहीं है बल्कि विषय के परिप्रेक्ष्य में थोड़ी भटकी हुई है लेकिन पद्धतिबद्ध तरीक़े से लिखी होने के बावजूद इसके कुछ शे'र यादगार माने जाते हैं। यह संकेत पहले ही दिया जा चुका है कि शायर कोई भी इल्ज़ाम उठाने के लिए तैयार है। वह अपनी प्रेमिका से कोई भी शिकायत नहीं करने को कहता है क्योंकि

उसने अपनी मुहब्बत पहले से किसी दूसरे के सुपुर्द कर दी है। कुछ और शे'रों में प्रेमियों के बीच होने वाले शिकवे–शिकायतें और झगड़े यहाँ भी दिखाई देते हैं। बहरहाल आख़िर के चार शे'र सच में बेहतरीन हैं और बार–बार पढ़े जाने के क़ाबिल हैं।

जब कभी उनकी तवज्जोह में कमी पायी गयी
अज़–ए–सर–ए नौ दास्तान–ए शौक़ दोहराई गयी

बिक गये जब तेरे लब फिर तुझको क्या शिकवा अगर
ज़िन्दगानी बादा ओ साग़र से बहलाई गयी

ऐ ग़म–ए दुनिया तुझे क्या इल्म तेरे वास्ते
किन बहानों से तबी'अत राह पर लायी गयी

हम करें तर्क–ए–वफ़ा अच्छा चलो यूँ ही सही
और अगर तर्क–ए–वफ़ा से भी न रुसवाई गयी

कैसे कैसे चश्म ओ आरिज़ ग़र्द–ए–ग़म से बुझ गये
कैसे कैसे पैकरों की शान–ए–ज़ेबाई[48] गयी

दिल की धड़कन में तवाज़ुन[49] आ चला है ख़ैर हो
मेरी नज़रें बुझ गयीं या तेरी रानाई[50] गयी

उनका ग़म उनका तसव्वुर उनके शिकवे अब कहाँ
अब तो ये बातें भी ऐ दिल हो गयीं आयी गयी

जुरअत–ए–इन्साँ पे गो तादीब[51] के पहरे रहे
फ़ितरत–ए–इन्साँ को कब ज़ंजीर पहनायी गयी

अरसा–ए–हस्ती में अब तेशा–जनों[52] का दौर है
रस्म–ए–चंगेज़ी उठी तौक़ीर–ए–दाराई गयी

---

48. ख़ूबसूरती की निशानी, 49. सन्तुलन, 50. सुन्दरता, 51. अदब सिखाना, 52. फावड़े वाले।

क्या करें

सिर्फ़ चार शे'रों वाली इस ग़ज़ल को मोहम्मद रफ़ी ने 1963 की फ़िल्म *आज और कल* के लिए गाया है। यह ग़ज़ल हमें प्राकृतिक सौन्दर्य और रूमान के उसी अनोखे संगम से परिचित कराती है जिसके लिए साहिर मशहूर हैं।

इतनी हसीन इतनी जवाँ रात क्या करें
जागे हैं कुछ अजीब से जज़्बात क्या करें

पेड़ों के बाज़ुओं में महकती है चाँदनी
बेचैन हो रहे हैं ख़यालात क्या करें

साँसों में घुल रही है किसी साँस की महक
दामन को छू रहा है कोई हालात क्या करें

शायद तुम्हारे आने से ये भेद खुल सके
हैरान हैं कि आज नयी बात क्या करें

क़ाफ़िले बहारों के

बिना किसी कथ्य की यह ग़ज़ल उर्दू शायरी की एक अनमोल विरासत है जिसका हर शे'र एक नयी सोच या नयी स्थितियों का प्रतिनिधित्व करता है और जिसमें शायर ने किसी हुनरमन्द चित्रकार की तरह अपने ख़यालों का रंग भरा है। जब बहार चली जाती है तो वह अपने पीछे ख़ुश्क पत्ते और वीरान दरख़्तों को छोड़ जाती है–यह दृश्य कमोबेश ज़िन्दा चीज़ों के "ताज़ा ज़ख़्मों" की याद दिलाता है। तीसरे शे'र में शायर ने "बहारों में खिलने वाले फूलों" की तुलना "दिल को मोह लेने वाले ख़ूबसूरत चेहरों" से करने जैसा एक नया प्रयोग किया है। उसी तरह पाँचवें शे'र में भी दो बहुत सशक्त बिम्बों का प्रयोग दिखता है : "बारिश के बादलों का लिबास" और "रौशनी की लकीर की तरह चमकता हुआ जिस्म।" आख़िरी शे'र को पढ़ने के बाद भी इस ग़ज़ल का असर काफ़ी देर तक ज़ेहन में बना रहता है।

इस तरफ़ से गुज़रे थे क़ाफ़िले बहारों के
आज तक सुलगते हैं ज़ख़्म रहगुज़ारों के

ख़ल्वतों के शैदाई ख़ल्वतों में खुलते हैं
हम से पूछ कर देखो राज़ पर्दा–दारों के

गेसुओं की छाँव में दिल–नवाज़ चेहरे हैं
या हसीं धुँदलकों में फूल हैं बहारों के

पहले हँस के मिलते हैं फिर नज़र चुराते हैं
आश्ना–सिफ़त[53] हैं लोग अजनबी दयारों के

तुम ने सिर्फ़ चाहा है हमने छू के देखे हैं
पैरहन घटाओं के जिस्म बर्क़–पारों[54] के

शुग्ल–ए मय–परस्ती[55] गो जश्न–ए ना–मुरादी[56] था
यूँ भी कट गये कुछ दिन तेरे सोगवारों के

नहीं

इस ग़ज़ल में कई शानदार शे'र हैं लेकिन तीसरा शे'र सचमुच याद रखे जाने लायक है। शायर दरअसल एक नयी दुनिया का सपना देखते हैं जिसमें प्रेम न सिर्फ़ जीवित रह सकता है बल्कि फल–फूल भी सकता है। जहाँ समाज में जाति, धर्म, आमदनी वग़ैरह की दीवारें हों वहाँ प्रेम पर कई बन्दिशें भी होती हैं। जहाँ धार्मिक परम्पराएँ और राजनीतिक व्यवस्थाएँ इन्सान को अपने प्रेमी के साथ रहने की इजाज़त दे देती हैं वहाँ प्रेम आज़ादी की साँस लेता है। शायर एक ऐसी ही दुनिया की कल्पना करते हैं लेकिन ऐसी दुनिया का निर्माण करना उसके वश में नहीं है। ऐसी दुनिया सिर्फ़ इंक़लाब के ज़रिये बन सकती है।

हवस–नसीब नज़र को कहीं क़रार नहीं
मैं मुन्तज़िर हूँ मगर तेरा इन्तज़ार नहीं

हमीं से रंग–ए–गुलिस्ताँ हमीं से रंग–ए–बहार
हमीं को नज़्म–ए–गुलिस्ताँ पे इख़्तियार नहीं

---

53. दोस्ती बढ़ाने वाले, 54. रौशनी के टुकड़े, 55. शराब पीने का शौक़, 56. काम न पूरा करने का जश्न।

अभी न छेड़ मोहब्बत के गीत ऐ मुतरिब
अभी हयात का माहौल ख़ुश–गवार नहीं

तुम्हारे अहद–ए–वफ़ा को मैं अहद क्या समझूँ
मुझे ख़ुद अपनी मोहब्बत पे एतिबार नहीं

न जाने कितने गिले इस में मुज़्तरिब हैं नदीम
वो एक दिल जो किसी का गिला–गुज़ार नहीं

गुरेज का नहीं क़ाइल हयात से लेकिन
जो सच कहूँ कि मुझे मौत नागवार नहीं

ये किस मक़ाम पे पहुँचा दिया ज़माने ने
कि अब हयात पे तेरा भी इख़्तियार नहीं

नहीं होती

एक पारम्परिक ग़ज़ल होने के बावजूद अपने गहरे अर्थ की वजह से इसका एक–एक शे'र पढ़ने लायक है। हम सबकी ज़िन्दगी में चीज़ें उस तरीक़े से नहीं घटती हैं जैसा कि हम चाहते हैं। इसके बाद भी एक बेहतर ज़िन्दगी बसर करने के लिए हमें नयी चुनौतियों का सामना करने के लिए तैयार होना होता है। बेशक हमारे पास उन चुनौतियों को अपने मुताबिक़ चुनने की सहूलियत होती है।

हर–चन्द[57] मिरी कुव्वत–ए–गुफ़्तार[58] है महबूस[59]
ख़ामोश मगर तब–ए–ख़ुद–आरा[60] नहीं होती

मामूरा–ए–एहसास[61] में है हश्र सा बरपा
इन्सान की तज़लील[62] गवारा नहीं होती

नालाँ हूँ बेदारी–ए एहसास के हाथों
दुनिया मिरे अफ़्कार[63] की दुनिया नहीं होती

---

57. यद्यपि, 58. बोलने की शक्ति, 59. बन्दी, 60. दिखावे की आदत, 61. भावना के घेरे में, 62. अपमान, 63. रचनाओं।

बेगाना–सिफत[64] जादा–ए–मंज़िल[65] से गुज़र जा
हर चीज़ सज़ा–वार–ए नज़ारा नहीं होती

फ़ितरत[66] की मशिय्यत[67] बड़ी चीज़ है लेकिन
फ़ितरत कभी बे–बस का सहारा नहीं होती

आँखें

उर्दू शायरी प्रेमिका की सुन्दरता और आकर्षण का बखान करने के लिए जानी जाती है। परम्परा यही रही है कि उसके काले घुँघराले बालों, गुलाब जैसे होंठ, चिकने–चमकीले गालों और बेशक उसकी समन्दर जैसी गहरी और काली आँखों की तारीफ़ में क़सीदे पढ़े जायें। लेकिन इस ग़ज़ल में साहिर कहते हैं कि आँखें "ओस की एक बूँद, या फिर एक चिंगारी, या फिर एक बवंडर की तरह" होती हैं। आँखें हमारे मन का आईना होती हैं जो बताती हैं कि अन्दर से हम क्या हैं। जब किसी अजनबी को देखते ही हमें उसके परिचित होने का अहसास होता है, तभी हम प्रेम में गिरफ़्तार हो जाते हैं। दूसरी कई चीज़ों के साथ–साथ आँखें भी हमारे प्रेम का माध्यम और राज़दार दोनों होती हैं। शब्द मन की बातों को बताने में कोताही बरत सकते हैं लेकिन आँखें मन के सारे राज़ खोल देती हैं। वे इन्सान के तौर पर हमें बनाती हैं, या फिर हमें तोड़ कर बिखेर देती हैं।

हर तरह के जज़्बात का ऐलान हैं आँखें
शबनम कभी शो'ला कभी तूफ़ान हैं आँखें

आँखों से बड़ी कोई तराज़ू नहीं होती
तुलता है बशर जिस में वो मीज़ान[68] हैं आँखें

आँखें ही मिलाती हैं ज़माने में दिलों को
अनजान हैं हम तुम अगर अनजान हैं आँखें

लब कुछ भी कहें इससे हक़ीक़त नहीं खुलती
इन्सान के सच झूठ की पहचान हैं आँखें

---

64. बेगानों की तरह, 65. मंज़िल के रास्ते से, 66. प्रकृति, 67. इच्छा, 68. सन्तुलन।

आँखें न झुकें तेरी किसी ग़ैर के आगे
दुनिया में बड़ी चीज़ मिरी जान! हैं आँखें

आज भी है

इस ग़ज़ल में भी वही रोष और नाराज़गी है जो शायर की मशहूर नज़्म *छब्बीस जनवरी* में दिखलाई देती है। हमने आज़ादी तो हासिल कर ली लेकिन हमारी तक़दीर अभी भी नहीं बदली है। अभी भी देश में हर जगह और हर क्षेत्र में ग़ैरबराबरी है और ज़्यादातर लोगों की ज़िन्दगियाँ अब भी आसान नहीं हैं। जो लोग सचमुच सच में एक आज़ाद मुल्क चाहते थे वे हिन्दुस्तान की आज़ादी के लिए ख़ुद की जान कुर्बान करने से भी पीछे नहीं हटे। आज वे शहीद हमारे बीच नहीं हैं लेकिन आज़ादी के नाम पर सिर्फ़ उपदेश देने वाले और विदेशी हुकूमत के दलाल आज भी अपनी कोरी गप्पों के साथ हमारे बीच मौजूद हैं। जनता की बुनियादी मुश्किलें मसलन बेकारी, आर्थिक सुरक्षा या सामाजिक न्याय जैसे मुद्दों के प्रति उनमें कोई प्रतिबद्धता नहीं दिखती है। ग़ज़ल का आख़िरी शे'र ऐसे ही खोखले दावा करने वाले 'ख़ुदाओं' पर चोट करता है। यह शैली साहिर जैसे प्रगतिशील शायर की विशिष्ट पहचान है।

हर क़दम मरहला–दार–ओ सलीब[69] आज भी है
जो कभी था वही इन्साँ आज भी है

जगमगाते हैं उफ़ुक़ पर ये सितारे लेकिन
रास्ता मंज़िल–ए–हस्ती का मुहीब आज भी है

सर–ए–मकतल[70] जिन्हें जाना था वो जा भी पहुँचे
सर–ए–मिंबर[71] कोई मोहतात[72] खतीब[73] आज भी है

अहल–ए–दानिश[74] ने जिसे अम्र–ए मुसम्मल[75] माना
अहल–ए–दिल के लिए वो बात अजीब आज भी है

---

69. फाँसी का फन्दा और रसूली, 70. क़त्लगाह में, 71. मंच, चबूतरा, 72. सावधान, 73. धार्मिक भाषण देने वाला, 74. अक्लमन्द, 75. जिनको सब मानते हैं।

ये तिरी याद है मेरी अज़ीयत–कोशी[76]
एक नश्तर सा रग–ए–जॉन[77] के क़रीब आज भी है

कौन जाने ये तिरा शायर–ए–आशुफ़्ता–मिज़ाज़[78]
कितने मग़रूर ख़ुदाओं का रक़ीब आज भी है

क़रीब आ जाओ

यह चार शे'रों की एक शानदार रूमानी ग़ज़ल है जिसे मोहम्मद रफ़ी ने 1977 में प्रदर्शित हुई फ़िल्म *अमानत* के लिए गाया था। अपनी शैली की वजह से यह पढ़ने वालों के दिलोदिमाग़ पर गहरा असर छोड़ती है। ग़ज़ल बातचीत के लहजे में लिखी गयी है जो शैली की दृष्टि से नयी है। प्रेमी अपनी प्रेमिका को अपने पास बुलाते हुए उसे अपने पास आने की वजहें बताता है। मेरे पास तुम्हारे आ जाने से हम दोनों की रात यादगार बन जायेगी। तुम मेरे क़रीब आ जाओगी तो मैं तुम्हें छू सकूँगा जिसकी ख़्वाहिश मुझे हमेशा से रही है। तुम्हारे पास आ जाने से मेरे जिस्म से इच्छाओं की असंख्य लपटें उठने लगेंगी। तुम जब मेरे पास आ जाओगी तभी हम दोनों की ज़िन्दगियाँ सही दिशा में आगे बढ़ सकेंगी।

दूर रह कर न करो बात क़रीब आ जाओ
याद रह जायेगी ये रात क़रीब आ जाओ

एक मुद्दत से तमन्ना थी तुम्हें छूने की
आज बस में नहीं जज़्बात क़रीब आ जाओ

सर्द झोंकों से भड़कते हैं बदन में शो'ले
जान ले लेगी ये बरसात क़रीब आ जाओ

इस क़दर हम से झिझकने की ज़रूरत क्या है
ज़िन्दगी भर है अब साथ क़रीब आ जाओ

---

76. दुःख की स्थिति, 77. गले की बड़ी नाड़ी, 78. ध्यान इधर–उधर करने वाला कवि।

देखा तो था यूँ ही

अपने अश'आर की सादगी और ख़ूबसूरती के कारण यह ग़ज़ल मशहूर है। मुहब्बत की गुत्थियों के लिए सिर्फ़ दिल पर इल्ज़ाम देना एक पुराना तरीक़ा है। आवाज़ देती यादें नये बिम्ब मानी जा सकती हैं। प्रेम के भावावेश में बरबाद हो जाना एक पुरानी कहानी हो सकती है लेकिन अभी भी इस कहानी में दिलचस्पी रखने वालों की तादाद में कोई कमी नहीं आयी है। और भी कई शायरों ने प्रेम–सम्बन्धों की हिफ़ाज़त और उनकी अपेक्षाओं और संघर्षों को अपनी शायरी की विषयवस्तु बनाया है। प्रेम करने वाला इन्सान अपनी ज़िन्दगी के बड़े उद्देश्य की भी परवाह नहीं करता है। साहिर ख़ुद में इसकी एक मिसाल थे।

देखा तो था यूँ ही किसी ग़फ़लत–शिआर[79] ने
दीवाना कर दिया दिल–ए बे–इख़्तियार ने

ऐ आरज़ू के धुँदले ख़राबो जवाब दो
फिर किस की याद आयी थी मुझ को पुकारने

तुझ को ख़बर नहीं मगर इक सादा–लौह को
बरबाद कर दिया तिरे दो दिन के प्यार ने

मैं और तुझ से तर्क–ए–मोहब्बत की आरज़ू
दीवाना कर दिया है ग़म–ए–रोज़गार ने

अब ऐ दिल–ए–तबाह तिरा क्या ख़याल है
हम तो चले थे काकुल–ए–गीती[80] सँवारने

देखा है ज़िन्दगी को

इस ग़ज़ल का कुछ हिस्सा 1975 की फ़िल्म *एक महल हो सपनों का* में किशोर कुमार की आवाज़ में फ़िल्माया गया था। साहिर की परिचित शैली में यह एक रूमानी लहजे में शुरू होती है–एक ग़रीब आदमी अपनी

---

79. ध्यान न देने वाले, 80. जीवन की ज़ुल्फ़ें।

तमाम वफ़ादारियों के बावजूद अपनी ग़रीबी की वजह से मुहब्बत में हार जाता है। फ़िल्म में ग़ज़ल के आख़िरी चार शे'र नहीं इस्तेमाल किये गये हैं, जबकि अपने नये लहजे और गहरी गीतात्मकता के कारण वे बहुत असरदार हैं। ज़रा सलीबों से पुकारते हुए निरीह मसीहाओं, अपने ज़ख़्मों के दर्द से रोते–बिलखते मरीज़ों और वधशालाओं में चीख़ते–तड़पते हुए जानवरों की कल्पना कीजिए। प्रेम में डूबे एक इन्सान की तकलीफ़ उन की बनिस्बत कहीं से कम नहीं हैं। आप अन्ततः प्रेम में हार कर अपने ही शत्रु के साथ ही जीवन जीने के लिए अभिशप्त हैं।

देखा है ज़िन्दगी को कुछ इतना क़रीब से
चेहरे तमाम लगने लगे हैं अजीब से

कहने को दिल की बात जिन्हें ढूँढ़ते थे हम
महफ़िल में वो आ गये हैं अपने नसीब से

नीलाम हो रहा था किसी नाज़नीं का प्यार
क़ीमत नहीं चुकाई गयी इस ग़रीब से

तेरी वफ़ा की लाश पे ला मैं ही डाल दूँ
रेशम का ये कफ़न जो मिला है रक़ीब से

ऐ रूह–ए–अस्र जाग कहाँ सो रही है तू
आवाज़ दे रहे हैं पयम्बर सलीब से

इस रेंगती हयात का कब तक उठायें बार
बीमार अब उलझने लगे हैं तबीब से

हर गाम पर है मजमा–ए–उश्शाक़ मुंतज़िर
मक़्तल की राह मिलती है कू–ए–हबीब से

इस तरह ज़िन्दगी ने दिया है हमारा साथ
जैसे कोई निबाह रहा हो रक़ीब से

चेहरे पे ख़ुशी

यह सुन्दर ग़ज़ल 1965 की फ़िल्म *वक़्त* के लिए लिखी गयी थी जिसे आशा भोंसले ने अपनी मीठी आवाज़ में गाया था। इसे सुनना आँखों और कानों तथा दिल और दिमाग़–दोनों के लिए एक सुखद अनुभव है।

चेहरे पे ख़ुशी छा जाती है आँखों में सुरूर आ जाता है
जब तुम मुझे अपना कहते हो अपने पे गुरूर आ जाता है

तुम हुस्न की ख़ुद इक दुनिया हो शायद ये तुम्हें मालूम नहीं
महफ़िल में तुम्हारे आने से हर चीज़ पे नूर आ जाता है

हम पास से तुमको क्या देखें तुम जब भी मुक़ाबिल होते हो
बेताब निगाहों के आगे पर्दा सा ज़रूर आ जाता है
जब तुम से मोहब्बत की हम ने तब जा के कहीं ये राज़ खुला
मरने का सलीक़ा आते ही जीने का श'ऊर आ जाता है

बुझा दिये हैं

एक सामान्य तर्ज़ पर लिखी हुई यह ग़ज़ल एक प्रेमी के मन की उलझनों को व्यक्त करती है : उसकी सभी उम्मीदों और सम्भावनाओं का स्रोत उसका प्रेम जब आख़िरकार नाकाम हो जाता है उसके बाद ज़िन्दगी की तल्ख़ हक़ीक़तों का मुक़ाबला वह किस तरह से कर पायेगा। "अपनी मुहब्बत का आशियाना उजड़ जाने के बाद" वह लहान जायेगा? जीवन के किसी मोड़ पर दोनों अगर फिर से टकरा गये तब ऐसे में क्या होगा? इन अजीबोग़रीब हालातों से निबटने के लिए शायर के पास कुछ मशविरे हैं। वह इस बात का हिमायती है कि जीवन में प्रेम के विदा होने के बाद भी इन्सान को ज़िन्दा रहने की ज़िद नहीं छोड़नी चाहिए।

बुझा दिये हैं ख़ुद अपने हाथों मोहब्बतों के दिये जला के
मिरी वफ़ा ने उजाड़ दी हैं उम्मीद की बस्तियाँ बसा के

तुझे भुला देंगे अपने दिल से ये फ़ैसला तो किया है लेकिन
न दिल को मालूम है है न हम को जियेंगे कैसे तुझे भुला के

कभी मिलेंगे जो रास्ते में तो मुँह फिरा कर पलट पड़ेंगे
कहीं सुनेंगे जो नाम तेरा तो चुप रहेंगे नज़र झुका के

न सोचने पर भी सोचती हूँ कि ज़िन्दगानी में क्या रहेगा
तिरी तमन्ना को दफ़्न कर के तिरे ख़यालों से दूर जा के

दिल ही तो है

1963 में प्रदर्शित हुई फ़िल्म *दिल ही तो है* का यह गीत साहिर की एक और मशहूर ग़ज़ल मानी जाती है जिसे मुकेश ने अपनी शानदार और अनोखी आवाज़ में गाया था। हालाँकि इस गीत में यह लाजवाब शे'र शामिल नहीं था :

जज़्बात भी हिन्दू होते हैं चाहत भी मुसलमाँ होती है
दुनिया का इशारा था लेकिन समझा न इशारा दिल ही तो है

बाक़ी की ग़ज़ल नीचे है :

भूले से मोहब्बत कर बैठा नादाँ था बेचारा दिल ही तो है
हर दिल से खता हो जाती है बिगड़ो न ख़ुदारा दिल ही तो है

इस तरह निगाहें मत फेरो ऐसा न हो धड़कन रुक जाये
सीने में कोई पत्थर तो नहीं एहसास का मारा दिल ही तो है

बेदाद–गरों[81] की ठोकर से सब ख़्वाब सुहाने चूर हुए
अब दिल का सहारा ग़म ही तो है अब ग़म का सहारा दिल ही तो है

पूछते चलो

साहिर के पास ग़ज़ल को पठनीयता और गीतात्मकता के अद्भुत मेल के साथ लिखने की एक विस्मयकारी प्रतिभा थी। अपनी इसी ख़ासियत के लिए वे प्रसिद्ध भी हुए। लेकिन उनके पास कथ्य के रूप में अभिव्यक्त करने वाले विषयों की थोड़ी कमी थी। यह ग़ज़ल इसका सबूत है। इसको पढ़िये और इसका आनन्द लीजिए। इससे अधिक इसमें आपको शायद कुछ नहीं हासिल होगा।

81. ज़ुल्म करने वाला।

अब आयें या न आयें इधर पूछते चलो
क्या चाहती है उनकी नज़र पूछते चलो

हमसे अगर है तर्क–ए तअ'ल्लुक तो क्या हुआ
यारो कोई तो उनकी ख़बर पूछते चलो

जो ख़ुद को कह रहे हैं कि मंज़िल–शनास है
उनको भी क्या ख़बर है मगर पूछते चलो

किस मंज़िल–ए–मुराद की जानिब रवाँ हैं हम
ऐ रह–रवान–ए ख़ाक–बसर पूछते चलो

पेश करूँ

अगर सिर्फ़ रूमानियत को ही ग़ज़ल को परखने की कसौटी मानी जाये तो, यह ग़ज़ल अपनी श्रेष्ठता से दूसरी सभी ग़ज़लों पर शायद भारी पड़ेगी। इसके लफ़्ज़ बहुत आसान हैं लेकिन इसमें छुपे हुए अहसास बहुत गहरे हैं। प्रेम एक ऐसा तोहफ़ा है जिसमें किसी शर्त की दरकार नहीं है। जब यह किसी को दिया जाता है तो बदले में कुछ पाने की ख़्वाहिश नहीं रखी जाती है। इस ग़ज़ल को पढ़ने के बाद अगर आपके दिल में भी जज़्बात की लहर उठने लगें तो समझिए शायर का मक़सद पूरा हो गया।

अपना दिल पेश करूँ अपनी वफ़ा पेश करूँ
कुछ समझ में नहीं आता तुझे क्या पेश करूँ

तेरे मिलन की ख़ुशी में कोई नग़्मा छेड़ूँ
या तिरे दर्द–ए–जुदाई का गिला पेश करूँ

मेरे ख़्वाबों में भी तू मेरे ख़्यालों में भी तू
कौन सी चीज़ तुझे तुझ से जुदा पेश करूँ

जो तिरे दिल को लुभाये वो अदा मुझ में नहीं
क्यूँ न तुझको कोई तेरी ही अदा पेश करूँ

साथ लिए जा

1976 की फ़िल्म *लैला मजनूँ* के लिए लिखी गयी इस ग़ज़ल को मोहम्मद रफ़ी ने गाया है। यह फ़िल्म में दिखाये गये दृश्य के बिल्कुल अनुरूप लिखी गयी ग़ज़ल है। ज़माने की बन्दिशों के कारण लैला और मजनूँ का प्रेम पूरी तरह नाकाम हो चुका है और दोनों हमेशा के लिए एक–दूसरे से जुदा हो रहे हैं। मजनूँ के पास जो कुछ भी था उसे वह पहले ही लैला को सौंप चुका है। अब उसके पास लैला के लिए दुआओं के सिवा और कुछ नहीं है।

बरबाद–ए–मोहब्बत की दुआ साथ लिए जा
टूटा हुआ इक़रार–ए–वफ़ा साथ लिए जा
इक दिल था जो पहले ही तुझे सौंप दिया था
ये जान भी ऐ जान–ए–अदा साथ लिए जा

तपती हुई राहों से तुझे आँच न पहुँचे
दीवानों के अश्कों की घटा साथ लिए जा

शामिल है मिरा ख़ून–ए–जिगर तेरी हिना में
ये कम हो तो अब ख़ून–ए–वफ़ा साथ लिए जा

हम जुर्म–ए–मोहब्बत की सज़ा पायेंगे तन्हाँ
जो तुझ से हुई हो वो ख़ता साथ लिए जा

हम

इस ग़ज़ल में पढ़ने वालों को आशा और निराशा दोनों की झलक दिखती है। हालाँकि हालात वैसे नहीं रहे जिसकी उम्मीद शायर ने की थी लेकिन अभी भी वह पूरी तरह से हारा नहीं है। उसे उम्मीद है कि आने वाले दिनों में सब कुछ ठीक हो जायेगा। ग़ज़ल जिस शे'र के साथ ख़त्म होती है वह उम्मीद की उसी रौशनी की तरफ़ इशारा करता है जिसकी बात प्रगतिशील आन्दोलन के सभी बड़े शायर करते थे। लेकिन आज़ादी और बँटवारे के बाद भारत में जो हालात पैदा हुए उन्होंने भविष्य की सभी आशाओं की हत्या कर दी और समरसता की सभी सम्भावनाओं को समाप्त कर दिया :

माना कि इस ज़मीं को न गुलज़ार कर सके
कुछ ख़ार कम तो कर गये गुज़रे जिधर से हम

बाक़ी ग़ज़ल इस तरह है :

भड़का रहे हैं आग लब–ए नग़्मा गर से हम
ख़ामोश क्या रहेंगे ज़माने के डर से हम

कुछ और बढ़ गये जो अँधेरे तो क्या हुआ
मायूस तो नहीं हैं तुलू–ए–सहर[82] से हम
ले दे के अपने पास फ़क़त इक नज़र तो है
क्यूँ देखें ज़िन्दगी को किसी की नज़र से हम

रोना आया

हिन्दी सिनेमा में पचास और साठ का दशक दुखान्त कहानियों के लिए उत्कर्ष का समय था। प्रेम में नाकामी और टूटा हुआ दिल लिए भटकता–गाता प्रेमी रजत पटल पर दिखाई पड़ने वाला एक आम नज़ारा था। असफल प्रेम की ज़्यादातर वजह प्रेमी और प्रेमिका की आर्थिक हैसियत में फ़र्क़ होता था। कई बार ख़ानदान की इज़्ज़त की हिफ़ाज़त के लिए भी प्रेमियों को अपना प्रेम कुर्बान करना पड़ता था। उस दौर की फ़िल्मों में बार–बार यही कथानक दोहराये जाते थे और साहिर अपने गीतों के ज़रिये इस काम को बख़ूबी अंजाम दे सकते थे। 1961 की फ़िल्म *हम दोनों* में मोहम्मद रफ़ी की गायी यह ग़ज़ल इसका एक उम्दा सबूत थी। इस ग़ज़ल का आख़िरी शे'र सचमुच याद रखने लायक है :

कौन रोता है किसी और की ख़ातिर ऐ दोस्त
सब को अपनी ही किसी बात पे रोना आया

बाक़ी की ग़ज़ल कुछ इस तरह है :

कभी ख़ुद पे कभी हालात पे रोना आया
बात निकली तो हर इक बात पे रोना आया

---

82. सुबह के आने से।

हम तो समझे थे कि हम भूल गये हैं उनको
क्या हुआ आज ये किस बात पे रोना आया

किस लिए जीते हैं हम किसके लिए मरते हैं
बारहा ऐसे सवालात पे रोना आया

चला गया

हम दोनों की एक दूसरी ग़ज़ल जिसे इत्तेफ़ाक़ से मोहम्मद रफ़ी ने ही गाया है, अपने भावार्थ का बखान करने की दृष्टि से अनूठी मानी जाती है। शायर यहाँ उस किरदार के बारे में बता रहा है जो बिना किसी ख़ास शिकायत के ज़िन्दगी के उतारों और चढ़ावों का सामना कर रहा है। हालाँकि जो शब्द लिखे गये हैं वे बहुत ही आम ज़ुबान के हैं लेकिन वे ही शब्द ग़ज़ल में गोया कोई जादू जगाते हुए महसूस होते हैं। चिन्ताएँ हमें परेशान करती हैं लेकिन उन चिन्ताओं को क्यों न धुएँ की तरह हवा में उड़ा दिया जाये? ज़िन्दगी में हादसे होते रहते हैं लेकिन इन हादसों का जश्न क्यों न मनाया जाये? उन दोस्तों को याद करने से क्या हासिल होगा जिन्हें हमने खो दिया है? सुख और दुःख तो जीवन में आते–जाते रहते हैं तो क्यों न जीवन को जीने के लिए फ़लसफ़ाना नज़रिया रखा जाये?

मैं ज़िन्दगी का साथ निभाता चला गया
हर फ़िक्र को धुएँ में उड़ाता चला गया

बर्बादियों का सोग मनाना फ़ुज़ूल था
बर्बादियों का जश्न मनाता चला गया

जो मिल गया उसी को मुक़द्दर समझ लिया
जो खो गया मैं उसको भुलाता चला गया

ग़म और ख़ुशी में फ़र्क़ न महसूस हो जहाँ
मैं दिल को उस मकाम पे लाता चला गया

गीत

आज की रात

आज की रात मुरादों की बरात आयी है

आज की रात नहीं शिकवे शिकायत के लिए
आज हर लम्हा हर इक पल है मोहब्बत के लिए
रेशमी सेज है महकी हुई तनहाई है
आज की रात मुरादों की बरात आयी है
हर गुनह आज मुक़द्दस है फ़रिश्तों की तरह
काँपते हाथों को मिल जाने दो रिश्तों की तरह
आज मिलने में न उलझन है न रुस्वाई है
आज की रात मुरादों की बरात आयी है

अपनी ज़ुल्फ़ें मिरे शाने पे बिखर जाने दो
इस हसीं रात को कुछ और निखर जाने दो
सुबह ने आज न आने की क़सम खायी है
आज की रात मुरादों की बरात आयी है

आप आये तो ख़याल-ए-दिल-ए-नाशाद आया

आप आये तो ख़याल–ए–दिल–ए–नाशाद आया
कितने भूले हुए ज़ख़्मों का पता याद आया

आप के लब पे कभी अपना भी नाम आया था
शोख़ नज़रों से मोहब्बत का सलाम आया था

उम्र भर साथ निभाने का पयाम आया था
आपको देख के वो अहद–ए–वफ़ा याद आया

रूह में जल उठे बुझती हुई यादों के दिए
कैसे दीवाने थे हम आप को पाने के लिए

यूँ तो कुछ कम नहीं जो आपने एहसान किये
पर जो माँगे से न पाया वो सिला याद आया

आज वो बात नहीं फिर भी कोई बात नहीं है
मेरे हिस्से में हल्की सी मुलाक़ात तो है

ग़ैर का हो के भी ये हुस्न मिरे साथ तो है
हाए किस वक़्त मुझे कब का गिला याद आया

आज क्यूँ हम से पर्दा है

आज क्यूँ हम से पर्दा है
तेरा हर रंग हम ने देखा है
तेरा हर ढंग हमने देखा है
हाथ खेले हैं तेरी ज़ुल्फ़ों से
आँख वाक़िफ़ है तेरे जल्वों से
तुझ को हर तरह आज़माया है
पा के खोया है खो के पाया है
अंखड़ियों की ज़ुबाँ समझते हैं
चूड़ियों की खनक से वाक़िफ़ हैं
नाज़–ओ–अन्दाज़ जानते हैं हम
तेरा हर राज़ जानते हैं हम
आज क्यूँ हम से पर्दा है

मुँह छुपाने से फ़ायदा क्या है
दिल दुखाने से फ़ायदा क्या है
उलझी उलझी लटें सँवार के आ
हुस्न को और भी निखार के आ
नर्म गालों में बिजलियाँ ले कर
शोख़ आँखों में तितलियाँ ले कर
आ भी जा अब अदा से लहराती
एक दुल्हन की तरह शरमाती

तू नहीं तो रात सूनी है
इश्क़ की कायनात सूनी है
मरने वालों की ज़िन्दगी तू है
अँधेरे की रौशनी तू है
आज क्यूँ हम से पर्दा है

आ तिरा इन्तज़ार कब से है
हर नज़र बे–क़रार कब से है
शम्अ' रह रह के झिलमिलाती है
साँस तारों की डूबी जाती है
तू अगर मेहरबान हो जाये
हर तमन्ना जवान हो जाये
आ भी जा अब कि रात जाती है
एक आशिक़ की बात जाती है
ख़ैर हो तेरी ज़िन्दगानी की
तुझ पे सौ जान से फ़िदा हैं हम
एक मुद्दत के आश्ना हैं हम
आज क्यूँ हम से पर्दा है

मैं जागूँ सारी रैन

मैं जागूँ सारी रैन सजन तुम सो जाओ
गीतों में छुपा लूँ बैन सजन तुम सो जाओ

शाम ढले से भोर भए तक जाग के जब कटती हैं घड़ियाँ
मधुर मिलन की ओस में बस कर खिलती हैं जब जीवन की कलियाँ
आज नहीं वो रैन सजन तुम सो जाओ

फीकी पड़ गयी चाँद की ज्योति धुँदले पड़ गये दीप गगन के
सो गयी सुन्दर सेज की कलियाँ सो गये खिलते भाग दुल्हन के
खुल कर रो लें नैन सजन तुम सो जाओ

जाग के तन की अग्नि सो गयी बढ़ के थम गयी मन की हलचल
अपना घूँघट आप उलट कर खोल दी मैं पाँव की पायल
अब है चैन ही चैन सजन तुम सो जाओ

मैं नशे में हूँ

अब वो करम करें कि सितम मैं नशे में हूँ
मुझ को न कोई होश न ग़म मैं नशे में हूँ
सीने से बोझ उनके ग़मों का उतार के
आया हूँ आज अपनी जवानी को हर के

कहते हैं डगमगाते क़दम मैं नशे में हूँ
वो बेवफ़ा है अब भी ये दिल मानता नहीं

कम्बख़्त ना–समझ है उन्हें जानता नहीं
मैं आज तोड़ दूँगा भरम मैं नशे में हूँ

फ़ुर्सत नहीं है रोने–रुलाने के वास्ते
आये न उनकी याद सताने के वास्ते

इस वक़्त दिल में है दर्द कम मैं नशे में हूँ

भूल सकता है भला कौन

भूल सकता है भला कौन ये प्यारी आँखें
रंग में डूबी हुई नींद से भारी आँखें

मिरी हर सोच ने हर साँस ने चाहा है तुम्हें
जब से देखा है तुम्हें तब से सराहा है तुम्हें
बस गयी हैं मिरी आँखों में तुम्हारी आँखें

तुम जो नज़रों को उठाओ तो सितारे झुक जायें
तुम जो पलकों को झुकाओ तो ज़माने रुक जायें
क्यूँ न बन जायें उन आँखों की पुजारी आँखें

जागती रातों को सपनों का ख़ज़ाना मिल जाये
तुम जो मिल जाओ तो जीने का बहाना मिल जाये
अपनी क़िस्मत पे करें नाज़ हमारी आँखें

गाता जाये बंजारा

बस्ती बस्ती पर्बत पर्बत गाता जाये बंजारा
ले कर दिल का इकतारा

पल–दो पल का साथ हमारा पल–दो पल की यारी
आज रुला के तो कल करनी है चलने की तय्यारी
क़दम क़दम पर होनी बैठी अपना जाल बिछाये
इस जीवन की राह में जाने कौन कहाँ रह जाये

धन दौलत के पीछे क्यूँ है ये दुनिया दीवानी
यहाँ की दौलत यहीं रहेगी साथ नहीं है जानी

सोने चाँदी में तुलता हो जहाँ दिलों का प्यार
आँसू भी बे–कार वहाँ पर आहें भी बे–कार

दुनिया के बाज़ार में आख़िर चाहत भी व्यापार बनी
मेरे दिल से उसके दिल तक चाँदी की दीवार बनी

हम जैसों के भाग में लिक्खा चाहत का वरदान नहीं
जिस ने हम को जन्म दिया वो पत्थर है भगवान नहीं

बस्ती बस्ती पर्बत पर्बत गाता जाये बंजारा

बाबुल की दुआएँ लेती जा

बाबुल की दुआएँ लेती जा जा तुझको सुखी संसार मिले
माइके की कभी न याद आये ससुराल में इतना प्यार मिले

नाज़ों से तुझे पाला मैंने कलियों की तरह फूलों की तरह

मिरे बाग़ की ऐ नाज़ुक डाली तुझे हर पल नयी बहार मिले
जिस घर में बँधे हैं भाग तिरे उस घर में सदा तिरा राज रहे

होंठों पे ख़ुशी की धूप खिले माथे पे ख़ुशी का ताज रहे
कभी जिसकी जोत न हो फीकी तुझे ऐसा रूप-सिंगार मिले

बीतें तिरे जीवन की घड़ियाँ आराम की ठण्डी छाँव में
काँटा भी न चुभने पाये कभी मिरी लाडली तिरे पाँव में
उस द्वार से भी दुख दूर रहे जिस द्वार से तेरा द्वार मिले

ग़ुस्से में जो निखरा है

ग़ुस्से में जो निखरा है उस हुस्न का क्या कहना
कुछ देर अभी हम से तुम यूँ ही ख़फ़ा रहना

उस हुस्न के शो'ले की तस्वीर बना लें हम
उन गर्म निगाहों को सीने से लगा लें हम

पल-भर इसी आलम में जान-ए-अदा रहना
कुछ देर अभी हम से तुम यूँ ही ख़फ़ा रहना

ये दहका हुआ चेहरा ये बिखरी हुई ज़ुल्फ़ें
ये बढ़ती हुई धड़कन ये चढ़ती हुई साँसें

सामान-ए-क़ज़ा तुम सामान-ए-क़ज़ा रहना
कुछ देर अभी हम से तुम यूँ ही ख़फ़ा रहना

पहले भी हसीं थीं तुम लेकिन ये हक़ीक़त है
वो हुस्न मुसीबत था वो हुस्न क़यामत है

औरों से तो बढ़ कर हो ख़ुद से भी सिवा रहना
कुछ देर अभी हम से तुम यूँ ही ख़फ़ा रहना

ग़ैरों पे करम अपनों पे सितम

ग़ैरों पे करम अपनों पे सितम
ए जान–ए–वफ़ा ये ज़ुल्म न कर

रहने दे अभी थोड़ा सा भरम
ए जान–ए–वफ़ा ये ज़ुल्म न कर
हम चाहने वाले हैं तेरे
यूँ हम को जलाना ठीक नहीं

महफ़िल में तमाशा बन जायें
इस तरह बुलाना ठीक नहीं

मर जायेंगे हम मिट जायेंगे हम
ए जान–ए–वफ़ा ये ज़ुल्म न कर

हम भी थे तिरे मंजूर–ए–नज़र
दिल चाहे तो अब इनकार न कर

सौ तीर चला सीने पे मगर
बेगानों से मिल के वार न कर

तुझ को तिरी बेदर्दी की क़सम
ए जान–ए–वफ़ा ये ज़ुल्म न कर

हम इन्तिज़ार करेंगे

हम इन्तिज़ार करेंगे तिरा क़यामत तक
ख़ुदा करे कि क़यामत हो और तू आये

ये इन्तिज़ार भी इक इम्तिहान होता है
इसी से इ'श्क़ का शो'ला जवान होता है
ये इन्तिज़ार सलामत हो और तू आये
बिछाये शौक़ के सज्दे वफ़ा की राहों में

खड़े हैं दीद की हसरत लिए निगाहों में
कुबूल हो दिल की इबादत और तू आये

वो ख़ुश–नसीब है जिसको तू इन्तिख़ाब करे
ख़ुदा हमारी मोहब्बत को कामयाब करे

जवाँ सितारा–ए–क़िस्मत हो और तू आये
ख़ुदा करे कि क़यामत हो और तू आये

इन्तिज़ार और अभी

मैं ये कहती हूँ कि किस रोज़ हुज़ूर आयेंगे
दिल ये कहता है कि इक दिन वो ज़रूर आयेंगे
इन्तिज़ार और अभी और अभी और अभी

साँस की लाली सुलग सुलग कर बन गयी काली धूल
आये न बालम बेदर्दी मैं चुनती रह गयी धूल
इन्तिज़ार और अभी और अभी और अभी

रैन गयी बोझल अँखियन में चुभने लागे तारे
देस में मैं परदेसन हो गयी जब से पिया सिधारे
इन्तिज़ार और अभी और अभी और अभी

भोर भई पर कोई न आया सूनी सेज सजाने
तारे डूबे दीपक बुझ गये राख हुए परवाने
इन्तिज़ार और अभी और अभी और अभी

इन उजले महलों के तले

इन उजले महलों के तले
हम गन्दी गलियों में पले
सौ सौ बोझे मन पे लिए
मैल और माटी तन पे लिए
दुख सहते ग़म खाते रहे
फिर भी हँसते गाते रहे
हम दीपक तूफ़ाँ में जले
हम गन्दी गलियों में पले

दुनिया ने ठुकराया हमें
रस्तों ने अपनाया हमें
सड़कें घर सड़कें ही चिता
क्यूँ आये क्या कर के चले
हम गन्दी गलियों में पले

दिल में खटका कुछ भी नहीं
हम को पर्वा कुछ भी नहीं
चाहो तो नाकारा कहो
चाहो तो आवारा कहो
हम ही बुरे तुम सब भले
हम गन्दी गलियों में पले

जियो तो ऐसे जियो

जियो तो ऐसे जियो जैसे सब तुम्हारा है
मरो तो ऐसे कि जैसे तुम्हारा कुछ भी नहीं

ये एक राज़ कि दुनिया न जिसको जान सकी
यही वो राज़ जो ज़िन्दगी का हासिल है
तुम्हीं कहो तुम्हें ये बात कैसे समझाऊँ
कि ज़िन्दगी की घुटन ज़िन्दगी की क़ातिल है
हर इक निगाह को कुदरत का ये इशारा है

जहाँ में आ कर जहाँ से खिंचे खिंचे न रहो
वो ज़िन्दगी ही नहीं जिसमें आस बुझ जाये
कोई भी प्यास दबाये से दब नहीं सकती
इसी से चैन मिलेगा कि प्यास बुझ जाये
ये कह के मुड़ता हुआ ज़िन्दगी का धारा है

ये आसमाँ ये ज़मीं ये फ़ज़ा ये नज़्ज़ारे
तरस रहे हैं तुम्हारी मिरी नज़र के लिए
नज़र चुरा के हर इक शय को यूँ न ठुकराओ
कोई शरीक–ए–सफ़र ढूँढ़ लो सफ़र के लिए
बहुत करीब से मैंने तुम्हें पुकारा है

जिसे तो कुबूल कर ले

जिसे तो कुबूल कर ले वो अदा कहाँ से लाऊँ
तिरे दिल को जो लुभाये वो सदा कहाँ से लाऊँ

मैं वो फूल हूँ कि जिस को गया हर कोई मसल के
मेरी उम्र बह गयी है मिरे आँसुओं में ढल के
जो बहार बन के बरसे वो घटा कहाँ से लाऊँ

तुझे और की तमन्ना मुझे तेरी आरज़ू है
तिरे दिल में ग़म ही ग़म है मिरे दिल में तू ही तू है
जो दिलों को चैन दे दे वो दवा कहाँ से लाऊँ

मिरी बेबसी है ज़ाहिर मिरी आह–ए बे–असर से
कभी मौत भी जो माँगी तो न पायी उसके दर से
जो मुराद ले के आये वो दुआ कहाँ से लाऊँ

जब भी जी चाहे नयी दुनिया बसा लेते हैं लोग

जब भी जी चाहे नयी दुनिया बसा लेते हैं लोग
एक चेहरे पर कई चेहरे लगा लेते हैं

याद रहता है किसे गुज़रे ज़माने का चलन

अब मोहब्बत भी है क्या
इक तिज़ारत के सिवा

हम ही नादाँ थे जो ओढ़ा बीती यादों का कफ़न
वरना जीने के लिए सब भुला देते हैं लोग

जाने वो क्या लोग थे जिनको वफ़ा का पास था
दूसरे के दिल पे क्या गुज़रेगी ये एहसास था

अब हैं पत्थर के सनम
जिनको एहसास न ग़म

वो ज़माना अब कहाँ जो अहल–ए–दिल को रास था
अब तो मतलब के लिए नाम–ए–वफ़ा लेते हैं लोग

जो बात तुझमें है

जो बात तुझमें है तिरी तस्वीर में नहीं

रंगों में तेरा अक्स ढला तू न ढल सकी
साँसों की आग जिस्म की ख़ुशबू न ढल सकी
तुझमें जो लोच है मिरी तहरीर में नहीं

बे–जान हुस्न में कहाँ गुफ़्तार की अदा
इनकार की अदा है न इकरार की अदा
कोई लचक भी नहीं ज़ुल्फ़–ए–गिरह–गीर में नहीं

दुनिया में कोई चीज़ नहीं है तिरी तरह
फिर एक बार सामने आ किसी तरह
क्या और इक झलक मिरी तक़दीर में नहीं

जीवन के सफ़र में राही

जीवन के सफ़र में राही
मिलते हैं बिछुड़ जाने को
और दे जाते हैं यादें
तनहाई में तड़पाने को

ये रूप की दौलत वाले
कब सुनते हैं दिल के नाले
तक़दीर ने बेचैन कर डाला
उनके किसी दीवाने को

जो उनकी नज़र से खेले
दुख पाये मुसीबत झेले
फिरते हैं ये सब अलबेले
दिल के मुकर जाने को

दिल लेके दग़ा देते हैं
इक रोग लगा देते हैं
हँस हँस के जाँ देते हैं
ये हुस्न के परवाने को

जाने वो कैसे लोग थे

जाने वो कैसे लोग थे जिनको प्यार से प्यार मिला
हम ने तो जब कलियाँ माँगीं काँटों का हार मिला

ख़ुशियों की मंज़िल ढूँढ़ी तो ग़म की गर्द मिली
चाहत के नग़्मे चाहे तो आहें सर्द मिली

दिल के बोझ को दूना कर गया जो ग़म–ख़्वार मिला
बिछुड़ गया हर साथी दे कर पल–दो पल का साथ

किसको फ़ुर्सत है जो थामे दीवानों का हाथ

हम को अपना साया तक अक्सर बेज़ार मिला
इसको ही जीना कहते हैं तो यूँ ही जी लेंगे हम

उफ़ न करेंगे लब सी लेंगे आँसू पी लेंगे
ग़म से अब घबराना कैसा ग़म सौ बार मिला

क्या मिलिए ऐसे लोगों से

क्या मिलिए ऐसे लोगों से जिनकी फ़ितरत छुपी रहे
नक़ली चेहरा सामने आये असली सूरत छुपी रहे

ख़ुद से भी जो ख़ुद को छुपाएँ क्या उनसे पहचान करें
क्या उनके दामन से लिपटें क्या उनका अरमान करें
जिनकी आधी निय्यत उभरे आधी निय्यत छुपी रहे
नक़ली चेहरा सामने आये असली सूरत छुपी रहे

जिनके ज़ुल्म से दुखी है जनता हर बस्ती हर गाँव में
दया धरम की बात करें वो बैठ के सजी सभाओं में

दान का चर्चा घर घर पहुँचे लूट की दौलत छुपी रहे
नक़ली चेहरा सामने आये असली सूरत छुपी रहे

देखें इन नक़ली चेहरों की कब तक जय–जय–कार चले
उजले कपड़ों की तह में कब तक काला संसार चले
कब तक लोगों की नज़रों में छुपी हक़ीक़त छुपी रहे
नक़ली चेहरा सामने आये असली सूरत छुपी रहे

कौन आया

कौन आया कि निगाहों में चमक जाग उठी
दिल के सोये हुए तारों में खनक जाग उठी

किसके आने की ख़बर ले के हवाएँ आयीं
जिस्म से फूल चटकने की सदाएँ आयीं

रूह खिलने लगी साँसों से महक जाग उठी
दिल के सोये हुए तारों में खनक जाग उठी

किसने यूँ मेरी तरफ़ देख के बाँहें खोलीं
शोख़ जज़्बात ने सीने में निगाहें खोलीं

होंठ तपने लगे ज़ुल्फ़ों में लचक जाग उठी
दिल के सोये हुए तारों में खनक जाग उठी

किसके हाथों ने मिरे हाथों से कुछ माँगा है
किसके ख़्वाबों ने मिरे ख़्वाबों से कुछ माँगा है

दिल मचलने लगा आँचल में धनक जाग उठी
दिल के सोये हुए तारों में खनक जाग उठी

किसी पत्थर की मूरत से

किसी पत्थर की मूरत से मोहब्बत की तमन्ना है
परस्तिश की तमन्ना है इबादत का इरादा है

जो दिल की धड़कनें समझे न आँखों की ज़बाँ समझे
नज़र की गुफ़्तगू समझे जज़्बों का बयाँ समझे

उसी के सामने उसकी शिकायत का इरादा है
सुना है हर जवाँ पत्थर के दिल में आग होती है

मगर जब तक न छेड़ो शर्म के पर्दे में सोती है
ये सोचा है कि दिल की बात उसके रू–ब–रू कर दें

हर इक बेजा तकल्लुफ़ से बग़ावत का इरादा है
मोहब्बत बे–रुखी से और भड़केगी वो क्या जाने

तबीअ'त इस अदा पर और फड़केगी वो क्या जाने
वो क्या जाने कि अपनी किस क़यामत का इरादा है

मौत कभी भी मिल सकती है

मौत कभी भी मिल सकती है लेकिन जीवन कल न मिलेगा
मरने वाले सोच समझ ले फिर तुझको ये पल न मिलेगा

कौन सा ऐसा दिल है जहाँ में जिसको ग़म का रोग नहीं

जो हल दुनिया भर को मिला है क्यूँ तुझ को वो हल न मिलेगा
मरने वाले सोच समझ ले फिर तुझको ये पल न मिलेगा

इस जीवन में कितने ही दुख हों लेकिन सुख की आस तो है
दिल में कोई अरमान बसा है आँख में कोई प्यास तो है

जीवन ने ये फल तो दिया है मौत से ये भी फल न मिलेगा
मरने वाले सोच समझ ले फिर ये तुझको पल न मिलेगा

मैं जब भी अकेली होती हूँ

मैं जब भी अकेली होती हूँ तुम चुपके से आ जाते हो
और झाँक के मेरी आँखों में बीते दिन याद दिलाते हो

मस्ताना हवा के झोंकों से हर बार वो पर्दे का हिलना
पर्दे को पकड़ने की धुन में दो अजनबी हाथों का मिलना

आँखों में धुआँ सा छा जाना साँसों में सितारे से खुलना
रस्ते में तुम्हारा मुड़ मुड़ कर तकना वो मुझे जाते जाते

और मेरा ठिठक कर रुक जाना चिलमन के क़रीब आते आते
नज़रों का तरस कर रह जाना इक और झलक पाते पाते

बालों को सुखाने की ख़ातिर कोठे पे वो मेरा आ जाना
और तुमको मुक़ाबिल पाते ही कुछ शर्माना कुछ बल खाना

हम–सायों के डर से कतराना घर वालों के डर से घबराना
रो रो तुम्हें ख़त लिखती हूँ और ख़ुद पढ़ कर रो लेती हूँ
हालात के तपते तूफ़ाँ में जज़्बात की कश्ती खेती हूँ
कैसे हो कहाँ हो कुछ तो कहो मैं तुमको सदाएँ देती हूँ

मैं जब भी अकेली होती हूँ तुम चुपके से आ जाते हो
और झाँक के मेरी आँखों में बीते दिन याद दिलाते हो

महफ़िल से उठ जाने वालो

महफ़िल से उठ जाने वालो तुम लोगों पर क्या इल्ज़ाम
तुम आबाद घरों के बासी मैं आवारा और बदनाम
मेरे साथी ख़ाली जाम

दो दिन तुमने प्यार जताया दो दिन तुमसे मेल रहा
अच्छा ख़ासा वक़्त कटा और अच्छा ख़ासा खेल रहा
अब खेल का ज़िक्र ही क्या कि वक़्त कटा और खेल तमाम
मेरे साथी ख़ाली जाम

तुमने ढूँढ़ी सुख की दौलत मैंने पाला ग़म का रोग
कैसे बनता कैसे निभता ये रिश्ता और ये संयोग
मैंने दिल को दिल से तोला तुमने माँगे प्यार के दाम
मेरे साथी ख़ाली जाम
तुम दुनिया को बेहतर समझे मैं पागल ख़्वार हुआ
तुमको अपनाने निकला था ख़ुद से भी बेज़ार हुआ
देख लिया घर–फूँक तमाशा जान लिया मैंने अंजाम
मेरे साथी ख़ाली जाम

मैंने शायद तुम्हें

मैंने शायद तुम्हें पहले भी कहीं देखा है
अजनबी सी हो मगर ग़ैर नहीं लगती हो

वहम से भी जो हो नाज़ुक वो यकीं लगती हो
हाए ये फूल सा चेहरा ये घनेरी ज़ुल्फ़ें
मेरे शे'रों से भी तुम मुझको हसीं लगती हो
मैंने शायद तुम्हें पहले भी कहीं देखा है

देख कर तुमको किसी रात की याद आती है
एक ख़ामोश मुलाक़ात की याद आती है
ज़ेहन में हुस्न की ठण्डक का असर जागता है
आँच देती हुई बरसात की याद आती है

मैंने शायद तुम्हें पहले भी कहीं देखा है
मिरी आँखों पे झुकी रहती हैं पलकें जिसकी

तुम वही मेरे ख़यालों की परी हो कि नहीं
कहीं पहले की तरह फिर तो न खो जाओगी
जो हमेशा के लिए हो वो ख़ुशी हो कि नहीं
मैंने शायद तुम्हें पहले भी कहीं देखा है

मिरे दिल में आज क्या है

मिरे दिल में आज क्या है तू कहे तो मैं बता दूँ
तिरी ज़ुल्फ़ फिर सँवारूँ तिरी माँग फिर सजा दूँ

मुझे देवता बना कर तिरी चाहतों ने पूजा
मिरा प्यार कह रहा है मैं तुझे ख़ुदा बना दूँ

कोई ढूँढ़ने भी आये तो हमें न ढूँढ़ पाये
तू मुझे कहीं छुपा दे मैं तुझे कहीं छुपा दूँ
मिरे बाज़ुओं में आ कर तिरा दर्द चैन पाये
तिरे गेसुओं में छुप कर मैं जहाँ के ज़ख़्म भुला दूँ

तिरी ज़ुल्फ़ फिर सँवारूँ तिरी माँग फिर सजा दूँ
मिरे दिल में आज क्या है तू कहे तो मैं बता दूँ

मुझे गले से लगा लो

मुझे गले से लगा लो बहुत उदास हूँ मैं
ग़म–ए–जहाँ से छुड़ा लो बहुत उदास हूँ मैं

ये इन्तिज़ार का दुख अब सहा नहीं जाता
तड़प रही है मोहब्बत रहा नहीं जाता
तुम अपने पास बुला लो बहुत उदास हूँ मैं

भटक चुकी हूँ बहुत ज़िन्दगी की राहों में
मुझे अब आ के छुपा लो तुम अपनी बाँहों में
मिरा सवाल न टालो बहुत उदास हूँ मैं

हर इक साँस में मिलने की प्यास पलती है
सुलग रहा है बदन और रूह जलती है
बचा सको तो बचा लो बहुत उदास हूँ मैं

हर इक पल का शायर

मैं हर इक पल का शायर हूँ
हर इक पल मिरी कहानी है
हर इक पल मेरी हस्ती है
हर इक पल मिरी जवानी है

रिश्तों का रूप बदलता है
बुनियादें ख़त्म नहीं होतीं
ख़्वाबों और उमंगों की
मीआदें ख़त्म नहीं होतीं

हर फूल में तेरा रूप बसा
हर फूल में तेरी जवानी है

इक चेहरा तेरी निशानी है
इक चेहरा मेरी निशानी है

तुमको मुझको जीवन–अमृत
इन हाथों से ही पीना है

इनकी धड़कन में बसना है
इनकी साँसों में जीना है

तू अपनी अदाएँ बख़्श इन्हें
मैं अपनी वफ़ाएँ देता हूँ

जो अपने लिए सोची थी कभी
वो सारी दुआएँ देता हूँ

नज़र से दिल में समाने वाले

नज़र से दिल में समाने वाले मिरी मोहब्बत तिरे लिए है
वफ़ा की दुनिया में आने वाले वफ़ा की दौलत तिरे लिए है
खड़ी हूँ मैं तेरे रास्ते में जवाँ उमीदों के फूल ले कर
महकती ज़ुल्फ़ों बहकती नज़रों की गर्म जन्नत तिरे लिए है

सिवा तिरी आरज़ू के इस दिल में कोई भी आरज़ू नहीं है
हर एक जज़्बा हर एक धड़कन हर एक हसरत तिरे लिए है

मिरे ख़यालों के नरम पौदों से झाँक कर मुस्कुराने वाले
हज़ार ख़्वाबों से जो सजी है वो इक हक़ीक़त तिरे लिए है

पिघली आग से सागर भर ले

पिघली आग से सागर भर ले
कल मरना है आज ही मर ले

अब न कभी ये रात ढलेगी अब न कभी जागेगा सवेरा
सोच है किसकी फ़िक्र है किस की इस दुनिया में कौन है तेरा

कोई नहीं जो तेरी ख़बर ले
पिघली आग से सागर भर ले
कुदरत अन्धी दुनिया बहरी
काले पड़ गये ख़्वाब सुनहरी

तोड़ भी दे अब ख़्वाब का रिश्ता छोड़ भी दे जज़्बात से लड़ना
आज नहीं तो कल समझेगा मुश्किल है हालात से लड़ना

जो हालात कराएँ कर ले
पिघली आग से सागर भर ले
बन्द है नेकी का दरवाज़ा
आप उठा ले अपना जनाज़ा

कोई नहीं जो बोझ उठाये अपनी ज़िन्दा लाशों का
ख़त्म ही कर दे आज फ़साना इन बे–दर्द तमाशों का

जान–ए–तमन्ना जाँ से गुज़र ले
पिघली आग से सागर भर ले

रात के राही थक मत जाना

रात के राही थक मत जाना सुबह की मंज़िल दूर नहीं
धरती के फैले आँगन में पल–दो पल है रात का डेरा
ज़ुल्म का सीना चीर के देखो झाँक रहा है नया सवेरा
ढलता दिन मजबूर सही चढ़ता सूरज मजबूर नहीं

सदियों तक चुप रहने वाले अब अपना हक़ ले के रहेंगे
जो करना है खुल के करेंगे जो कहना है साफ़ कहेंगे
जीते जी घुट घुट कर मरना इस युग का दस्तूर नहीं

टूटेंगी बोझल ज़ंजीरें जागेंगी सोती तक़दीरें
लूट पे कब तक पहरा देंगी जंग लगी ख़ूनी ज़ंजीरें
रह नहीं सकता इस दुनिया में जो सबको मंजूर नहीं

रंग और नूर की बारात

रंग और नूर की बारात किसे पेश करूँ
ये मुरादों की हसीं रात किसे पेश करूँ

मैंने जज़्बात निभाये हैं उसूलों की जगह
अपने अरमान पिरो लाया हूँ फूलों की तरह

तेरे सेहरे की ये सौगात किसे पेश करूँ
ये मेरे शे'र मिरे आख़िरी नज़राने हैं

मैं उन अपनों में हूँ जो आज से बेगाने हैं
बे–तअल्लुक़ सी मुलाक़ात किसे पेश करूँ

सुर्ख़ जोड़े की तब–ओ–ताब मुबारक़ हो तुझे
तेरी आँखों का नया ख़्वाब मुबारक़ हो तुझे

मैं ये ख़्वाहिश ये ख़यालात किसे पेश करूँ
कौन कहता है कि चाहत पे सभी का हक़ है

तू जिसे चाहे तिरा प्यार उसी का हक़ है
मुझसे कह दे मैं तिरा हाथ किसे पेश करूँ

सब में शामिल हो मगर सब से जुदा लगती हो

सब में शामिल हो मगर सब से जुदा लगती हो
सिर्फ़ हम से नहीं ख़ुद से भी जुदा लगती हो

आँख उठती है न झुकती है किसी की ख़ातिर
साँस चढ़ती है न रुकती है किसी की ख़ातिर

जो किसी दर पे न ठहरे वो हवा लगती हो
ज़ुल्फ़ लहराये तो आँचल में छुपा लेती हो

होंठ थर्राये तो दाँतों में दबा लेती हो
जो कभी खुल के न बरसे वो घटा लगती हो

जागी जागी नज़र आती हो न सोयी सोयी
तुम जो हो अपने ख़यालात में खोयी हुई

किसी मायूस मुसव्विर की दुआ लगती हो

सुरमई रात है सितारे हैं

सुरमई रात है सितारे हैं
आज दोनों जहाँ हमारे हैं
सुब्ह का इन्तिज़ार कौन करे

फिर ये रुत ये समाँ मिले न मिले
आरज़ू का चमन खिले न खिले
वक़्त का ए'तिबार कौन करे

ले भी लो हम को अपनी बाँहों में
रूह बेचैन है निगाहों में
इल्तिज़ा बार बार कौन करे

सँभल ऐ दिल

सँभल ऐ दिल तड़पने और तड़पाने से क्या होगा
जहाँ बसना नहीं मुमकिन वहाँ जाने से क्या होगा
चले आओ कि अब मुँह फेर कर जाने से क्या होगा
जो तुम पर मर–मिटा उस दिल को तड़पाने से क्या होगा

हमें संसार में अपना बनाना कौन चाहेगा
ये मसले फूल सेजों पर सजाना कौन चाहेगा
तमन्नाओं को झूठे ख़्वाब दिखलाने से क्या होगा

तुम्हें चाहा तुम्हें पूजा है इस दिल ने
जो सच पूछो तो पहली बार कुछ माँगा है इस दिल ने
समझते बूझते अनजान बन जाने से क्या होगा

जिन्हें मिलती हैं ख़ुशियाँ वो मुक़द्दर और होते हैं
जो दिल में घर बनाते हैं वे दिलवर और होते हैं
उमीदों को खिलौने दे के बहलाने से क्या होगा

बहुत दिन से थी दिल में अब ज़बाँ तक बात पहुँची है
वहीं तक उसको रहने दो जहाँ तक बात पहुँची है
जो दिल की आख़िरी हद है वहाँ तक बात पहुँची है
जिसे खोना यक़ीनी हो उसे पाने से क्या होगा

शे'र का हुस्न हो नग़्मों की जवानी हो तुम

शे'र का हुस्न हो नग़्मों की जवानी हो तुम
इक धड़कती हुई शादाब कहानी हो तुम

आँख ऐसी कि कँवल तुमसे निशानी माँगे
ज़ुल्फ़ ऐसी कि घटा शर्म से पानी माँगे
जिस तरफ़ से भी नज़र डालो सुहानी हो तुम

जिस्म ऐसा कि अजन्ता का अमल याद आये
संग–ए–मरमर में ढला ताज–महल याद आये
पिघले पिघले हुए रंगों की जवानी हो तुम

शे'र का हुस्न हो नग़्मों की जवानी हो तुम

साथी हाथ बढ़ाना

एक अकेला थक जायेगा मिल कर बोझ उठाना
साथी हाथ बढ़ाना

हम मेहनत वालों ने जब भी मिल कर क़दम बढ़ाया
सागर ने रस्ता छोड़ दिया पर्वत ने सीस झुकाया
फ़ौलादी हैं सीने अपने फ़ौलादी हैं बाँहें
हम चाहें तो पैदा कर दें चट्टानों में राहें
साथी हाथ बढ़ाना

मेहनत अपने लेख की रेखा मेहनत से क्या डरना
कल ग़ैरों की ख़ातिर की आज अपनी ख़ातिर करना
अपना दुख भी एक है साथी अपना सुख भी एक
अपनी मंज़िल सच की मंज़िल अपना रास्ता नेक
साथी हाथ बढ़ाना

एक से एक मिले तो क़तरा बन जाता है दरिया
एक से एक मिले तो ज़र्रा बन जाता है सेहरा
एक से एक मिले तो राई बन सकती है पर्वत
साथी हाथ बढ़ाना

माटी से हम लाल निकालें मोती लायें जल से
जो कुछ इस दुनिया में बना है बना हमारे बल से
कब तक मेहनत के पैरों में दौलत की ज़ंजीरें
हाथ बढ़ा कर छीन लो अपने ख़्वाबों की ता'बीरें
साथी हाथ बढ़ाना

तुमने कितने सपने देखे

तुमने कितने सपने देखे मैंने कितने गीत बुने
इस दुनिया के शोर में लेकिन दिल की धड़कन कौन सुने

सरगम की आवाज़ पे सर को धुनने वाले लाखों पाये
नग़्मों की खिलती कलियों को चुनने वाले लाखों पाये
राख़ हुए जो दिल में जल कर वो अंगारे कौन सुने
तुमने कितने सपने देखे मैंने कितने गीत बुने

अरमानों के सूने घर में हर आहट बेगानी निकली
दिल ने जब नज़दीक से देखा हर सूरत अन–जानी निकली
बोझल घड़ियाँ गिनते गिनते सदमे हो गये लाख गुने
तुमने कितने सपने देखे मैंने कितने गीत बुने

तुम चली जाओगी परछाइयाँ रह जायेंगी

तुम चली जाओगी परछाइयाँ रह जायेंगी
कुछ न कुछ हुस्न की रानाइयाँ रह जायेंगी

तुम कि उस झील के साहिल पे मिली हो मुझसे
जब भी देखूँगा यहीं मुझको नज़र आओगी

याद मिटती है न मंज़र कोई मिट सकता है
दूर जा कर तुम अपने को यहीं पाओगी

घुल के रह जायेगी झोंकों में बदन की ख़ुश्बू
ज़ुल्फ़ का अक्स घटाओं में रहेगा सदियों
फूल चुपके से चुरा लेंगे लबों की सुर्ख़ी
ये जवाँ हुस्न फ़ज़ाओं में रहेगा सदियों

इस धड़कती हुई शादाब–ओ–हसीं वादी में
ये न समझो कि ज़रा देर का क़िस्सा हो तुम
अब हमेशा के लिए मेरे मुक़द्दर की तरह
इन नज़ारों के मुक़द्दर का हिस्सा हो तुम

तुम चली जाओगी परछाइयाँ रह जायेंगी
कुछ न कुछ हुस्न की रानाइयाँ रह जायेंगी

तुम अगर साथ देने

तुम अगर साथ देने का वा'दा करो
मैं यूँ ही मस्त नग़्मे लुटाता रहूँ

तुम मुझे देख कर मुस्कुराती रहो
मैं तुम्हें देख कर गीत गाता रहूँ

कितने जल्वे फ़ज़ाओं में बिखरे मगर
मैंने अब तक किसी को पुकारा नहीं

तुम को देखा तो नज़रें यह कहने लगीं
हम को चेहरे से हटना गवारा नहीं

तुम अगर मेरी नज़रों के आगे रहो
मैं हर इक शय से नज़रें चुराता रहूँ

मैंने ख़्वाबों में बरसों तराशा जिसे
तुम वही संग–ए–मरमर की तस्वीर हो

तुम न समझो तुम्हारा मुक़द्दर हूँ मैं
मैं समझता हूँ तुम मेरी तक़दीर हो

तुम अगर मुझको अपना समझने लगो
मैं बहारों की महफ़िल सजाता रहूँ

ये दुनिया दो-रंगी है

ये दुनिया दो–रंगी है
एक तरफ़ से रेशम ओढ़े एक तरफ़ से नंगी है

एक तरफ़ अन्धी दौलत की पागल ऐश–परस्ती
एक तरफ़ जिस्मों की क़ीमत रोटी से भी सस्ती
एक तरफ़ है सोनागाची एक तरफ़ चौरंगी है
ये दुनिया दो–रंगी है

आधे मुँह पर नूर बरसता आधे मुँह पर चीरे
आधे तन पर कोढ़ के धब्बे आधे तन पर हीरे
आधे घर में ख़ुश–हाली है आधे घर में तंगी है
ये दुनिया दो–रंगी है

माथे ऊपर मुकुट सजाये सर पर ढोये गन्दा
दायें हाथ से भिक्षा माँगे बायें हाथ से चन्दा
एक तरफ़ भण्डारा चलाये एक तरफ़ भिक–मंगी है
ये दुनिया दो–रंगी है

इक संगम पर लानी होगी दुख और सुख की धारा
नये सिरे से करना होगा दौलत का बँटवारा
जब तक ऊँच नीच है बाक़ी हर सूरत बे–ढंगी है
ये दुनिया दो–रंगी है

ये देश है वीर जवानों का

ये देश है वीर जवानों का
अलबेलों का मस्तानों का
इस देश का यारो क्या कहना
ये देश है दुनिया का गहना

यहाँ चौड़ी छाती वीरों की
यहाँ गोरी शक्लें हीरों की
यहाँ गाते हैं राँझे मस्ती में
मचती हैं धूमें बस्ती में
पेड़ों पे बहारें झूलों की
राहों में क़तारें फूलों की

यहाँ हँसता है सावन बालों में
खिलती हैं कलियाँ गालों में
कहीं दंगल शोख़ जवानों के
कहीं कर्तब तीर कमानों के

यहाँ नित नित मेले सजते हैं
नित ढोल और ताशे बजते हैं
दिलबर के लिए दिलदार हैं हम
दुश्मन के लिए तलवार हैं हम
मैदाँ में अगर हम डट जायें
मुश्किल है कि पीछे हट जायें

ज़िन्दगी-भर नहीं भूलेगी

ज़िन्दगी–भर नहीं भूलेगी वो बरसात की रात
एक अनजान हसीना से मुलाक़ात की रात

हाए वो रेशमी ज़ुल्फ़ों से बरसता पानी
फूल से गालों पे रुकने को तरसता पानी

दिल में तूफ़ान उठाये हुए जज़्बात की रात
ज़िन्दगी–भर नहीं भूलेगी वो बरसात की रात

डर के बिजली से अचानक वो लिपटना उसका
और फिर शरम से बल कहा के सिमटना उसका

कभी देखी न सुनी ऐसी तिलस्मात की रात
ज़िन्दगी–भर नहीं भूलेगी वो बरसात की रात

सुर्ख़ आँचल को दबा कर जो निचोड़ा उसने
दिल पे जलता हुआ इक तीर सा छोड़ा उसने

आग पानी में लगाते हुए हालात की रात
ज़िन्दगी–भर नहीं भूलेगी वो बरसात की रात

मेरे नग़्मों में जो बस्ती है वो तस्वीर थी वो
नौजवानी के हसीं ख़्वाब की ताबीर थी वो

आसमानों से उतर आयी थी जो रात की रात
ज़िन्दगी–भर नहीं भूलेगी वो बरसात की रात

4
भजन
अल्लाह तेरो नाम, ईश्वर तेरो नाम

मन ही देवता मन ही ईश्वर मन से बड़ा न कोये
मन उजियारा जब जब फैले जग उजियारा होये
इस उजले मन पर प्राणी धूल न जमने पाये
तोरा मन दर्पण कहलाये

साहिर दिल से पक्के एक पन्थनिरपेक्ष व्यक्ति थे। उन्होंने किसी भी तरह की धार्मिक कट्टरता और सम्प्रदायवाद की हमेशा मुख़ालफ़त की। हालाँकि वे एक मुसलमान परिवार में पैदा हुए थे लेकिन लोगों में आपसी वैमनस्य को उकसाने वाले संकीर्ण विचारों से उन्होंने ख़ुद को हमेशा बचाये रखा। इस बात का कोई प्रमाण हमें नहीं मिलता कि वे किसी ख़ास धार्मिक रिवाज को मानते थे। लेकिन इसके बावजूद जैसा कि प्रोफ़ेसर गोपी चन्द नारंग भी लिखते हैं, साहिर ने हिन्दी सिनेमा के लिए कुछ बेहद बेहतरीन भजन लिखे। भजन–लेखन ग़ज़ल और उर्दू शायरी की अन्य विधाओं से पूरी तरह एक भिन्न विधा है। एक भजन के माध्यम से कवि पढ़ने या सुनने वालों के मन को एक आध्यात्मिक स्तर पर ले जाने का प्रयास करता है जहाँ से वे अपने ही अन्तस की पुनर्यात्रा का आरम्भ कर सकें। साथ–साथ भजन–लेखन ब्रज भाषा, अवधी और राजस्थानी लोकभाषाओं की पर्याप्त जानकारी की अपेक्षा भी रखता है। कवि को महान सन्तों और ज्ञानियों मसलन सूरदास, तुलसीदास और मीराबाई के लिखे भजनों की ख़ासी समझ रखना भी ज़रूरी है। प्रोफ़ेसर नारंग और अधिक स्पष्ट करते हुए लिखते हैं :

> "भारत में भक्ति की दो मुख्य धाराएँ हैं–कृष्ण–भक्ति और राम–भक्ति। दोनों धाराएँ मुख्यतः प्रेम और समर्पण की भावना पर आधारित हैं। कृष्ण–भक्ति में नृत्य और गायन के साथ–साथ हमें रूमानियत का भी सम्मिश्रण मिलता है। राम कर्तव्यनिष्ठा, त्याग, पुरुषार्थ और नैतिकता के प्रतीक हैं। साहिर ने इन दोनों ही धाराओं की परम्परा और भावना को अभिव्यक्ति देने वाले भजन लिखे। साथ ही उन्होंने ऐसे भी भजन लिखे जो राम और कृष्ण भक्तिमार्ग से पूरी तरह मुक्त थे। ये भजन मानवीय सौहार्द और धार्मिक सहिष्णुता पर केन्द्रित थे। उनके लिखे कई भजन व्यक्ति के स्वविवेक और आत्म–नियन्त्रण पर आधारित हैं। *तेरो मन दर्पण कहलाये* भी ऐसा ही एक भजन है।" *(नारंग 2013 : 15–23)*

इन सभी भजनों को अगर नज़रअन्दाज़ भी कर दिया जाये तब भी साहिर धार्मिक एकता के लिए अपने इस सर्वकालिक वक्तव्य के लिए हमेशा याद रखे जायेंगे : अल्लाह तेरो नाम, ईश्वर तेरो नाम। प्रोफ़ेसर नारंग निष्कर्ष के रूप में कहते हैं :

> "भजन–लेखन की दुनिया विस्तृत और सीमित दोनों में कुछ भी हो सकती है। यह विस्तृत इस कारण से हो सकती है क्योंकि अध्यात्म और नैतिकता वे क्षितिज हैं जहाँ हम एक मनुष्य के रूप में जन्म (हम यहाँ क्यों आये है?) और मृत्यु (मरने के बाद हम कहाँ जायेंगे?) का रहस्य तलाशने का प्रयास करते हैं। और, इस दुनिया के सीमित होने की वजह यह है क्योंकि भजन हमारी उन धार्मिक आस्थाओं को गहराई से प्रभावित करता है जो धार्मिक एकात्मकता और अद्वैतवाद से प्रत्यक्ष रूप से जुड़ा हुआ है। साहिर ने इस एकात्मकता के मर्म और उद्देश्य को बचाये रख कर ऐसे भजन लिखे जो काव्यात्मकता और संगीतात्मकता की कसौटियों पर खरे उतरते थे। उनके भजन–लेखन का यह सर्वाधिक महत्त्वपूर्ण पक्ष था। कृष्ण लीला हो अथवा ईश्वर–अल्लाह, राम–रहीम, कृष्ण–करीम, या फिर कबीर–नानक हों, साहिर ने अपनी भावनाओं को जिस रचनात्मकता के साथ अभिव्यक्त किया उसे युगों तक याद रखा जायेगा।" *(नारंग 2013 : 15–23)*

भजन लोकजीवन की कथाओं और हिन्दू देवी और देवताओं के

विशिष्ट गुणों से अभिप्रेरित विधा है। यह जनमानस के एक बड़े हिस्से को अपने भक्तिपूर्ण सन्देशों से प्रेरित करने की क्षमता रखता है। भजन को गाते हुए व्यक्ति अपने भीतर एक नयी ऊर्जा अनुभव करता है और एक ऐसी परादैहिक अनुभूतियों से होकर गुज़रता है कि कुछ देर के लिए वह अपने रोज़मर्रे की चिन्ताएँ और दुश्वारियाँ भूल जाता है। चूँकि साहिर विचारों से पक्के मार्क्सवादी थे लिहाज़ा भजन–लेखन के लिए वे किसी भी दृष्टि से उपयुक्त नहीं समझे जाते थे, लेकिन यह उनकी अद्‌भुत रचनात्मक प्रतिभा ही थी जिसने उनके अन्दर हिन्दी सिनेमा के दशकों पुराने इतिहास के कुछ बेहतरीन भजन लिखने का कौशल और उस लेखन के अनुकूल आवश्यक आध्यात्मिक मनःस्थिति को विकसित किया।

अल्लाह तेरो नाम, ईश्वर तेरो नाम

सच्चे गाँधीवादी विचारों को प्रोत्साहित करता यह भजन रचनात्मक लेखन का एक अप्रतिम उदाहरण है जो न केवल धार्मिक खाँचों को ध्वस्त करता है बल्कि मनुष्यता के आधारभूत मर्म को भी उद्‌घाटित करता है। एक ऐसे देश में जहाँ आज़ादी की अल्लसुबह धर्मोन्माद और फ़िरकापरस्ती के कारण असंख्य लोग मार डाले गये हों, वहाँ साम्प्रदायिक सौहार्द की भावना का प्रसार सबसे महत्त्वपूर्ण सामाजिक दायित्व है। साहिर के लिखे एक–एक शब्द परमपिता की एकात्मकता की बात करते हैं, भले ही उस परमसत्ता को पुकारने या उसका आह्वान करने का तरीक़ा हर एक सम्प्रदाय में भिन्न हो।

अल्लाह तेरो नाम, ईश्वर तेरो नाम
सब को सन्मति दे भगवान्

इस धरती का रूप न उजड़े
प्यार की ठण्डी धूप न उजड़े
सब को मिले सच का वरदान
सब को सन्मति दे भगवान्

माँगों का सिन्दूर न छूटे
माँ बहनों की आस न टूटे

देह बिना दाता
भटके न प्राण
सब को सन्मति दे भगवान्
अल्लाह तेरो नाम
ईश्वर तेरो नाम

सारे जग के रखवाले
निर्बल को बल देने वाले
बलवानों को दे दे ज्ञान
सब को सन्मति दे भगवान्
अल्लाह तेरो नाम
ईश्वर तेरो नाम

प्रभु तेरो नाम

यह एक प्रार्थना–रूप में लिखा गया भजन है जिसमें परम सत्ता का ध्यान किसी भी पूर्वउद्देश्य अथवा अपेक्षा के बिना किया गया है। उपासक के मन की निष्ठा को व्यक्त करते ये उद्‌गार स्वयं में किसी पारितोषिक से कम नहीं हैं। ईश्वर से कुछ भी माँगने की आवश्यकता इसलिए नहीं है कि उसे हमारी आन्तरिक और बाह्य इच्छाओं का पता होता है। परमसत्ता की दृष्टि में कुछ भी छुपा हुआ नहीं है। ऐसे ध्यान का अभीष्ट भौतिक नहीं, बल्कि मन की शान्ति और स्थिरप्रज्ञता की प्राप्ति है।

प्रभु तेरो नाम
जो ध्याये फल पाये
सुख लाये तेरो नाम

तेरी दया हो जाये तो दाता
जीवन धन मिल जाये
मिल जाये सुख देओ तेरो नाम
जो ध्याये फल पाये
सुख लाये तेरो नाम

तू दानी तू अन्तर्यामी
तेरी कृपा हो जाये तो स्वामी
हर बिगड़ी बन जाये
मिल जाये सुख देओ तेरो नाम
जो ध्याये फल पाये
सुख लाये तेरो नाम

बस जाये मेरा सूना अँगना
खिल जाये मुरझाया कँगना
जीवन में रस लाये
जीवन धन मिल जाये मिल जाये
मिल जाये सुख लाये तेरो नाम
जो ध्याये फल पाये
सुख लाये तेरो नाम

तोरा मन दर्पण कहलाये

दुनिया के सभी धर्मों के ग्रन्थों में हमें एकबद्ध करने वाला जो एक सामान्य सूत्र मिलता है वह 'आत्मा' है। हिन्दू धर्मग्रन्थों के अनुसार मनुष्य को 'परमात्मा' तक ले जाने वाला सेतु 'आत्मा' ही है। इस भजन का मुख्य कथ्य अर्थात् 'मन को दर्पण–रूप' में देखने की बात स्वयं में एक अत्यन्त सशक्त विचार है। यह हमें आत्म–विश्लेषण करने के लिए प्रेरित करता है ताकि हम अपनी मानसिक और भावनात्मक शक्तियों और दुर्बलताओं से परिचित हो सकें। आन्तरिक सजगता हमारे मन के अन्धकार को दूर भगाती है और किसी बाह्य सहायता के बिना भी हम अपने अच्छे और बुरे कर्मों का आकलन करने में समर्थ हो सकते हैं। एक बार जब हम स्वयं को पहचान लेते हैं, तब हमारे आत्मोत्थान के रास्ते भी ख़ुद–ब–ख़ुद खुल जाते हैं।

तोरा मन दर्पण कहलाये
भले बुरे सारे कर्मों को
देखे और दिखाये

मन ही देवता मन ही ईश्वर मन से बड़ा न कोये
मन उजियारा जब जब फैले जग उजियारा होये
इस उजले मन पर प्राणी धूल न जमने पाये
तोरा मन दर्पण कहलाये
भले बुरे सारे कर्मों को
देखे और दिखाये
तोरा मन दर्पण कहलाये

सुख की कलियाँ दुःख के काँटे मन सबका आधार
मन से कोई बात छुपे न मन के नैन हज़ार
जग से चाहे भाग ले कोई मन से भाग न पाये

तोरा मन दर्पण कहलाये
भले बुरे सारे कर्मों को
देखे और दिखाये
तोरा मन दर्पण कहलाये

आन मिलो

यह कृष्ण की भक्ति में लिखा गया भजन है और इसीलिए यह प्रेम और श्रद्धा की भावनाओं से आकण्ठ डूबा हुआ है। इस भजन में उस राधा की भावनाओं को दर्शाया गया है जो अपने प्रेमी श्याम को ढूँढ़ती हुई वृन्दावन की कुंज–गलियों में भटकती फिर रही है। यहाँ यह बात ध्यातव्य है कि राधा यहाँ 'आत्मा' का बिम्ब है जो ईश्वर की अनुकम्पा के अभाव में मारी–मारी भटक रही है और कृष्ण यहाँ 'परमात्मा' के प्रतीक के रूप में उद्धृत हैं। भक्त के मन की यह विकलता साहिर के शब्दों में बख़ूबी उदघाटित होती है। श्याम के स्नेहासिक्त आलिंगन के बिना मन को किसी स्थिति में शान्ति नहीं प्राप्त हो सकती है। और, भक्त को यह आलिंगन जल्दी से जल्दी चाहिए।

आन मिलो आन मिलो श्याम साँवरे
आन मिलो

ब्रज में अकेली राधे खोयी खोयी फिरे
वृन्दावन की गलियों में तुम बिन जियरा न लागे
निस दिन तुमरी बाट निहारे व्याकुल नैन अभागे
अबहन ऐसी दिशा है मन की का हुइहें फिर आगे
ब्रज में अकेली राधे खोयी खोयी फिरे
ओ कान्हा आन मिलो

अजहूँ जो न भेजे रे मोहन तैने कोई ख़बरिया
हो जाये है ये ब्रज की बाला रो रो बावरिया
धीर बँधा जा मुख दिखला जा नट नागर साँवरिया रे
ब्रज में अकेली राधे खोयी खोयी फिरे
ओ कान्हा आन मिलो

आज सजन मोहे अंग लगा लो

यह कृष्ण की भक्ति में रचित एक और मर्मस्पर्शी भजन है जो भक्ति के रूमान से ओतप्रोत है जो हमें बताता है कि केवल अपने प्रभु से मिलने के बाद ही राधा की आत्मा को शान्ति प्राप्त हो सकती है। 'मुझे अपनी भुजाओं के आलिंगन में ले लो, मेरे प्रेमी, मेरे स्वामी'—वह अनुनय भरे शब्दों में पुकारती है। देह की व्यथा से मुक्ति और बिछोह की अग्नि का शमन का कोई अन्य उपचार नहीं है। देह और आत्मा के एक हुए बिना यह चिरन्तन प्यास किसी अन्य तरह से नहीं बुझ सकती। मिलन ही एकमात्र विकल्प है, और मिलन के लिए अब और प्रतीक्षा नहीं की जा सकती है।

बिरहा के दुखड़े सह सह कर जब राधे बेसुध हो ली
तो एक दिन अपने मनमोहन से जा कर यूँ बोली

आज सजन मोहे अंग लगा लो
जनम सफल हो जाये
हृदय की पीड़ा दुःख की अग्नि
सब शीतल हो जाये

कई युग से हैं जागे
मोरे नैन अभागे
कहीं जिया नहीं लागे बिन तोरे
सुख देखे नहीं आगे
दुःख पीछे पीछे भागे
जग सूना सूना लागे बिन तोरे
प्रेम सुधा
मोरे साँवरिया
साँवरिया
प्रेम सुधा इतनी बरसा दो
जग जलथल हो जाये

आज सजन मोहे अंग लगा लो
जनम सफल हो जाये

मोहे अपना बना लो मोरी बाँह पकड़
मैं हूँ जनम जनम की दासी
मोहे अपना बना लो मोरी बाँह पकड़
मैं हूँ जनम जनम की दासी
मेरी प्यास बुझा दो

मनहर गिरिधर प्यास बुझा दो
मनहर गिरिधर प्यास बुझा दो
प्यास बुझा दो

आज सजन मोहे अंग लगा लो
जनम सफल हो जाये
हृदय की पीड़ा दुःख की अग्नि
सब शीतल हो जाये

जब जब राम ने जनम लिया

यह राम की आराधना में लिखा हुआ भजन है, और इस अज्ञानता के

पश्चात्ताप पर आधारित है कि कैसे हर युग में मनुष्य राम की महानता को पहचान पाने में विफल रहा है। जब–जब उनका अवतरण हुआ है तब–तब उन्हें निष्कासन क्यों भोगना पड़ा है? इस प्रश्न का उत्तर बहुत गूढ़ नहीं है। एक मनुष्य के रूप में हम लालच–मोह तथा अन्य दुर्बलताओं के इतने पराधीन हो जाते हैं हमारा उन पर ध्यान नहीं जाता, और राम के वन में भटकते रहने की पीड़ा से हमें कोई फ़र्क़ नहीं पड़ता है। प्रभु राम एक आदर्श पुरुष के प्रतीक हैं जिनके भीतर नैतिक मूल्यों का अतुल्य कोष है। दुर्भाग्य से यह हमारी दृष्टिहीनता है कि हमारे अन्तर्निहित मानवीय सद्गुणों का मार्ग दिखलाने के लिए जब वे इस लोक में अवतरित हुए तब हम उनको पहचान पाने में विफल रहे।

काम क्रोध और लोभ का मारा
जगत न आया रास
जब जब राम ने जनम लिया
तब तब पाया वनवास

कलयुग तक चलती आयी है
सतयुग की यह रीत
कलयुग तक चलती आयी
सतयुग की यह रीत
सब कुछ हार चुके जब अपना
तब हो राम की जीत
जग बदले पर बदल न पाया
अब तक ये इतिहास
जब जब राम ने जनम लिया
तब तब पाया वनवास

छोड़ के अपने महल दो महले
जंगल जंगल फिरना
छोड़ के अपने महल दो महले
जंगल जंगल फिरना
औरों के सुख चैन की ख़ातिर

दुःख संकट में घिरना
है यही राम के लेख की रेखा
आ गया अब विश्वास
जब जब राम ने जनम लिया
तब तब पाया वनवास

राम हर एक युग में आये
पर कौन उन्हें पहचाना
राम की पूजा की जग ने
पर राम का अर्थ न जाना
तकते तकते बूढ़े हो गये
धरती और आकाश

जब जब राम ने जनम लिया
तब तब पाया वनवास
काम क्रोध और लोभ का मारा
जगत न आया रास
जब जब राम ने जनम लिया
तब तब पाया वनवास

जय जय गंगे

भारत अनेक पवित्र नदियों का देश है किन्तु उनमें कोई भी नदी गंगा की तरह पवित्र नहीं समझी जाती है। यह देवी गंगा की निवास–स्थली है जिसे अनेक अन्य नामों से भी जाना जाता है। हिन्दुओं में यह धारणा प्रचलित है कि गंगा में स्नान करने से पापों से मुक्ति मिलती है और मनुष्य मोक्ष को प्राप्त होता है। अपनी लगभग 1500 मील की यात्रा में यह नदी हरिद्वार और वाराणसी जैसे स्थानों से होती हुई गुज़रती है जो तीर्थाटन के लिए महत्त्वपूर्ण स्थल माने जाते हैं। ऐतिहासिक दृष्टि से देखें तो पहले इस नदी के तट पर अनेक प्राचीन और समृद्ध राज्य बसे हुए थे। इसके जल को अत्यन्त पवित्र माना जाता है और साथ ही कृषि तथा उद्योग में इसका उपयोग लाखों लोगों की आजीविका के काम भी आता है। गंगा की स्तुति में लिखा यह भजन प्रार्थना और सद्विचारों का

सुन्दर समागम है जो व्यक्ति की आस्था के साथ–साथ लोकजीवन के उत्सव का भी प्रतीक है।

जय जय गंगे
हर हर गंगे

हर हर गंगे कह कर दुनिया
तेरे आगे झुकती
तुझी से हम सब जीवन पायें
तुझी से पायें मुक्ति
तेरी शरण मिले तो मैया
जनम सफल हो जाये
गंगा तेरा पानी अमृत

झर झर बहता जाये
युग युग से इस देश की धरती
तुझ से जीवन पाये
गंगा तेरा पानी अमृत

दूर हिमालय से तो आयी
गीत सुहाने गाती
बस्ती बस्ती जंगल जंगल
सुख सन्देश सुनाती
तेरी चाँदी जैसी धारा
मीलों तक लहराये
गंगा तेरा पानी अमृत

कितने सूरज उभरे डूबे
गंगा तेरे द्वारे
युगों युगों की कथा सुनायें
तेरे बहते धारे
तुझको छोड़ के भारत

इतिहास लिखा न जाये
गंगा तेरा पानी अमृत

इस धरती का सुख दुःख तूने
अपने बीच समोया
जब जब देश ग़ुलाम हुआ है
तेरा पानी रोया
जब जब हम आज़ाद हुए हैं
तेरे तट मुस्काये
गंगा तेरा पानी अमृत

झर झर बहता जाये
युग युग से इस देश की धरती
तुझ से जीवन पाये
गंगा तेरा पानी अमृत

गूँज रही है तेरे तट पर
नव जीवन की सरगम
तू नदियों का संगम करती
हम खेतों का संगम
यही वह संगम है जो
दिल का दिल से मेल कराये

झर झर बहता जाये
युग युग से इस देश की धरती
तुझ से जीवन पाये
गंगा तेरा पानी अमृत

तोरा मनवा क्यों घबराये रे

यह राम की स्तुति में लिखा गया एक अन्य सुन्दर भजन है। एक मनुष्य के रूप में हमें नित नये–नये प्रश्नों और समस्याओं से जूझना पड़ता है। सांसारिकता से जुड़े इन प्रश्नों और समस्याओं से छुटकारा पाने का एक

ही उपाय है कि हम प्रभु राम की दहलीज़ पर जायें और उनकी अनुकम्पा की प्रार्थना करें। उनके द्वार पर से कोई भी निराश और ख़ाली हाथ नहीं लौटता है। प्रभु किसी दुराग्रह और पक्षपात के बिना हमारी प्रार्थनाएँ सुनते हैं। यदि हम सच्चे हृदय से उनसे कुछ माँगते हैं तो हमारी इच्छा अवश्य पूरी होती है।

तोरा मनवा क्यों घबराये रे
लाख दीन दुखियारे सारे
जग में मुक्ति पायें
हे राम जी के द्वार से

बन्द हुआ ये द्वार कभी न
युग कितने ही बीते
सब द्वारों पर हारने वाले
इस द्वारे पर जीते
लाखों पतित लाखों पछताये
पावन हो कर आये रे
राम जी के द्वार से

हर मूरख जो काज बिगाड़े
राम वो काज सँवारे
राम वो काज सँवारे
हो महानन्दा हो के अहल्या
सब को पार उतारे
सब को पार उतारे
जो कंकर चरणों को छू ले
वह हीरा हो जाये रे
राम जी के द्वारे पे
तोरा मनवा क्यों घबराये रे
लाख दीन दुखियारे सारे
जग में मुक्ति पायें
राम जी के द्वारे से

न पूछे वह ज्ञान किसी का
न गुण अवगुण
न गुण अवगुण जाँचे
वो ही भगत भगवान को प्यारा
जो हर वाणी बाँचे
जो कोई श्रद्धा के लिए आये
झोली भर कर जाये
राम जी के द्वारे से
तोरा मनवा
तोरा मनवा क्यों घबराये

लाख दीन दुखियारे सारे
जग में मुक्ति पायें
हे राम जी के द्वार से

मन रे तू काहे न धीर धरे

इस भजन को किसी एक खाँचे में रखना मुनासिब नहीं है क्योंकि यह किसी विशेष देवी–देवता के लिए नहीं लिखा गया है। यह भजन स्वयं अपने अन्वेषण के बारे में है। यह हमारे अन्तर्मन के उद्वेगों को टटोलता है–उन बेचैनियों की पड़ताल करता है जो मन की सतहों के भीतर उठती हैं लेकिन बाहर से नहीं दिखती हैं। हमारी आत्मा के साथ सबसे अधिक अस्थिर होने का संकट होता है। कई बार हमारी आत्मा हार मान लेती है, यह संघर्ष करने से इनकार कर देती है और जीवन की कठोर वास्तविकताओं को स्वीकार करना नहीं चाहती। यह परिघटना हमें जीवन का एक बहुमूल्य सबक देती है। हमारी सबसे बड़ी शक्ति दैहिक नहीं होती मसलन हम कितनी दूर तक चल सकते हैं या अपने कन्धों पर कितना भारी बोझ उठा सकते हैं। हमारी सबसे बड़ी शक्ति आन्तरिक होती है–हमारी आत्मा का बल, हमारे निर्णयों की दृढ़ता और अपने अगले लक्ष्य के लिए हमारी प्रतिबद्धता।

मन रे तू काहे न धीर धरे
वह निर्मोही मोह न जाने जिनका मोह करे
मन रे तू काहे न धीर धरे

इस जीवन की चढ़ती ढलती
धूप को किसने बाँधा
रंग पे किसने पहरे डाले
काहे ये जतन करे
मन रे तू काहे न धीर धरे

उतना ही उपकार समझ लो
जितना साथ निभा दे
जनम मरण की मेल है सपना
ये सपना बिसरा दे
कोई न संग मरे
मन रे तू काहे न धीर धरे
वह निर्मोही मोह न जाने जिनका मोह करे
मन रे तू काहे न धीर धरे

ईश्वर अल्लाह तेरो नाम

यह भजन बहुत हद तक अपने पहले हिस्से की तरह ही है जो सामाजिक एकता पर सर्वाधिक बल देता है। यह किसी भी व्यक्ति को बड़ा अथवा छोटा मानने से अस्वीकार करता है। जाति और धर्म के आधार पर लोगों के बीच किसी तरह का विभाजन अनुचित है। अगर हम ऐसा करते हैं तो यह हमारी सोच का दोष है। हमें समाज को बाँटने के बजाय उसे एक सूत्र में बाँधने का प्रयास करना चाहिए। हम आख़िरकार अपने अच्छे कामों के लिए याद रखे जायेंगे, न कि अपने अहंकार और दुर्गुणों के कारण।

ईश्वर अल्लाह तेरे नाम
सब को सन्मति दे भगवान्

सारा जगत तेरी सन्तान
सब को सन्मति दे भगवान्

इस धरती पर बसने वाले
सब हैं तेरी गोद के पाले

कोई नीच न कोई महान
सबको सन्मति दे भगवान्
सारा जगत तेरी सन्तान

जातों नस्लों के बँटवारे
झूठ कहें तेरे द्वारे
जातों नस्लों के बँटवारे
झूठ कहें तेरे द्वारे
तेरे लिए सब एक समान
सब को सन्मति दे भगवान्

जनम का कोई कोई मोल
जनम मनुष्य का तोल नहीं है
करम से है सब की पहचान
सब को सन्मति दे भगवान्

ईश्वर अल्लाह तेरे नाम
सब को सन्मति दे भगवान्
सारा जगत तेरी सन्तान

अन्तिम शब्द

एक नयी सुबह का दूत

बीतेंगे कभी तो दिन आख़िर ये भूक के और बेकारी के
टूटेंगे कभी तो बुत आख़िर दौलत की इजारा–दारी के
जब एक अनोखी दुनिया की बुनियाद उठाई जायेगी
वो सुब्ह कभी तो आयेगी

यूँ तो साहिर को गुज़रे कोई 40 साल का लम्बा अरसा बीत चुका है लेकिन वक़्त ने उनकी शख़्सियत, उनकी शायरी और उनके "प्रेम–सम्बन्धों" के बारे में लोगों की दिलचस्पियाँ धूमिल नहीं पड़ने दीं। सोशल मीडिया और लोगों के ज़ेहन में उनके फ़िल्मी गीतों की दीवानगी इस बात का सबूत है। उनके व्यक्तित्व और कृतित्व में आख़िर यह कैसा आकर्षण था जिसने उनको यह अमरता प्रदान की थी? साहिर के गीतों और नज़्मों में दिखने वाला यह कैसा चिरन्तन जादू था? उनके संग्रह *तल्ख़ियाँ* के उर्दू और देवनागरी में दर्जनों संस्करण अब तक प्रकाशित हो चुके हैं। हालाँकि इनमें वैध और चोरी दोनों ही संस्करण शामिल हैं लेकिन *दीवान–ए–ग़ालिब* के बाद यह उर्दू शायरी की सबसे ज़्यादा बिकने वाली किताब का दर्जा हासिल कर चुकी है। उनके शायरी के संकलन अब तक मजरूह, मजाज़, कैफ़ी, अख़्तर और जाफरी जैसे उनके प्रगतिशील समकालिकों की सभी किताबों से ज़्यादा बिक चुके हैं। आख़िर उनकी लोकप्रियता का ऐसा कौन–सा राज़ था जिसने उनकी शोहरत को कभी कम नहीं होने दिया? इस सवाल का कोई आसान जवाब नहीं और न कोई एक जवाब ख़ुद में मुकम्मल और सन्तोषजनक ही है।

मुझे भी लगता है कि साहिर की पहेलीनुमा शख़्सियत में कोई जादू तो ज़रूर था। उन्होंने अपने लिए जो ज़िन्दगी चुनी वह दूसरी ज़िन्दगियों से कई मायने में जुदा थी। उन्होंने अपने लिए एक आलीशान बंगला बनवाया लेकिन अपना ख़ुद का परिवार शुरू करने की बात उन्होंने कभी नहीं सोची। उनके लिए परिवार का मतलब था–वे ख़ुद, उनकी माँ, और उनकी दो चचाजात बहनें। बस, पाँचवाँ और कोई भी नहीं। उनके परिवार के चारों लोगों के इन्तक़ाल के बाद उनकी विरासत का क्या होगा? उन्होंने इस बात पर कभी ध्यान नहीं दिया। उनकी ज़िन्दगी की यह गुत्थी हमें अभी भी चौंकाती है।

साहिर की शानदार शायरी में एक गहरी रूमानियत तो है ही, साथ में इसमें हमें सामाजिक, सांस्कृतिक और राजनीतिक आक्रोश का एक प्रच्छन्न किन्तु दृढ़ स्वर भी सुनाई पड़ता है। प्रगतिवादियों के प्रति इतिहास कुछ हद तक निष्ठुर रहा है। सोवियत संघ का विघटन हो गया। कभी वामपन्थ का अपराजेय दुर्ग माना जाने वाला चीन वैश्विक आधिपत्य के स्वप्न का पीछा करता हुआ एकदलीय पूँजीपरस्त राष्ट्र में तब्दील हो गया। बाज़ारोन्मुख सुधारों के दबावों के नीचे भारत का नेहरूवियन समाजवाद भी धीरे–धीरे मलिन पड़ गया। इसके बावजूद सब कुछ शेष होना अभी बचा था। सामाजिक ग़ैरबराबरी, औरतों से ज़्यादती भरा बर्ताव, मज़दूरों का शोषण और इन सबसे ऊपर परमाणु युद्ध का घातक संकट दुनिया के सामने अपनी समग्रता के साथ अब भी उपस्थित है। साहिर ने अपनी शायरी के ज़रिये इस नाइन्साफ़ी और ख़ौफ़ के बारे में ज़ोरदार तरीक़े से आगाह करने की कोशिश की है। ऑक्सफेम की एक रिपोर्ट के मुताबिक़ भारत के 1% सर्वाधिक धनाढ्य लोग देश की कुल सम्पत्ति के 73% के स्वामी हैं। पिछले 70 सालों में औरतों की हालत बेशक पहले से बेहतर हुई है लेकिन ज़्यादातर लड़कियों और औरतों की ज़िन्दगी अभी भी चुनौतियों और रोज़मर्रे की मुश्किलों से भरी हुई है। समाज में आज भी बाल विवाह आये दिन होते रहते हैं और छोटी उम्र की अधिकतर लड़कियाँ उच्च शिक्षा की सुविधाओं से अभी भी वंचित हैं। बलात्कार और अन्य यौन अपराधों में भी बढ़ोतरी हुई है। महिला और बाल विकास मन्त्रालय ने अपने 2007 की एक रिपोर्ट में बताया कि भारत में वेश्याओं की कुल संख्या 30 लाख से भी अधिक है

और उनमें से 36% वेश्याएँ 18 साल की उम्र से पहले इस व्यापार में आ गयीं। प्रगतिशील शायरों और कवियों ने औरतों और मर्दों के बीच जिस बराबरी का सपना देखा था, ये आँकड़े बतलाते हैं कि उसे हासिल करने में आज भी हम कोसों दूर हैं। दूसरी ओर पूरी दुनिया परमाणु युद्ध के ख़तरों से अलग जूझ रही है। युद्ध की स्थिति में भारत और पाकिस्तान दोनों ही मुल्क अपने–अपने हितों की रक्षा के लिए पूरे उपमहाद्वीप को तहस–नहस कर देने का माद्दा रखते हैं।

हालाँकि कई लोग यह मानते हैं कि फ़िल्मों में एक कामयाब गीतकार बनने के बाद साहिर साहित्य की दुनिया से अलग हो गये लेकिन ख़ुद साहिर ने इस इल्ज़ाम को सिरे से ख़ारिज किया था। उन्होंने सदा से ही साहित्यिक रचनात्मकता को अपने जीवन की यात्रा का मूल उद्देश्य माना। एक–एक ग़ज़ल और नज़्म जो उन्होंने लिखी, वह उनकी ख़ुद की ज़िन्दगी का आईना थीं। अपनी शायरी के ताने–बाने में ही उन्होंने अपने ख़्वाब, ख़्वाहिशें, कामयाबी, नाकामियाँ और अपनी ज़िन्दगी के सुखों और दुखों को बुना। शायद इसीलिए साहिर के ज़िन्दगीनामा को उसकी शायरी से अलग कर के नहीं देखा जा सकता है।

जैसा कि पहले भी लिखा जा चुका है, साहिर के एक–एक शब्द उस दुनिया के स्याह पहलुओं की तस्वीर हैं जिनमें हम रहते हैं, लेकिन इन्हीं शब्दों से हमें उम्मीदों की एक झीनी रौशनी भी आती दिखती है। हालाँकि सभी प्रगतिशील शायर और कवि इस अर्थ में आशावादी थे क्योंकि सिर्फ़ इंक़लाब ही उन सबको तमाम सामाजिक और धार्मिक समस्याओं का सहज उपचार लगता था। लेकिन अव्वल तो साहिर कम्युनिस्ट पार्टी के औपचारिक सदस्य नहीं थे, और दूसरे उन्होंने एक बृहत्तर समाजवादी आन्दोलन की परिधि से परे एक सामाजिक और राजनीतिक प्रणाली के तहत व्यापक परिवर्तनों की बात की। उनके लिए एक नयी सुबह की बात सिर्फ़ एक सम्भावना भर नहीं थी। उनकी दृष्टि में यह एक अवश्यंभावी घटना थी क्योंकि आम जनता के भीतर अपने अच्छे भविष्य के निर्माण की सम्भावनाएँ विद्यमान थीं। उनके लिए यह एक सपना से अधिक एक जुनून था। उनकी नज़्म की पंक्ति *वो सुब्ह कभी तो आयेगी* ग़ौरतलब है।

वो सुब्ह कभी तो आयेगी

इन काली सदियों के सर से जब रात का आँचल ढलकेगा
जब दुख के बादल पिघलेंगे जब सुख का सागर छलकेगा
जब अम्बर झूम के नाचेगा जब धरती नग़मे गायेगी
वो सुब्ह कभी तो आयेगी

जिस सुब्ह की ख़ातिर युग युग से हम सब मर मर कर जीते हैं
जिस सुब्ह के अमृत की धुन में हम ज़हर के प्याले पीते हैं
इन भूकी प्यासी रूहों पर इक दिन तो करम फ़रमायेगी
वो सुब्ह कभी तो आयेगी

माना कि अभी तेरे अरमानों की क़ीमत कुछ भी नहीं
मिट्टी का भी कुछ मोल मगर इन्सानों की क़ीमत कुछ भी नहीं
इन्सानों की इज़्ज़त जब झूठे सिक्कों में न तौली जायेगी
वो सुब्ह कभी तो आयेगी

दौलत के लिए जब औरत की इस्मत को न बेचा जायेगा
चाहत को न कुचला जायेगा ग़ैरत को न बेचा जायेगा
अपने काले करतूतों पर जब ये दुनिया शरमायेगी
वो सुब्ह कभी तो आयेगी

बीतेंगे कभी तो दिन आख़िर ये भूक के और बेकारी के
टूटेंगे कभी तो बुत आख़िर दौलत की इजारा–दारी के
जब एक अनोखी दुनिया की बुनियाद उठाई जायेगी
वो सुब्ह कभी तो आयेगी

मजबूर बुढ़ापा जब सूनी राहों की धूल न फाँकेगा
मासूम लड़कपन जब गन्दी गलियों में भीक न माँगेगा
हक माँगने वालों को जिस दिन सूली न दिखाई जायेगी
वो सुब्ह कभी तो आयेगी

फ़ाकों की चिताओं पर जिस दिन इन्साँ न जलाये जायेंगे
सीनों के दहकते दोज़ख़ में अरमाँ न जलाये जायेंगे
ये नरक से भी गन्दी दुनिया जब स्वर्ग बनायी जायेगी
वो सुब्ह कभी तो आयेगी

वो सुब्ह कभी तो आयेगी

जब धरती करवट बदलेगी जब क़ैद से क़ैदी छूटेंगे
जब पाप घरौंदे फूटेंगे जब ज़ुल्म के बन्धन टूटेंगे
उस सुब्ह को हम ही लायेंगे वो सुब्ह हमीं से आयेगी
वो सुब्ह हमीं से आयेगी

मनहूस समाजी ढाँचों में जब ज़ुल्म न पाले जायेंगे
जब हाथ न काटे जायेंगे जब सर न उछाले जायेंगे
जेलों के बिना जब दुनिया की सरकार चलाई जायेगी
वो सुब्ह हमीं से आयेगी

संसार के सारे मेहनत–कश खेतों से मिलों से निकलेंगे
बे–घर बे–दर बे–बस इन्साँ तारीक बिलों से निकलेंगे
दुनिया अम्न और ख़ुश–हाली के फूलों से सजाई जायेगी
वो सुब्ह हमीं से आयेगी

साहिर को पढ़ कर हम एक बहुआयामी असर की गिरफ़्त में चले जाते हैं। उनकी शायरी हमें तार्किक, बौद्धिक, भावनात्मक और मनोवैज्ञानिक सभी स्तरों पर प्रभावित करती है। हैरत की बात नहीं है कि साहिर को पढ़ना एक तरह से ख़ुद को ही समृद्ध करना है।

एक शायर जो इरादतन ख़ुद को साहिर कहलाना पसन्द करता है जिसका मतलब ही एक जादूगर या बाजीगर होता है। एक जादूगर को अपने चारों तरफ़ हमेशा एक तिलस्मी आभामण्डल की दरकार होती है। रहस्य के इस आवरण की नामौजूदगी में उसे अपने ही आकर्षण के खो जाने का भय रहता है। साहिर का लिखा हर एक लफ़्ज़ पढ़ना ख़ुद में

एक यादगार तजुर्बा है, और पिछले कई दशकों से साहिर का पाठक होने के नाते मैं यही कहूँगा कि उनकी शायरी को पढ़ते हुए मेरा साबका संगीतबद्ध विचारों और रूमान की ख़ूबसूरती–इन दोनों के साथ हुआ।

आधुनिक और उत्तर–आधुनिक दोनों ही परिप्रेक्ष्य में बीसवीं सदी ने उर्दू के अनेक बड़े शायरों को जन्म दिया। उन्होंने पिछली सदियों के ख़ूबसूरत लेकिन अवास्तविक सन्दर्भों से ग़ज़ल को मुक्त कराने का काम किया और अपनी ग़ज़लों और नज़्मों के ज़रिये वास्तविकता से दूर होती उर्दू शायरी को एक बिल्कुल नयी भावभूमि से परिचित कराया। यह सवाल अप्रासंगिक है कि क्या साहिर फ़ैज़, मख़दूम, मजाज़, मजरूह, कैफ़ी या जाफरी से बेहतर थे या नहीं। उन सब में कुछ बातें बहुत सामान्य थीं, लेकिन अपनी–अपनी विशिष्ट शैलियों की वजह से वे एक–दूसरे से जुदा भी थे। फ़ैज़ शायद उनमें महानतम थे, लेकिन इस बात से साहिर का महत्त्व कम नहीं होता है। वे ज़िन्दगी के शायर हैं जो तमाम तल्खी और मुश्किलों के बाद भी ज़िन्दगी से बेसाख्ता प्यार करते हैं। सबसे बड़ी बात यह है, साहिर अमन और इन्सानियत के शायर हैं। अपने ही शब्दों में :

ज़िन्दगी से उन्स है
हुस्न से लगाव है
धड़कनों में आज भी इ'श्क़ का अलाव है
दिल अभी बुझा नहीं

रंग भर रहा हूँ मैं
ख़ाका–ए–हयात में
आज भी हूँ मुनहिमक
फ़िक्र–ए–क़ायनात में
ग़म अभी लुटा नहीं

हर्फ़–ए–हक़ अज़ीज़ है
ज़ुल्म नागवार है
अहद–ए नौ से आज भी
अहद उस्तावार है...

सन्दर्भ-सूची

अब्बास, के.ए. 1985
'हमारे मुल्क के मक़बूल तरीन शायर'
फ़न और शख़्सियत
साहिर लुधियानवी नम्बर, 17–18,
बॉम्बे : साहिर पब्लिशिंग हाउस।

अहमद, एन. जेड., संस्करण 2010
अदबसाज़ : *साहिर लुधियानवी,* नम्बर,
नम्बर्स 12–14।

'गीतों का रसिया'
फ़न और शख़्सियत
साहिर लुधियानवी नम्बर, 17–18,
बॉम्बे : साहिर पब्लिशिंग हाउस।

अयूबी, महमूद, 1985
'अनवर बीबी के भाईजान'
फ़न और शख़्सियत
साहिर लुधियानवी नम्बर, 35–46,
बॉम्बे : साहिर पब्लिशिंग हाउस।

देओल, सुरिन्दर, 2018
दी ट्रेजर : ए मॉडर्न रिंडीशन ऑफ़ ग़ालिब'स लिरिकल लव पोएट्री',
2nd एडिशन

न्यू डेल्ही : पैट्रिज पब्लिशिंग।
दत्त, साबर और सरवर शफ़ी एड्स, 1985
फ़न और शख़्सियत
साहिर लुधियानवी नम्बर, 17–18,
बॉम्बे : साहिर पब्लिशिंग हाउस।

फ़रहत, डब्ल्यू. एडी. 1969
'जदीद ग़ज़ल पाकिस्तान हिन्दुस्तान में'
फ़नून (जदीद ग़ज़ल नम्बर), लाहौर।

हिर्स्च, एडवर्ड, 1999
हाउ टू रीड अ पोएम
न्यू यॉर्क : हार्कोर्ट, इंक।

जाफरी, अली सरदार, 1985
साहिर का शाइरनामा मिज़ाज
फ़न और शख़्सियत
साहिर लुधियानवी नम्बर, 17–18,
बॉम्बे : साहिर पब्लिशिंग हाउस।

जलीस, इब्राहीम, 2010
अब्दुल हईस टू साहिर लुधियानवी
अदब साज़, साहिर लुधियानवी नम्बर, नम्बर्स 12–14।

जमाल, महमूद, ट्रांस, 1986
दी पेंग्विन बुक ऑफ़ मॉडर्न उर्दू पोएट्री
हारमंडवर्थ : पेंग्विन बुक्स,
[इस ग्रन्थ में साहिर की पाँच नज़्मों के अनुवाद हैं, पृ. 125–133]

लुधियानवी, साहिर, 1955
परछाइयाँ

लाहौर : मकतब जदीद।

लुधियानवी, साहिर, 1963
तल्ख़ियाँ
देल्ही : स्टार पब्लिकेशन्स।

लुधियानवी, साहिर, 1964
गाता जाये बंजारा
देल्ही : पंजाबी पुस्तक भण्डार।

लुधियानवी, साहिर, 1973
आओ कि कोई ख़्वाब बुनें
देल्ही : पंजाबी पुस्तक भण्डार।

लुधियानवी, साहिर, 2003
कुल्लियाते साहिर
देल्ही : किताबी दुनिया।

मनवानी, अक्षय, 2013
देल्ही : हार्पर कॉलिंस पब्लिशर्स, किंडल एडिशन।

नारंग, गोपी चन्द, 2013
साहिर लुधियानवी और भजन की मअ'आनुयत
उर्दू क्वार्टरली मैगज़ीन : साहिर लुधियानवी नम्बर, नम्बर्स 2–4, अमरावती।

नारंग, गोपी चन्द, 2014
ग़ालिब : मा'नी आफरीनी जादिल्य्याती वज शुन्यातौर शेरियात
न्यू देल्ही : साहित्य एकेडमी।

नारंग, गोपी चन्द, ट्रांस., सुरिन्दर देओल, 2017
ग़ालिब : इनोवेटिव मीनिंग्स एंड दी इंजिनियस माइंड

न्यू देल्ही : ऑक्सफ़ोर्ड यूनिवर्सिटी प्रेस।
नय्यर, रहमान, एडिशन
बीसवीं सदी
साहिर लुधियानवी नम्बर, नम्बर 12, वॉल्यूम 44

नेरुदा, पाब्लो, ट्रांस. स्टेफन टैपस्कॉट, 1986
100 लव सोनेट्स
ऑस्टिन, टेक्सास : यूनिवर्सिटी ऑफ़ टेक्सास प्रेस।

ओलिवर, मैरी, 1998
रूल्स ऑफ़ डांस
न्यू यॉर्क : हॉटन मिफलिन कम्पनी।

प्रीतम, अमृता, 1985
'यादों के लम्स'
फ़न और शख़्सियत,
साहिर लुधियानवी, नम्बर 17–18,
बॉम्बे : साहिर पब्लिशिंग हाउस।

प्रीतम, अमृता, 2008
रसीदी टिकट
देल्ही : किताबघर प्रकाशन।

प्रीतम, अमृता, 2010
'कोरे काग़ज़ की दास्तान'
अदब साज़
साहिर लुधियानवी नम्बर, नम्बर्स 12–14

राही, अहमद, 2010
'एक दिया और बुझा'
अदब साज़
साहिर लुधियानवी नम्बर, नम्बर्स 12–14

त्रिलोक, उमा, 2006
अमृता–इमरोज़ : अ लव स्टोरी
न्यू देल्ही : पेंग्विन बुक्स इंडिया।

वर्मा, चन्दर एंड सलमान आबिद, 2014
मैं साहिर हूँ
देल्ही : तख्लीक़कार पब्लिशर्स।

ज़हीर, सज्जाद, 1985
'फूलों से लदी हुई चम्पा की ख़ुश्बू'
फ़न और शख़्सियत
साहिर लुधियानवी नम्बर, 17–18,
बॉम्बे : साहिर पब्लिशिंग हाउस।

❑❑

लेखक-परिचय

सुरिन्दर देओल एक कवि, लेखक और साहित्यिक अनुवादक हैं। वह पोटोमैक मेरीलैंड में रहते हैं। वह वर्ल्ड बैंक (वाशिंगटन, D.C.), रिज़र्व बैंक ऑफ़ इंडिया (मुम्बई) और मैनेजमेंट डेवलपमेंट इंस्टीट्यूट (गुरुग्राम) में उच्च पदों पर काम कर चुके हैं। उनकी प्रकाशित पुस्तकों की जानकारी इस प्रकार है।

पुस्तकें

अ मोमेंट इन दी यूनिवर्स (कविताएँ)
एंडलेस लाइफ (उपन्यास)
दी ट्रेज़र : अ मॉडर्न रिंडीशन ऑफ़ ग़ालिब'स लिरिकल लव पोएट्री
साहिर : अ लिटरेरी पोर्ट्रेट
फ़ैज़ : फ्रॉम पैशनेट लव टू अ कॉस्मिक विज़न
हम फिर मिलेंगे...साहिर अमृता (आगामी)

अनूदित पुस्तकें

ग़ालिब : इनोवेटिव मीनिंग्स एंड दी इंजिनियस माइंड
दी उर्दू ग़ज़ल : अ गिफ़्ट ऑफ़ इंडिया'ज कॉम्पोजिट कल्चर
दी हिडेन गार्डन : मीर तक़ी मीर
अवेकनिंग : इंडिया'ज फ्रीडम स्ट्रगल एंड उर्दू पोएट्री (आगामी)

कृपया लेखक को अपनी राय से अवगत कराएँ :
integralthinker@yahoo.com